梅丹——著

# 跨境电商零售进口关务筹划

CROSS-BORDER E-COMMERCE CUSTOMS PLANNING

中国海关出版社有限公司
·北京·

图书在版编目（CIP）数据

跨境电商零售进口关务筹划 / 梅丹著 . —北京：中国海关出版社有限公司，2022.9

ISBN 978-7-5175-0595-2

Ⅰ. ①跨…　Ⅱ. ①梅…　Ⅲ. ①电子商务—零售业—进口贸易—关税—税务筹划—中国　Ⅳ. ①F752.5

中国版本图书馆 CIP 数据核字（2022）第 162419 号

**跨境电商零售进口关务筹划**

**KUAJING DIANSHANG LINGSHOU JINKOU GUANWU CHOUHUA**

作　　者：梅　丹
责任编辑：邹　蒙
出版发行：中国海关出版社有限公司
社　　址：北京市朝阳区东四环南路甲 1 号　　邮政编码：100023
编 辑 部：01065194242-7530（电话）
发 行 部：01065194221/4238/4246/5127（电话）
社办书店：01065195616（电话）
https://weidian.com/?userid=319526934（网址）
印　　刷：北京铭成印刷有限公司　　经　　销：新华书店
开　　本：710mm × 1000mm　1/16
印　　张：19.25　　字　　数：322 千字
版　　次：2022 年 9 月第 1 版
印　　次：2022 年 9 月第 1 次印刷
书　　号：ISBN 978-7-5175-0595-2
定　　价：68.00 元

# 前 言

FOREWORD

跨境电子商务（以下简称跨境电商）零售进口自2012年试点以来，在政策扶持以及消费升级等多重利好推动下，呈现连年增长态势。据海关统计，2021年跨境电商进出口1.98万亿元，同比增长15%。在新型冠状病毒肺炎疫情全球肆虐、贸易下行压力加大的背景下，跨境电商是发展速度快、潜力大、带动作用强的外贸新业态，目前仍处于高速发展期。

跨境电商的出现改变了国际贸易的生态，相关商品进口从传统的大宗、高值、批量转变为少量、低值、碎片化。不少企业因合法合规问题受到制裁，其中触碰底线作奸犯科者有之，无心为恶违规操作者有之，不明就里后续补税者有之，归结关键就是：罪与非罪、合规与违规。跨境电商在实际操作中存在网购保税进口、直邮进口等多种商业模式，多元的商业模式提出了多元的合规要求，如何在合法合规的前提下统筹监管、税收、国门安全等诸多方面，用好用足国家政策红利，实现税负低、通关顺等目标，就成为对跨境电商业务进行整体筹划和系统优化的应有之义。

本书将关务筹划理论引入跨境电商零售进口领域，首先按照合法、经济、系统的原则进行定性分析，使其与走私、违规泾渭分明，以明确筹划基本路径和操作思路；然后进行专题研究，以海关企业管理、税收征管、监管通关、风险管理、稽查核查、海关缉私等业务种类为基础，对各项筹划事务进行定量分析，以实现操作规范、合法经营。

作者

2022年3月

# 目 录

CONTENTS


上篇 跨境电商零售进口与关务筹划概述

003 第一章 跨境电商零售进口

一、跨境电商概述 / 005

二、跨境电商零售进口概述 / 008

三、跨境电商零售进口发展历程暨政策演变 / 014

四、寄递渠道模式辨析 / 017

五、跨境热点问答 / 020

037 第二章 关务筹划概述

一、关务筹划的概念和方法 / 039

二、关务筹划的目标、原则和特征 / 042

三、关务筹划的合规红线 / 046

四、关务筹划与节税、偷税和避税 / 052

059 第三章
关务风险

一、关务风险表现形式 / 061
二、关务风险产生的根源 / 068

075 第四章
关务筹划实务

一、整体运作 / 077
二、税收筹划 / 091
三、内部控制 / 100

119 第五章
发展展望

一、《世界海关组织跨境电商标准框架》 / 121
二、《中华人民共和国电子商务法》对跨境电商零售进口的影响 / 124
三、跨境电商零售进口与关务筹划趋势展望 / 127

# 下篇 跨境电商零售进口关务筹划专题研究

131 第六章
## 关务筹划与海关企业管理

一、解读海关企业管理新政 / 133
二、海关企业管理 / 142
三、信用管理 / 148
四、企业在海关管理中的级别认定、调整及监管差异 / 173

179 第七章
## 关务筹划与税收征管

一、电商税 / 181
二、税收管理 / 184
三、企业税收筹划注意事项 / 191

195 第八章
## 关务筹划与通关监管

一、通关管理 / 197
二、监管实践 / 201
三、企业合规经营 / 205

211 第九章
关务筹划与风险管理

一、风险现状 / 213
二、安全准入 / 216
三、企业防控实践 / 220

225 第十章
关务筹划与海关稽查核查

一、解读《海关稽查条例》 / 227
二、稽查 / 239
三、核查 / 248
四、主动披露 / 254
五、稽查实务 / 257
六、合规体系建设 / 259

263 第十一章
关务筹划与海关缉私

一、走私犯罪 / 265
二、行政处罚 / 268
三、电商走私的类型及特点 / 272
四、缉私实务 / 276
五、企业注意事项 / 278

281 第十二章
**关务筹划与刷单、推单、代购**

一、刷单 / 283

二、推单 / 286

三、代购 / 289

四、合规建议 / 294

297 **参考文献**

# 上篇

# 跨境电商零售进口与关务筹划概述

# 第一章

# 跨境电商零售进口

跨境电商从广义而言，涵盖整个进出口寄递渠道（邮件、快件、跨境电商等）。从狭义特别就海关监管方式而言，有网购保税进口、直购进口、特殊区域出口、一般出口四种。其中网购保税进口、直购进口构成跨境电商零售进口，也就是本书的研究对象。本书通过对二者的概念、特点、模式、异同比较以及发展进程的介绍，对跨境电商零售进口进行全景展示。

## 一、跨境电商概述

### （一）跨境电商的概念及特点

按照世界海关组织（WCO）的描述，跨境电商是网上下单、销售、交流以及支付（可能情况下），并设定消费者/买方（商业及非商业）的交易行为。主要涵盖企业对消费者（B2C）、消费者对消费者（C2C）模式，也可以用于企业对企业（B2B）模式。

在第十三届全国人民代表大会常务委员会第五次会议通过的《中华人民共和国电子商务法》（以下简称《电商法》）中，第二条明确规定“本法所称电子商务，是指通过互联网等信息网络销售商品或者提供服务的经营活动”。跨境电商是一种国际性质的商业活动，指不同关境内的交易主体，通过电商平台，完成交易支付、物流送达等交易行为。这种“互联网＋进出口贸易”的商业模式，实现了销售市场和产品类别的多元化。

广义上，跨境电商基本等同于外贸电商，即生产或贸易企业通过电商手段，将传统贸易中的展示、洽谈和成交环节数字化、电子化，最终实现产品的进出口。广义跨境电商，只需要营销、交易、结算、交付四个环节中的任意一个环节属于电子商务应用，即可纳入其范畴。

狭义上，跨境电商是指分属于不同关境的交易双方，通过电商平台共同达成交易，买家进行支付，并采取跨境物流把商品送达买家的一种贸易活动。在营销、交易、结算、交付四个环节中，交易在线是核心和必备的要素。实务中，监管机构、相关国际组织等普遍使用的均是这一界定。例如，2018年6月，世界海关组织发布的《世界海关组织跨境电商标准框架》认为，跨境电商特征为在线下单、在线销售、在线沟通以及网上支付（如果可行）。

跨境电商属于电商的一个分支，它既有电商的普遍特点，也有自身的特殊规律，对海关监管也产生一定的影响。

1. 范围全球性

互联网将全世界连在一起，跨境电商凭借互联网可以在全球进行交易，而海关监管无法覆盖到境外。

2. 样品无形化

在跨境电商交易中，消费者看不到实体，只能凭借图片进行判断，海关在后续监管中难以进行单货比对，挑战海关传统监管模式。

3. 沟通即时性

电商交易不像实体交易，双方必须在一定时间内进行。电商交易随时可以通过互联网进行沟通联系，交易速度快，挑战海关监管效率。

4. 主体匿名性

由于跨境电商的非中心化和全球性的特征，因此很难识别电商用户的身份和其所处的地理位置，海关监管对象存在不确定性。

5. 单证无纸化

由于网络交易不需要在纸上进行文字书写，海关传统监管和稽查调查取证面临挑战。

6. 进化快速

基于互联网的跨境电商，根据经济形势、政治形势等不断调整自身的模式，其进化发展的速度、效益非传统国际贸易所能企及。

跨境电商具备不同于传统贸易的多种特征，因其具有电子化程度高、无纸化、新型支付手段等特点，使传统海关监管无法有效掌控。互联网深刻地影响着人类社会，同时也给跨境电商的海关监管带来了前所未有的挑战。

（二）跨境电商业务模式

伴随着互联网技术飞速发展而产生的跨境电商，在为各个国家（地区）、各种企业、各类行业带来新的重要发展机遇的同时，其海量的跨境包裹也导致监管业务量呈几何级增长，同时跨国界、虚拟化的交易方式增加了侵权假冒、偷税漏税的风险。为有效解决碎片化、小额化、海量化包裹难以快速通关、规范收付汇、退税申报等问题，海关总署于 2012 年在郑州等城市开展跨境电商试点，创造性地提出了依托海关特殊监管区域和保税物流中心（B 型）（以下简称特殊区域和物流中心）以保税模式开展的跨境电子商务零售进口模式。经过近十年的发展，逐步形成了具有中国特色的跨境电商模式，并成为对外进出口贸易中的新亮点。

目前，我国的跨境电商业务模式主要有网购保税进口、直购进口、特殊区域出口、一般出口四种。

网购保税进口指跨境电商企业将整批商品运入区域 / 中心内并向海关报关，海关实施账册管理。境内消费者网购区内商品后，电商企业、支付企业和物流企业分别将电子订单、支付单、物流单等传输给海关，电商企业或其代理人向海关提交清单办理申报和纳税手续，海关验放出区后账册自动核销。

直购进口指境内消费者跨境网购后，电商企业或电商交易平台企业、支付企业、物流企业分别向海关传输交易、支付、物流等电子信息，进出境快件营运人、邮政企业在承诺对数据真实性承担法律责任的前提下，可以代传交易、支付等电子信息。跨境电商商品运抵监管场所后，电商企业或其代理人向海关提交清单，办理申报和纳税手续。

特殊区域出口指跨境电商企业把整批商品按货物贸易报关进入区域 / 中心，海关实施账册管理。境外消费者网购区内商品后，相关企业分别向海关传输交易、收款、物流等电子信息，提交《中华人民共和国海关跨境电子商务零售进出口商品申报清单》（以下简称《申报清单》），采用“清单核放、汇总申报”方式通关，综合试验区符合条件的商品也可以采用“清单核放、汇总统计”方式通关。

一般出口指境外个人跨境网购后，电商企业或其代理人、物流企业分别向海关传输交易、收款、物流等电子信息。电商企业或其代理人向海关提交清单，办理申报手续，跨境电商零售进口试点城市和跨境电子商务综合试验区的海关采取“简化申报、清单核放、汇总统计”方式通关，其他海关采取“清单核放、汇总申报”方式通关。

## 二、跨境电商零售进口概述

### （一）跨境电商零售进口的概念及特点

1. 概念

根据2019年1月1日开始实施的商财发〔2018〕486号《商务部　发展改革委　财政部　海关总署　税务总局　市场监管总局关于完善跨境电子商务零售进口监管有关工作的通知》，跨境电商零售进口是指中国境内消费者通过跨境电商第三方平台经营者自境外购买商品，并通过“网购保税进口”（海关监管方式代码1210）或“直购进口”（海关监管方式代码9610）运递进境的消费行为。上述商品应符合如下条件：第一，属于《跨境电子商务零售进口商品清单》内，限于个人自用并满足跨境电商零售进口税收政策规定的条件；第二，电商平台与海关联网，能够实现交易、支付、物流电子信息“三单”比对，或者是平台未联网但进出境快件运营人、邮政企业能够代为承担向海关传输交易、支付等电子信息的责任。此外，还有一种模式“网购保税进口A”（海关监管方式代码1239），该模式与“网购保税进口”（海关监管方式代码1210）大体相同，不同之处在于其实施范围以及商品首次进口要求。

2. 特点

（1）电子数据单多量大，数据加工对象繁杂

跨境电商海关数据包括订单、支付单、物流单（以下简称“三单”）及在此基础上生成的申报清单，是海关统计汇总的基础。因商品的零售性质，其数据具有单多量大、内容复杂的特性，易导致跨境电商的信息孤岛化和数据碎片化。在数据方面，存在不统一、不规范、三单与清单数据比对异常、清单表头和表体不对应等问题；在信息方面，不对应、重复和缺失等问题时有发生，且通过相关的标准、逻辑关系进行处理加工难以弥补和解决上述问题。

（2）进口商品类型和来源地的集中度较高

跨境电商受清单管理的影响，进口商品主要以化妆品、奶粉和食品为主；从货物原产地来看，以日本、美国和韩国较为集中。进口商品和货源均相对集中。

（3）进境口岸和国内消费辐射范围扩大化

从跨境电商进口商品的入境口岸来看，广州、宁波、杭州和郑州等口岸超过全国总量的2/3。随着跨境电商综合试验区①不断扩点，可推断出跨境电商进口口岸和消费商品范围需求愈发扩大。

（4）目标消费群体较为集中且特征明显

据不完全统计，从购货人来看，以女性为主，年龄在20—40岁（含40岁），年度购买金额在5000元（含5000元）以下，主要商品为化妆品，且女性购买商品的金额为男性的3倍。其中，化妆品占全部女性购买商品的四成以上；20—40岁年龄段消费金额占全部跨境电商进口总值的近八成；年度购物5000元以下消费占全部跨境电商进口的七成多。跨境电商目标消费者较为集中，特征明显。

（二）跨境电商零售进口模式

跨境电商零售进口业务主要包括“网购保税进口”“直购进口”模式。

跨境电商零售进口业务流程见图1–1。

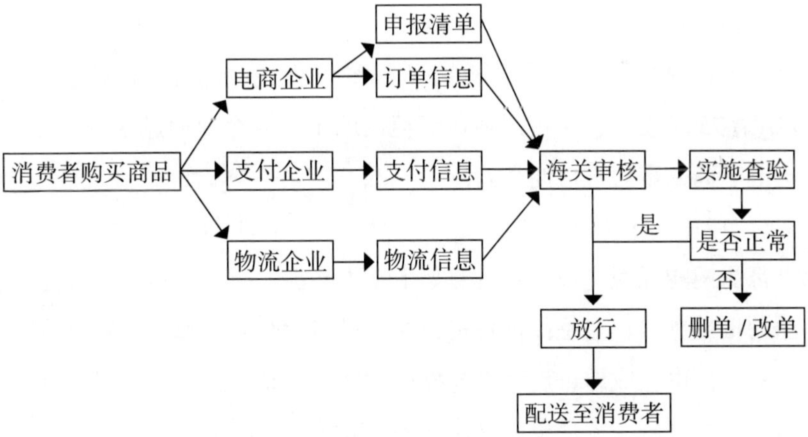


**图1–1　跨境电商零售进口业务流程**

① 跨境电商综合试验区是国务院设立的跨境电商综合性质的先行先试的城市区域，旨在交易、支付、物流、通关、退税、结汇等方面先行先试，破解跨境电商发展中深层次矛盾和体制性难题，打造跨境电商完整产业链和生态链，逐步形成一套适应和引领全球跨境电商发展的管理制度和规则。商务部、海关总署、国家税务总局等部门出台了一系列支持措施，主要涉及无票免税、所得税核定征收、通关便利化等方面。2015年以来，国务院已分批设立105个跨境电商综合试验区，覆盖了30个省、自治区、直辖市；2022年2月再次进行扩围，涉及鄂尔多斯等27个城市和地区。至此，跨境电商综合试验区在江苏、浙江、广东三省实现全覆盖。

1. 网购保税进口

又称 BBC 模式。在此模式下，跨境电商企业利用海关特殊监管区域和保税仓储政策，将其要在跨境电商交易平台销售的商品提前运入特殊监管区域，境内消费者通过跨境电商交易平台生成订单，由跨境电商企业或物流企业向海关办理通关手续后，该商品能够迅速从特殊监管区域出区，并由物流企业分装运送给消费者。商品拟出区向海关申报前，跨境电商企业、支付企业、物流企业需分别通过跨境电商通关服务平台向海关传输订单、支付单和物流单信息，由海关实行“三单”比对无误后放行。该模式按照监管代码不同，分为“1210”保税电商和“1239”保税电商 A。

（1）海关监管代码“1210”

全称“保税跨境贸易电子商务”，简称“保税电商”。根据海关总署公告 2014 年第 57 号规定，该模式适用于境内消费者或电子商务企业在经海关认可的电子商务平台实现跨境交易，并通过海关特殊监管区域或保税监管场所进出的电子商务零售进出境商品。

（2）海关监管代码“1239”

全称“保税跨境贸易电子商务 A”，简称“保税电商 A”。根据海关总署公告 2016 年第 75 号规定，该模式适用于境内电子商务企业通过区域 / 中心一线进境的跨境电子商务零售进口商品。

（3）“1210”保税电商和“1239”保税电商 A 的异同

两者都为网购保税进口，皆具有如下基本特征：一是批量进口，往往表现为单一商品的批量进口；二是保税备货，商品进口后仓储在海关特殊监管区或者保税场所，一旦订单生成即可启动出仓投递程序；三是“三单”比对，有关跨境电商商品所涉及的订单、支付单、物流单需实时传输给海关，“三单”比对无误后放行，这也是跨境电商零售进口监管的核心要求；四是注册备案，电商商品进口前，相关企业及商品需注册、备案，其中商品需符合清单管理要求，且品名、税号、规格、价格、数量等项目应如实申报。

网购保税进口流程见图 1–2。

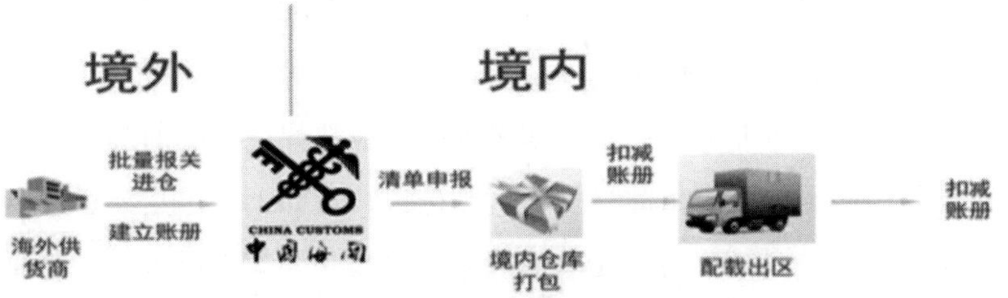


图 1–2　网购保税进口流程

二者虽为网购保税进口，但是仍有不同。一是实施范围不同。“1210”保税电商，目前只能在全国 86 个试点城市[①]及海南全岛的特殊区域（含综合保税区、保税港区、保税区等）和保税物流中心（B 型）内试点。“1239”保税电商 A，只能在上述试点城市之外的特殊区域或物流中心开展。二是监管条件不同。“1210”保税电商，按照个人自用进境物品监管，不执行有关商品首次进口许可批件、注册或备案要求。“1239”保税电商 A，“一线”进区需按货物监管要求执行，“二线”出区时参照个人物品监管要求执行；依法需要执行首次进口许可批件、注册或备案要求的化妆品、婴幼儿配方奶粉、药品、医疗器械、特殊食品（包括保健食品、特殊医学用途配方食品等）等，按照国家相关法律法规执行。

2. 直购进口

又称 BC 模式。海关监管代码“9610”，全称“跨境贸易电子商务”，简称“电子商务”。根据海关总署公告 2014 年第 12 号规定，在此模式下，境内消费者在电商交易平台上订购境外商品，境外商品经国际物流运抵跨境电商监管场所，跨境电商企业、支付企业、物流企业分别通过跨境电商通关服务平台向海关传输订

① 根据《关于扩大跨境电商零售进口试点的通知》（商财发〔2020〕15 号）规定，适用“1210”的范围有：北京、天津、上海、唐山、呼和浩特、沈阳、大连、长春、哈尔滨、南京、苏州、无锡、杭州、宁波、义乌、合肥、福州、厦门、南昌、青岛、威海、郑州、武汉、长沙、广州、深圳、珠海、东莞、南宁、重庆、成都、贵阳、昆明、西安、兰州、平潭、石家庄、秦皇岛、廊坊、太原、赤峰、抚顺、营口、珲春、牡丹江、黑河、徐州、南通、连云港、温州、绍兴、舟山、芜湖、安庆、泉州、九江、吉安、赣州、济南、烟台、潍坊、日照、临沂、洛阳、商丘、南阳、宜昌、襄阳、黄石、衡阳、岳阳、汕头、佛山、北海、钦州、崇左、泸州、遵义、安顺、德宏、红河、拉萨、西宁、海东、银川、乌鲁木齐共 86 个城市（地区）和海南全岛。除以上 86 个城市及海南全岛外的区域，开展网购保税业务适用“1239”。

单、支付单和物流单信息，由海关实行“三单”比对无误后放行。考虑直购进口的交易实际，邮政企业、进出境快件运营人可以接受跨境电商平台或跨境电商企业国内代理人、支付企业的委托，在承诺承担相应法律责任的前提下，向海关传输交易、支付等电子信息。由此可见，直购进口特点如下：一是集货进口，突出表现在商品种类多、以订单为单元单独包装、集成一票集中运抵；二是商品选择多，直购进口模式往往是境外供应商或者海外仓直接发货，提供了更多的商品选择，尤其是新上柜商品可以第一时间跨境销售；三是代为推单，在该模式下，允许邮政企业、进出境快件运营人接受委托、承诺责任后，向海关推送订单、支付单信息。与网购保税进口相同，直购进口也需要“三单”比对无误后才能放行。

直购进口流程请参见图 1–3。

图 1–3　直购进口流程

3. 两种模式比较

上述两种模式整体呈现“三同三不同”，具体如下。

（1）税收政策相同

两种进口模式在税收政策上享受相同优惠，一般情况下，同普通货物相比，在税收上具有较大优势：在个人年度交易限值以内进口的跨境电商商品，关税税率全部是 0，进口环节增值税、消费税暂按法定应纳税额的 70% 征收。同一商品若按照一般贸易进口，缴纳税款约为售价的 30%，而按照跨境电商方式进口，缴纳税款则不到售价的 10%，税收优惠显而易见。但是，如果商品最终售价与进口价格差异很大，电商模式的税收优惠则不明显（整体考虑国内流转环节税负）。

（2）消费总（限）额政策相同

消费者单次交易不得超过 5000 元，年度交易限值不得超过 26000 元。如仅购买一件商品，完税价格超过5000元单次交易限值但低于26000元年度交易限值，享受相关优惠（如不需要提交许可证），但要按照货物税率全额征收关税和进口环节增值税、消费税，交易额计入年度交易总额；如果年度交易总额超过年度交易限值的，应按一般贸易要求管理，不享受任何电商政策优惠。

（3）商品范围相同

两种模式进口商品全在《跨境电子商务零售进口商品清单》内。清单备注会对部分商品（如粮食、冻水产品）的进境方式、年度消费数量、有关限制等进行说明，如有的商品备注为"列入《进出口野生动植物种商品目录》商品除外"，有的为"仅限网购保税商品"。

不同进口模式适合进口不同商品。家庭长期使用且适宜囤货的商品，如奶粉、纸尿裤等，适合用网购保税进口模式；直购进口商品的品类更齐全，选择性更广泛。

（4）实施地理范围不同

"网购保税进口"（1210）目前只能在特殊区域或物流中心开展。

"直购进口"（9610）没有实施城市限制，原则上任何城市都可以开展。

（5）入境后的暂存地点不同

"网购保税进口"（1210）及"网购保税进口A"（1239）商品进口后，作为保税货物存储在特殊区域或物流中心，存放时间能长达数月。

"直购进口"（9610）在海关监管作业场所内暂存、即刻放行（部分城市目前在海关特殊监管区域内的海关监管作业场所开展）。

（6）物流模式不同

"网购保税进口"（1210）商品一般通过海运方式批量运至特殊区域或物流中心，待境内消费者下单后，再运送给消费者。因已在国内备货，故响应订单快、运输时间短、综合运费低。

"直购进口"（9610）俗称"集货模式"，即跨境电商商品在国外已经根据每个订单打好小包，一般通过航空等国际物流运输至国内海关监管作业场所，按照小包逐个向海关申报（可能会被抽中查验），海关放行后运递给境内消费者。商品运输时间长、运费高（主要是航空运输）、时效性低。

此外，关于退货管理，消费者对上述模式商品均可以申请退货。"网购保税进口”（1210）及“网购保税进口 A”（1239）模式因在国内进行，退货手续简单。“直购进口”（9610）因面临国际物流操作、国外海关清关等情况，耗时较长。

## 三、跨境电商零售进口发展历程暨政策演变

自 2012 年起，国务院及各部委出台了一系列政策，如《关于促进跨境电子商务健康快速发展的指导意见》《关于跨境电子商务零售进出口商品有关监管事宜的公告》《关于完善跨境电子商务零售进口税收政策的通知》等，引导跨境电商业务在规范中发展、在发展中规范。

2018 年 8 月 31 日，第十三届全国人民代表大会常务委员会第五次会议通过《电商法》，并已于 2019 年 1 月 1 日实施。这是中国电商领域首部综合性法律，将跨境电商纳入该法管辖，对促进跨境电商发展、推动跨境电商立法的启动和完善都有积极的意义。

跨境电商从其发展进程来看，经历了自然生长、试点推广、新政实施、依法推进阶段。第一阶段是在网络技术推动下，电商平台和交易者自然快速生长。第二阶段开始于 2012 年 12 月国家确定了 6 个跨境电商试点城市，以形成以点带面推动跨境电商发展、通过规范和创新推动跨境电商规模化发展的局面，海关与相关部门开始逐步完善监管、税收、支付等制度。第三阶段开始于 2016 年 4 月跨境电商综合试验区政策和 2016 年 3 月财关税〔2016〕18 号《关于跨境电子商务零售进口税收政策的通知》的落地，工作重点是完善监管、提升效率；其间，在国务院的领导下，商务部、海关、国家外汇管理局、国家税务总局等联合出台政策，促进跨境电商进口的有序发展。2019 年 1 月 1 日，《电商法》正式生效，至此，跨境电商正式迈入依法健康有序发展的第四阶段。

### （一）跨境电商自然生长阶段（2012 年之前）

以 2012 年跨境电商政策试点为分水岭，在此之前，随着网络平台的发展，将线下交易、支付、物流等流程实现电子化，逐步实现在线交易，国内消费者海淘风气日盛，其突出表现为邮政、快件等寄递渠道进口商品呈井喷式爆发。

### （二）跨境电商试点推广阶段（2012—2016 年）

2012 年，海关总署、国家发展改革委联合召开中国跨境电商服务试点工作

部署会，标志着我国跨境电商试点开始着手实施。随后，各试点城市陆续制订方案，经海关总署和国家发展改革委审批后开始试点运行。首批试点城市为上海、杭州、宁波、郑州、重庆、广州。这一阶段海关总署出台的相关政策主要包括两个方面：一方面通过采取“三单”比对的监管方式（“三单”是指订单、支付单、物流单）明确跨境电商海关监管代码表等政策措施强化监管，便于海关对跨境电商进口商品进行规范化的监管、征税和统计等工作，并梳理出“直购进口”（9610）和“网购保税”（1210）两种跨境电商零售进口监管模式；另一方面，在此阶段对跨境电商零售进口商品按照个人物品进行监管，适用行邮税率、税款 50 元以下免征税款、负面清单管理等。

（三）跨境电商新政实施阶段（2016—2018 年）

此阶段标志性的事件就是 2016 年 3 月财关税〔2016〕18 号《关于跨境电子商务零售进口税收政策的通知》下发，宣布自同年 4 月 8 日起实施跨境电商零售进口税收政策，故又称为“4 · 8 新政”。“4 · 8 新政”主要包括正面清单管理、交易限制、税收政策和准入管理。

在税收征管方面，“4 · 8 新政”做了重大调整，把此前的行邮模式切换到跨境电商税模式。从本质上看，跨境电商税模式是按照一般贸易进口征税的思路制定的，包含关税、增值税、消费税。从形式上看，考虑到跨境电商零售进口是按照零售价作为完税价格，而一般贸易是按照成本费加保险费、运费（cost, insurance and freight， CIF）作为完税价格，因此对跨境电商商品的关税调整为 0，增值税和消费税则按 70% 征收。在监管方式方面，从按照行邮物品进行监管切换成按照一般贸易货物进行监管，且要求执行通关单及首次进口的各项批件，与一般贸易进口模式趋同。这一初始监管要求一个月之后进行调整，暂缓执行，并进行了 3 次“延期”，覆盖 2016 年 5 月至 2018 年年底。该阶段呈现出新兴贸易业态和监管政策的磨合碰撞。

（四）跨境电商阶段依法推进阶段（2019 年至今）

2018 年年底，财关税〔2018〕49 号《关于完善跨境电子商务零售进口税收政策的通知》、商财发〔2018〕486 号《关于完善跨境电子商务零售进口监管有关工作的通知》、财政部公告 2018 年第 157 号《关于调整跨境电商零售进口商品清单[①]的公告》等政策出台，自2019年1月1日起正式实施。海关总署于2018年12月10日发布2018年第194号公告《关于跨境电子商务零售进出口商品有关监管事宜的公告》，明确相关监管事宜。

就交易限值而言，跨境零售进口单次交易限值由2000元提高至5000元，年度交易限值由20000元提高至26000元；就正面清单而言，自2016年出台以来经4次调整，到2022年3月1日共包括1476项8位税号商品。

2019年1月1日，我国颁布实施《电商法》，对跨境电商做了框架式原则性的规定。自2019年1月1日起，国务院调整了跨境电商零售进口税收政策，提高享受税收优惠政策的商品限额上限，扩大清单范围；明确跨境电商零售进口商品不执行有关商品首次进口许可批件、注册或者备案要求，但疫区商品和启动应急处置的重大质量安全风险商品除外；明确已经购买的跨境电商零售进口商品不得进入国内市场再次销售，并按照个人自用物品监管；明确电商平台企业、物流企业或申报企业为税款代收代缴义务人，承担相应缴补税义务及法律责任。至此，跨境电商进入了依法有序、扩容提速的崭新发展阶段。

各阶段跨境电商零售进口政策比较见表1-1。

① "跨境电商零售进口商品清单"又称"正面清单"，我国对跨境电商零售进口商品实施清单管理，清单内商品才能适用跨境电商进口税收优惠政策，即限额内零关税、进口环节增值税和消费税按法定应纳税额70%征收。自2016年出台以来，至今经过4次调整：2016年4月，财政部等13个部门共同公布的两批清单共包括1240项商品，涵盖食品饮料、服装鞋帽、家用电器以及部分化妆品、儿童玩具、生鲜、保健品等国内热销商品。2018年11月，增加了健身器材等商品，清单商品数达到1321项。2019年12月，增加了冷冻水产品、酒类等商品，清单商品数达到1413项。2022年，财政部等8个部门联合发布2022年第7号公告，宣布"自2022年3月1日起，优化调整《跨境电子商务零售进口商品清单（2019版）》"，至此，清单商品数达到1476项；增加了番红花、番茄汁等29项商品，删除了1项商品，即税则号列为93070090的"其他剑、短弯刀、刺刀、长矛和类似的武器及其零件；其他刀鞘、剑鞘"；根据近年来税则转版和税目调整，更新了清单商品的税则号列，删除了已作废的税则号列，并调整了206项商品的备注。

表 1–1 各阶段跨境电商零售进口政策比较

| 项目 | 自然生长 1.0 阶段 | 试点推广 2.0 阶段 | 新政实施 3.0 阶段 | 依法推进 4.0 阶段 |
|---|---|---|---|---|
| 商品范围 | 个人物品 | 个人物品 | 正面清单内商品 | 正面清单内商品 |
| 额度数量 | 自用合理 | 自用合理 | 单次限额 2000 元人民币，年度限值 20000 元人民币 | 单次限额 5000 元人民币，年度限值 26000 元人民币 |
| 税款征收 | 征收行邮税；50 元免征额 | 征收行邮税；50 元免征额 | 征收关税和进口环节增值税、消费税；关税税率暂定为 0，进口环节增值税、消费税取消免征税额，暂按法定应纳税额的 70% 征收 | 征收关税和进口环节增值税、消费税；关税税率暂定为 0，进口环节增值税、消费税取消免征税额，暂按法定应纳税额的 70% 征收 |

## 四、寄递渠道模式辨析

近年来，随着国际交往的日益频繁和国际贸易的不断发展，邮件、快递、跨境电商业务发展迅猛，贸易碎片化趋势明显，寄递从用途上呈现民用转商用、规模上呈现微量转巨量、模式上呈现自办转代办的趋势，尤其是跨境电商商品的出现，使得传统意义上的“货物”和“物品”的概念日益模糊。因此，有必要明确模式、知晓演变、对比差异、揭示风险。

本书所述寄递渠道主要包括邮递物品、快件个人物品、跨境电商 B2C 直购进口三种模式（考虑到跨境电商 BBC 网购保税还有境内商家 B 端这一中间环节，不属于境外卖家直接对接境内买家，故不纳入分析）。

（一）模式

邮递物品、快件个人物品一般是通过海外下单或者海外代购的模式来完成跨境交易的。其中，海外下单，又称“海淘”，即境内消费者在境外网站下单并支付货款，直接经邮包或快件方式运输回国，并在进境时以邮包或快件方式向海关办理报关手续，最终通过国内快递收到订货的网购方式；而海外代购，又称“海代”，即境内消费者联系到专门从事海外代购的个人或者平台，直接购买境外目标商品，随后代购者或者平台直接经邮包或快件方式运输回国，并在进境时以邮包或快件方式向海关办理报关手续，最终通过国内快递收到订货的网购方式（海外代购商品还有经由人员携带进境的，因其进境方式非寄递渠道，故不展开）。

跨境电商 B2C 直购进口的模式开创了全新的买卖交易格局，这种交易方式主要借助于电子数据和信息化网络来完成支付和物流工作，买卖双方签订合同的过程是通过电子形式和网络交易平台完成的。直购进口，即境内消费者在跨境电商平台上完成下单支付后，电商平台就客户的订单进行统一配货集货，然后将商品以快递、邮包的形式，通过国际物流运输到境内，进口通关环节必须申报订单、支付单、物流单（“三单”）和物品清单信息，“三单”比对通过后商品才可以入境到达客户手中。

（二）演变

一是寄递用途从“民用”向“商用”转变。在跨境电商监管模式面世前，寄递进境渠道海关监管的对象只有邮递物品、快件。海关监管体系中，两者的定义都强调了“以亲友之间相互馈赠自用”这一特质，体现内涵是非贸易性的“民用”。随着互联网时代的到来，越来越多的“海淘”“海代”也借邮递、快件物流渠道入境，但其本质上是 B2C，体现的内涵是商业活动，渠道特性为贸易性的“商用”。

二是寄递规模从“微量”向“巨量”转变。以往受限于跨境物流、支付手段便捷化程度不高等因素影响，跨境寄递以亲友间馈赠的邮递、快件模式为主，寄递物品的数量品种与货运途径相比不值一提。但在“互联网 +”时代，基于移动支付、云计算、数据化物流配送体系带来的便捷、智能、高效的网购体验，跨境购物浪潮迭起，邮递物品实现连年快速增长。

三是寄递链条从“单一”向“复合”转变。传统的个人跨境寄递，收、寄双方仅通过物流链条即可完成一次完整的跨境寄递。邮递渠道全部源自万国邮联框架下各国邮政收寄的国际邮件，统一由邮政企业代为办理海关手续，运营主体相对单一规范；快件主要依靠具备经营快件资质的邮政企业或自身具备“直邮 + 转运能力”的国际快件企业负责运营和办理海关手续。但在全球经济一体化的背景下，国际社会分工逐步拆分细化，单一纯粹的寄递模式已经逐步向专业化分工演变，物流体系之上往往叠加了信息、平台、仓储、金融等综合服务体系。

四是寄递模式从“自办”向“代办”转变。传统的邮递、快件寄递模式，甚至发展初期的跨境电商，多是独立自行完成寄递手续。但随着“海淘”的兴起，部分代购企业、个人捕捉商机，利用自身熟悉转运、清关操作等优势，协助境内消费者开展跨境购买业务，“海代”随之应运而生。与此同时，还出现出于规避关税等目的，逐步发展升级成为线上水客[①]，以分散寄递方式走私商品，严重扰乱寄递渠道正常秩序的情形。

（三）异同

1. 税收征管方面

“海淘”“海代”商品适用行邮税。行邮税将关税和进口环节增值税、消费税三税并分为 13%、20%、50% 三档[②]。行邮税的征收对象为个人物品，以“合理自用”为原则，还存在 50 元的免征额，税负一般较低。

跨境电商零售进口商品关税为 0，进口环节增值税、消费税按法定应纳税额的 70% 征收。

2. 通关监管方面

（1）安全准入标准不同

跨境电商实施正面清单监管，快件实施禁限类负面清单监管，某些跨境电商渠道不能入境的物品可通过快件渠道入境。

（2）身份验核手段不同

跨境电商有较为完善的购买人身份信息验核办法，可以依托电商平台等途径进行验核，对于限期内验核不通过或未验核的，予以退单处理。快件监管对收件人身份验核手段有限，目前仍采取以企业提交、平台验核身份信息为主，以抽核电话、跟踪物流信息为辅的手段。

（四）风险

一方面，跨境电商是一种新型的商品入境模式，它与传统的国际邮件、快件类似，进境时是以小包裹为主，包裹多为个人自用物品。较之跨境电商，国际邮件、快件缺少电子商务交易平台，没有包括“支付单、订单、物流单”在内的电

① 跨境电商走私案件中，自然人犯罪数量上升，较之口岸水客，其本质一样，表现不同（线下线上之分），故谓之线上水客。

② 适用行邮税税率 13% 的商品主要为母婴用品、手机等数码产品；适用行邮税税率 20% 的商品主要为箱包、家电、鞋子、化妆品（高档化妆品除外）等；适用行邮税税率 50% 的商品主要为烟、酒、高档手表、高档化妆品、高尔夫球具、珠宝首饰（不含钻石）等。

子数据监管，需逐单申报，按传统方式查验放行。由于国际邮件、快件和跨境电商商品在验放和税收征管标准上存在较大差异，三者之间的流动性较大，一定程度上存在“渠道漂移”现象。另一方面，跨境电商商品多以个人包裹形式进口，商品主要包括食品、化妆品、保健品和电子产品等，这些产品大多涉及安全、卫生、环保等方面要求。与以一般贸易方式进口此类商品相比，以跨境电商申报进境，形成事实上的低门槛准入。因此，一些不法分子利用寄递渠道，使得本应该以一般贸易方式进口的货物，逃避海关监管、规避海关关税、走私牟利，严重扰乱正常的进出境寄递行为。

## 五、跨境热点问答

随着跨境 BC 交易规模愈发扩大，跨境电商（广义概念，寄递渠道——邮递、快件、跨境电商）日益火热。在其火热的背后，对于消费者而言，常常会遇到一些问题。现就日常常见问题进行一一梳理，并予解答。

1. 个人邮寄物品进境，箱包、保健品、计算机、手机、奶粉、美容器材、化妆品、小家电、玩具等物品的税率是多少？

海关总署公告 2019 年第 63 号《关于调整〈中华人民共和国进境物品归类表〉和〈中华人民共和国进境物品完税价格表〉的公告》规定：箱包及鞋靴税率，20%；保健品税率，13%；计算机及其外围设备税率，13%；手持移动电话机税率，13%；奶粉税率，13%；家用医疗、保健及美容器材税率，20%；化妆品、洗护用品税率，50% 或 20%；小家电税率，20%；玩具税率，13%。

2. 哪些食品、动植物产品是个人禁止携带和邮寄入境的？

根据《中华人民共和国禁止携带、寄递进境的动植物及其产品和其他检疫物名录》，以下产品是个人禁止携带、寄递进境的。（1）动物及动物产品类。①活动物（犬、猫除外），包括所有的哺乳动物、鸟类、鱼类、甲壳类、两栖类、爬行类、昆虫类和其他无脊椎动物，动物遗传物质。②（生或熟）肉类（含脏器类）及其制品。③水生动物产品。干制，熟制，发酵后制成的食用酱汁类水生动物产品除外。④动物源性乳及乳制品，包括生乳、巴氏杀菌乳、灭菌乳、调制乳、发酵乳、奶油、黄油、奶酪、炼乳等乳类产品。⑤蛋及其制品，包括鲜蛋、皮蛋、咸蛋、蛋液、蛋壳、蛋黄酱等蛋源产品。⑥燕窝。经商业无菌处理的罐头装燕窝除外。⑦油脂类，皮张、原毛类、蹄（爪）、骨、牙、角类及其制品。经加工处理且无血污、肌肉、脂肪等的蛋壳类、蹄（爪）骨角类、贝壳类、甲壳类等工艺品除外。⑧动物源性饲料、动物源性中药材、动物源性肥料。（2）植物及植物产品类。①新鲜水果、蔬菜。②鲜切花。③烟叶。④种子、种苗及其他具有繁殖能力的植物、植物产品及材料。（3）其他检疫物类。①菌种、毒种、寄生虫等动植物病原体，害虫及其他有害生物，兽用生物制品，细胞、器官组织、血液及其制品等生物材料及其他高风险生物因子。②动物尸体、动物标本、动物源性废弃物。③土壤及其有机栽培介质。④转基因生物材料。⑤国家禁止进境的其他动植物、动植物产品和其他检疫物。

注：A. 通过携带或寄递方式进境的动植物及其产品和其他检疫物，经国家有关行政主管部门审批许可，并具有输出国家或地区官方机构出具的检疫证书，不受此名录的限制。B. 具有输出国家或地区官方机构出具的动物检疫证书和疫苗接种证书的犬、猫等宠物，每人仅限携带或分离托运一只。具体检疫要求按相关规定执行。C. 法律、行政法规、部门规章对禁止携带、寄递进境的动植物及其产品和其他检疫物另有规定的，按相关规定办理。

3. 通过分运行李邮寄书本、光盘等物品有什么限制吗？

邮寄书本、光盘等印刷品、音像制品应符合海关总署令第 243 号《海关总署关于修改部分规章的决定》附件 11《中华人民共和国海关进出境印刷品及音像制品监管办法》要求，若内容包含禁止进境的内容，则不可以办理分运行李。个人自用进境印刷品及音像制品应在规定数量以内，有下列情形之一的，海关对全部进境印刷品及音像制品按照进口货物依法办理相关手续。（1）个人携带、邮寄单行本发行的图书、报纸、期刊类出版物进境，每人每次超过 50 册（份）的；（2）个人携带、邮寄单碟（盘）发行的音像制品进境，每人每次超过 100 盘的；（3）个人携带、邮寄成套发行的图书类出版物进境，每人每次超过 10 套的；（4）个人携带、邮寄成套发行的音像制品进境，每人每次超过 10 套的；（5）其他构成货物特征的。

4. 个人邮件税费怎么计算？

（1）行邮税税金计算公式：行邮税税金 = 完税价格 × 行邮税税率。

（2）进境物品完税价格遵循原则可以查看海关总署公告2012年第15号《关于修订〈中华人民共和国进境物品归类表〉和〈中华人民共和国进境物品完税价格表〉的公告》。（3）物品归类、完税价格表、税率可查看海关总署公告2019年第63号《关于调整〈中华人民共和国进境物品归类表〉和〈中华人民共和国进境物品完税价格表〉的公告》。（4）根据海关总署公告2010年第43号《关于调整进出境个人邮递物品管理措施有关事宜》规定，个人邮寄进境物品，海关依法征收进口税，但应征进口税税额在人民币50元（含50元）以下的，海关予以免征。

5. 个人邮寄书、CD碟等印刷品、音像制品进境，是不是也受800元或1000元人民币限值的限制？

根据海关有关规定，对个人邮寄进境的印刷品、音像制品的验放标准，不受海关总署公告2010年第43号《关于调整进出境个人邮递物品管理措施有关事宜》中的免税额和物品限值的限制，而应按海关总署令第161号《中华人民共和国海关进出境印刷品及音像制品监管办法》规定的免税、征税数量予以验放。但印刷品、音像制品有属于国家禁止、限制进出境的，海关将按规定予以收缴或者责令退回。

6. 个人邮寄物品进出境有什么规定？有额度限制吗？是否需要缴税？

根据海关总署公告2010年第43号《关于调整进出境个人邮递物品管理措施有关事宜》规定执行。（1）个人邮寄进境物品，海关依法征收进口税，但应征进口税税额在人民币50元（含50元）以下的，海关予以免征。（2）个人寄自或寄往港、澳、台地区的物品，每次限值为800元人民币；寄自或寄往其他国家和地区的物品，每次限值为1000元人民币。（3）个人邮寄进出境物品超出规定限值的，应办理退运手续或者按照货物规定办理通关手续。但邮包内仅有一件物品且不可分割的，虽超出规定限值，经海关审核确属个人自用的，可以按照个人物品规定办理通关手续。（4）邮运进出口的商业性邮件，应按照货物规定办理通关手续。

7. 个人邮寄奶粉、化妆品、手表、衣服等进境的限值、限量有何规定？

根据《中华人民共和国海关法》（以下简称《海关法》）规定，个人携带进出境的行李物品、邮寄进出境的物品，应当以自用、合理数量为限，并接受海关监管。根据海关总署公告2010年第43号规定，个人寄自或寄往港、澳、台地区的物品，每次限值为800元人民币；寄自或寄往其他国家和地区的物品，每次限值为1000元人民币。个人邮寄进出境物品超出规定限值的，应办理退运手续或者按照货物规定办理通关手续。但邮包内仅有一件物品且不可分割的，虽超出规定限值，经海关审核确属个人自用的，可以按照个人物品规定办理通关手续。邮运进出口的商业性邮件，应按照货物规定办理通关手续。

8. 个人可以携带、邮寄汽车及零配件进出境吗?

不可以。个人自用汽车、摩托车配件及附件是按货物报关征税的商品。

9. 可以邮寄现金、现钞进出境吗?

不可以。

10. 携运或邮寄文物出境已主动申报,但是无法提供许可证明,应该怎么处理?

携运、邮寄文物出境，已向海关申报，但不能交验国务院文物行政管理部门开具的文物许可出口证明和钤盖的鉴定标志或文物外销发货票的，不准出口，应予退运。限3个月内（来往港澳地区的旅客限1个月内）由当事人或其代理人领回；过期不领，海关将根据有关规定处理。

11. 花旗参可以邮寄、携带进境吗?

花旗参又称西洋参、洋参、野山泡参、广东人参，是人参的一种，属于五加科人参属多年生草本植物。根据《濒危野生动植物种国际贸易公约》规定，花旗参（包括整体、切片和部分）属于该公约附录Ⅱ所列物种，属于濒危物种范畴，严禁携带入境，通过快递寄入境内也属于违法行为。提醒：花旗参粉末、片剂、提取物、滋补品、茶饮、糕点等制成品或衍生物虽然属于豁免范围，但仍然需要凭国家濒危物种进出口管理办公室出具的濒危证验放，如无相关证明，一律禁止入境；涉嫌违规、走私的，将移交相关部门进一步处理。

12. 赌博用筹码可以进境吗?

赌博用筹码禁止进境。根据海关总署公告2013年第46号《关于〈中华人民共和国禁止进出境物品表〉和〈中华人民共和国限制进出境物品表〉有关问题解释》规定，赌博用筹码属于《中华人民共和国禁止进出境物品表》所列“对中国政治、经济、文化、道德有害的印刷品、胶卷、照片、唱片、影片、录音带、录像带、激光视盘、计算机存储介质及其他物品”中的“其他物品”。

13. 禁止邮寄、携带出境的印刷品、音像制品有哪些?

根据海关总署令第 161 号《中华人民共和国海关进出境印刷品及音像制品监管办法》规定，载有下列内容之一的印刷品及音像制品，禁止出境：有禁止进境的印刷品、音像制品所列内容的；涉及国家秘密的；国家主管部门认定禁止出境的。

14. 禁止邮寄、携带进境的印刷品、音像制品有哪些?

根据海关总署令第 161 号《中华人民共和国海关进出境印刷品及音像制品监管办法》规定，载有下列内容之一的印刷品及音像制品，禁止进境：（1）反对宪法确定的基本原则的；（2）危害国家统一、主权和领土完整的；（3）危害国家安全或者损害国家荣誉和利益的；（4）攻击中国共产党，诋毁中华人民共和国政府的；（5）煽动民族仇恨、民族歧视，破坏民族团结，或者侵害民族风俗、习惯的；（6）宣扬邪教、迷信的；（7）扰乱社会秩序，破坏社会稳定的；（8）宣扬淫秽、赌博、暴力或者教唆犯罪的；（9）侮辱或者诽谤他人，侵害他人合法权益的；（10）危害社会公德或者民族优秀文化传统的；（11）国家主管部门认定禁止进境的；（12）法律、行政法规和国家规定禁止的其他内容。

15. 个人邮寄儿童安全座椅，规范申报应该选哪个品名？税率是多少?

根据海关总署公告 2019 年第 63 号《关于调整〈中华人民共和国进境物品归类表〉和〈中华人民共和国进境物品完税价格表〉的公告》规定，儿童安全座椅请选择家具里面的坐具，税率为 13%。

16. 如何应对邮包冒用“海关”名义诈骗?

（1）海关不会要求通过向个人账户（银行、支付宝、微信等）转账的方式收取任何费用。（2）个人或者冒用海关宣称收取好处费、关系费、打点费、保证金、处罚金等就能从海关取得无法正常通关物品，恢复人身自由等的往往都是诈骗。（3）不要被骗子口中的金钱、金条等贵重物品迷惑，谨慎交友，增强防范意识。（4）碰到此类不确定的情况，及时拨打海关 12360 热线核实，如确属诈骗，建议立即报警处理。

17. 海关允许个人携带、邮寄宗教类印刷品及音像制品入境吗?

个人携带、邮寄进境的宗教类印刷品及音像制品在自用、合理数量范围内的，准予进境。超出个人自用、合理数量进境或者以其他方式进口的宗教类印刷品及音像制品，海关凭国家宗教事务局、其委托的省级政府宗教事务管理部门或者国务院其他行政主管部门出具的证明予以征税验放。无相关证明的，海关按照《中华人民共和国海关行政处罚实施条例》（以下简称《海关行政处罚实施条例》）的有关规定予以处理。散发性宗教类印刷品及音像制品，禁止进境。散发性宗教类印刷品及音像制品，是指运输、携带、邮寄进境，不属于自用、合理数量范围并且具有明显传播特征，违反国家宗教事务法规及相关政策的印刷品及音像制品。

18. 境外赠送的印刷品或音像制品入境需要经过批准吗？

境外赠送进口的印刷品及音像制品，受赠单位应当向海关提交赠送方出具的赠送函和受赠单位的接受证明及有关清单。接受境外赠送的印刷品超过100册或者音像制品超过200盘的，受赠单位除向海关提交上述单证外，还应当提交国务院有关行政主管部门的批准文件。

19. 从境外邮寄、携带的印刷品、音像制品进境，需要征税吗？

根据海关总署令第161号《中华人民共和国海关进出境印刷品及音像制品监管办法》，将个人携带、邮寄进境印刷品及音像制品分为“海关免税验放”“对超出规定数量部分予以征税”“对全部进境印刷品及音像制品按照进口货物依法办理相关手续”三种情况。

（1）个人自用进境印刷品及音像制品在下列规定数量以内的，海关予以免税验放：①单行本发行的图书、报纸、期刊类出版物每人每次10册（份）以下；②单碟（盘）发行的音像制品每人每次20盘以下；③成套发行的图书类出版物，每人每次3套以下；④成套发行的音像制品，每人每次3套以下。

（2）超出免税验放规定的数量，但是仍在合理数量以内的个人自用进境印刷品及音像制品，未达到进口货物标准的，海关应当按照《中华人民共和国进出口关税条例》（以下简称《关税条例》）有关进境物品进口税的征收规定对超出规定数量的部分予以征税放行。

（3）有下列情形之一的，海关对全部进境印刷品及音像制品按照进口货物依法办理相关手续：①个人携带、邮寄单行本发行的图书、报纸、期刊类出版物进境，每人每次超过50册（份）的；②个人携带、邮寄单碟（盘）发行的音像制品进境，每人每次超过100盘的；③个人携带、邮寄成套发行的图书类出版物进境，每人每次超过10套的；④个人携带、邮寄成套发行的音像制品进境，每人每次超过10套的；⑤其他构成货物特征的。对于需按照进口货物依法办理的进境印刷品及音像制品，其进境印刷品及音像制品的收发货人、所有人及其代理人可以依法申请退运其进境印刷品及音像制品。

20. 个人邮寄或携带印刷品及音像制品，免税数量怎么计算？

个人自用进境印刷品及音像制品在规定数量以内的，海关予以免税验放。举个例子：小明买了自用合理数量性质内的“9本杂志+15张CD碟+2套漫画书+2套音乐专辑CD套装”准备携带/邮寄回国，因为每样东西的数量都在上面提到的免税范围内，一起携带/邮寄也是免税的。

21. 自己画的油画、字画邮寄进出境有什么规定？

根据海关总署公告2010年第43号《关于调整进出境个人邮递物品管理措施有关事宜》，个人寄自或寄往港、澳、台地区的物品，每次限值为800元人民币；寄自或寄往其他国家和地区的物品，每次限值为1000元人民币。个人邮寄进出境物品超出规定限值的，应办理退运手续或者按照货物规定办理通关手续。但邮包内仅有一件物品且不可分割的，虽超出规定限值，经海关审核确属个人自用的，可以按照个人物品规定办理通关手续。如果属于美术品，则需要按《文化部、海关总署关于美术品进出口管理的公告》规定办理相关手续。

22. 个人是否可以携带脐带血、人类遗传资源出境？

因血液属于人类遗传资源，根据国务院令第717号《中华人民共和国人类遗传资源管理条例》规定，利用我国人类遗传资源开展国际合作科学研究，或者因其他特殊情况确需将我国人类遗传资源材料运送、邮寄、携带出境的，应当符合相关条件并取得国务院科学技术行政部门出具的人类遗传资源材料出境证明。凭人类遗传资源材料出境证明办理海关手续。

23. 象牙制品是否可以从中国香港邮寄进境？

未经许可禁止进出境。根据《濒危野生动植物种国际贸易公约》及《中华人民共和国野生动物保护法》等相关公约、法律规定，除凭我国濒危物种进出口管理办公室或其办事处签发的允许进出口证明办理验放手续外，禁止携带、邮寄象牙及其制品进出境。

24. 进境邮包长时间显示“送交海关”“海关留存待验”是什么原因？

“送交海关”“海关留存待验”是邮局对进境邮件物流环节的习惯表述。所谓“送交海关”“海关留存待验”，并不是将邮件送到海关，实际上海关在邮局设有办事处，包裹还是存放在邮局的仓库里，只是这个仓库受海关的监管。海关是国家进出境监督管理机关，所有进境邮件都要在海关监管下验放，但有三种情况需要收件人办理海关手续：需要缴纳进口税的；超过限值限量的；邮运进出口的货物类邮政快件。如果需要办理相关手续，会由邮政公司通过短信、通知单等形式与收件人联系，收件人按照通知提示要求办理手续即可。

25. 携带、邮寄连花清瘟胶囊等中成药出境有什么规定？

药品属于国家限制进出口物品，能否邮递或者携带出境要看其是否符合海关对于品种成分和价值方面的限制性规定。（1）品种成分方面：不能邮寄《中华人民共和国禁止进出境物品表》中国家禁止出境的物品，如烈性毒药、毒品、濒危的和珍贵的动物、植物及其种子和繁殖材料。国家明确禁止出境的中药材及中成药有麝香、蟾酥、虎骨、犀牛角、牛黄等（不含配有微量麝香、蟾酥的成药，如麝香疮伤膏、六神丸等，但包括含犀牛角和虎骨成分的药品），其余中药材和中成药，在规定的限制内，海关可以放行；毒品包括国家规定管制的能够使人形成瘾癖的麻醉品和精神药品。（2）价值方面：个人邮寄中药材、中成药出境应遵照海关总署公告 2010 年第 43 号的相关规定，详见问题 7。

26. 个人邮寄抗癌药的范围有哪些？

可邮寄个人用抗癌药范围，请查看财税〔2018〕47 号《财政部、海关总署、税务总局、国家药品监督管理局关于抗癌药品增值税政策的通知》的附件。

27. 海关如何审定进境个人物品的完税价格？

根据海关总署公告 2012 年第 15 号《关于修订〈中华人民共和国进境物品归类表〉和〈中华人民共和国进境物品完税价格表〉的公告》规定，进境物品的完税价格由海关依法遵循以下原则确定：（1）《中华人民共和国进境物品完税价格表》（以下简称《完税价格表》）已列明完税价格的物品，按照《完税价格表》确定；（2）《完税价格表》未列明完税价格的物品，按照相同物品相同来源地最近时间的主要市场零售价格确定其完税价格；（3）实际购买价格是《完税价格表》列明完税价格的 2 倍及以上，或是《完税价格表》列明完税价格的 1/2 及以下的物品，进境物品所有人应向海关提供销售方依法开具的真实交易的购物发票或收据，并承担相关责任。海关可以根据物品所有人提供的上述相关凭证，依法确定应税物品完税价格。上述《完税价格表》请参考海关总署公告2019年第63号《关于调整〈中华人民共和国进境物品归类表〉和〈中华人民共和国进境物品完税价格表〉的公告》附件2《中华人民共和国进境物品完税价格表》（2019）。

28. 通过快件渠道进口的个人物品税额怎么计征？

根据海关总署公告2016年第19号《关于启用新快件通关系统相关事宜的公告》规定，应税个人物品类快件的限量、限值、税收征管等事项应当符合邮递进出境个人物品相关规定。（1）税金计算公式：行邮税税金 = 完税价格 × 行邮税税率。（2）根据海关总署公告2010年第43号《关于调整进出境个人邮递物品管理措施有关事宜》规定，税额在人民币50元（含50元）以下的，海关予以免征。（3）进境物品完税价格遵循原则可以查看海关总署公告2012年第15号《关于修订〈中华人民共和国进境物品归类表〉和〈中华人民共和国进境物品完税价格表〉的公告》。（4）物品归类、完税价格表、税率可查看海关总署公告2019年第63号《关于调整〈中华人民共和国进境物品归类表〉和〈中华人民共和国进境物品完税价格表〉的公告》。

29.A类、B类、C类快件如何申报通关？

根据海关总署公告2016年第19号《关于启用新快件通关系统相关事宜的公告》规定执行。A类快件报关时，快件运营人应当向海关提交A类快件报关单、总运单（复印件）和海关需要的其他单证。B类快件报关时，快件运营人应当向海关提交B类快件报关单、每一进出境快件的分运单、进境快件收件人或出境快件发件人身份证影印件和海关需要的其他单证。B类快件的限量、限值、税收征管等事项应当符合海关总署关于邮递进出境个人物品相关规定。C类快件报关时，快件运营人应当向海关提交C类快件报关单、代理报关委托书或者委托报关协议、每一进出境快件的分运单、发票和海关需要的其他单证，并按照进出境货物规定缴纳税款。进出境C类快件的监管方式为“一般贸易”或者“货样广告品A”，征免性质为“一般征税”，征减免税方式为“照章征税”。快件运营人按照上述规定提交复印件（影印件）的，海关可要求快件运营人提供原件验核。

30. 个人物品类快件清关是否需要提供身份证信息？

根据海关总署令第240号《关于公布〈海关总署关于修改部分规章的决定〉的令》附件6《中华人民共和国海关对进出境快件监管办法》，个人物品类进出境快件报关时，运营人应当向海关提交“中华人民共和国海关进出境快件个人物品申报单”、每一进出境快件的分运单、进境快件收件人或出境快件发件人身份证件影印件和海关需要的其他单证。

31. 进出境快件是按哪个文件执行分类标准？

根据海关总署公告 2016 年第 19 号《关于启用新快件通关系统相关事宜的公告》规定，快件分为：文件类进出境快件（简称 A 类快件）、个人物品类进出境快件（简称 B 类快件）和低值货物类进出境快件（简称 C 类快件）。A 类快件是指无商业价值的文件、单证、票据和资料（依照法律、行政法规以及国家有关规定应当予以征税的除外）。B 类快件是指境内收寄件人（自然人）收取或者交寄的个人自用物品（旅客分离运输行李物品除外）。C 类快件是指价值在 5000 元人民币（不包括运、保、杂费等）及以下的货物（涉及许可证件管制的，需要办理出口退税、出口收汇或者进口付汇的除外）。

32. 通过敦豪航空货运公司（DHL）快递进境的个人物品，有衣服、化妆品等用品，应该向海关申报什么快件？

根据海关总署公告 2010 年第 43 号《关于调整进出境个人邮递物品管理措施有关事宜》规定，个人寄自或寄往港、澳、台地区的物品，每次限值为 800 元人民币；寄自或寄往其他国家和地区的物品，每次限值为 1000 元人民币。根据海关总署公告 2016 年第 19 号《关于启用新快件海关系统相关事宜的公告》规定，B 类快件是指境内收寄件人（自然人）收取或者交寄的个人自用物品（旅客分离运输行李物品除外）。因此，如包裹符合个人邮寄进出境物品限值条件可以按 B 类快件申报。

33. 通过快件渠道进口印刷品、音像制品，海关有哪些规定？

进口音像制品，海关按照海关总署第 161 号令《中华人民共和国海关进出境印刷品及音像制品监管办法》的有关规定进行监管。符合个人物品规定的音像制品可以按 B 类快件申报进境；超出个人物品规定的音像制品，按照进口货物依法办理相关手续。

34. 涉监管证件、涉检验检疫货物为什么不能走 C 类快件申报？

根据海关总署公告 2016 年第 19 号《关于启用新快件通关系统相关事宜的公告》规定，C 类快件是指价值在 5000 元人民币（不包括运、保、杂费等）及以下的货物（涉及许可证件管制的，需要办理出口退税、出口收汇或者进口付汇的除外）。

35. 跨境电商零售进口商品退货相关内容有哪些？

（1）退货时间：需要退货的商品，必须在海关放行之日起 30 天内发起申请、45 天内将退货商品以原状运抵原海关监管场所、原特殊区域或物流中心。（2）退货内容：联系商家，确认是否符合退货条件。随后按照店家指引，寄回商品，无须亲自找海关办理退货申请。一个订单可申请部分退货，也可以申请全部退货。（3）个人年度额度：只要电商企业向海关申请退货并获得通过，税款就会原路返还，个人年度交易累计金额也会自动调整（登录中国国际贸易“单一窗口”singlewindow.cn，查询个人年度额度）。

同时，电商企业在退货方面应做到：（1）告知消费者，将退货商品寄回至原海关监管场所、原特殊区域或物流中心。（2）在中国国际贸易“单一窗口”向原验放海关发送退货申报清单。（3）经海关系统受理后，查看原商品是否通过网购保税模式进口。（4）通过网购保税模式进口的，企业需录入二期账册核注清单及核放单。（5）完成退货手续后，海关确认退货商品运抵，根据相关要求实施验放，放行的商品才可以运回电商企业仓库重新上架销售。（6）返还消费者个人额度。海关完成验放后，退货商品对应的税款将不予征收，消费者个人年度交易累计金额即可实现自动返还。可查询相关公告：海关总署公告 2020 年第 45 号《关于跨境电子商务零售进口商品退货有关监管事宜的公告》、海关总署公告 2018 年第 194 号《关于跨境电子商务零售进出口商品有关监管事宜的公告》。

36. 海关对违规跨境电商企业会有什么处罚吗？

海关总署公告 2018 年第 194 号《关于跨境电子商务零售进出口商品有关监管事宜的公告》规定：（1）跨境电子商务平台企业、跨境电子商务企业或其代理人、物流企业、跨境电子商务监管作业场所经营人、仓储企业发现涉嫌违规或走私行为的，应当及时主动告知海关；（2）涉嫌走私或违反海关监管规定的参与跨境电子商务业务的企业，应配合海关调查，开放交易生产数据或原始记录数据。海关对违反本公告，参与制造或传输虚假交易、支付、物流“三单”信息，为二次销售提供便利，未尽责审核消费者（订购人）身份信息真实性等，导致出现个人身份信息或年度购买额度被盗用、进行二次销售及其他违反海关监管规定情况的企业依法进行处罚。对涉嫌走私或违规的，由海关依法处理；构成犯罪的，依法追究刑事责任。对利用其他公民身份信息非法从事跨境电子商务零售进口业务的，海关按走私违规处理，并按违法利用公民信息的有关法律规定移交相关部门处理。对不涉嫌走私违规、首次发现的，进行约谈或暂停业务责令整改；再次发现的，一定时期内不允许其从事跨境电子商务零售进口业务，并交由其他行业主管部门按规定实施查处。

37. 进口的跨境电商商品如何退货，是否可以退税？

根据海关总署公告 2018 年第 194 号《关于跨境电子商务零售进出口商品有关监管事宜的公告》规定以及海关总署公告 2020 年第 45 号《关于跨境电子商务零售进口商品退货有关监管事宜的公告》执行。（1）在跨境电子商务零售进口模式下，允许跨境电子商务企业境内代理人或其委托的报关企业申请退货，退回的商品应当符合二次销售要求并在海关放行之日起 30 日内发起申请、45 日内以原状运抵原监管作业场所、原海关特殊监管区域或保税物流中心（B 型），相应税款不予征收，并调整个人年度交易累计金额。在跨境电子商务零售出口模式下，退回的商品按照有关规定办理有关手续。（2）对超过保质期或有效期、商品或包装损毁、不符合我国有关监管政策等不适合境内销售的跨境电子商务零售进口商品，以及海关责令退运的跨境电子商务零售进口商品，按照有关规定退运出境或销毁。同时，由于订购人为纳税义务人，在海关注册登记的电子商务企业、电子商务交易平台企业或物流企业作为税款的代收代缴义务人，代为履行纳税义务。个人的退货、退税业务可联系电商企业反映。

38. 电子商务平台、电商、物流以及支付企业是否需要到海关办理登记手续？

根据海关总署公告 2018 年第 194 号《关于跨境电子商务零售进出口商品有关监管事宜的公告》规定执行。（1）跨境电子商务平台企业、物流企业、支付企业等参与跨境电子商务零售进口业务的企业，应当依据海关报关单位注册登记管理相关规定，向所在地海关办理注册登记；境外跨境电子商务企业应委托境内代理人（以下简称跨境电子商务企业境内代理人）向该代理人所在地海关办理注册登记。跨境电子商务企业、物流企业等参与跨境电子商务零售出口业务的企业，应当向所在地海关办理信息登记；如需办理报关业务，向所在地海关办理注册登记。物流企业应获得国家邮政管理部门颁发的“快递业务经营许可证”。直购进口模式下，物流企业应为邮政企业或者已向海关办理代理报关登记手续的进出境快件运营人。支付企业为银行机构的，应具备中国银行保险监督管理委员会（以下简称银保监会）或者原中国银行业监督管理委员会（以下简称银监会）颁发的“金融许可证”；支付企业为非银行支付机构的，应具备中国人民银行颁发的“支付业务许可证”，支付业务范围应当包括“互联网支付”。（2）参与跨境电子商务零售进出口业务并在海关注册登记的企业，纳入海关信用管理，海关根据信用等级实施差异化的通关管理措施。

39. 消费者如何查询跨境电商额度?

如需查询跨境电子商务个人额度、个人通关数据等信息，请打开中国国际贸易“单一窗口”网站（网址：www.singlewindow.cn），点击右上角的“注册”按钮，完成“个人用户注册”并登录后，依次点击“标准版应用—跨境电商—公共服务”，进行“个人额度”“个人税款”“个人通关数据查询”等查询。

40. 跨境电商产品退货是否有时限要求?

需要退货的商品，必须在海关放行之日起 30 天内发起申请，45 天内将退货商品以原状运抵原海关监管场所、原特殊区域或物流中心。

41. 商户在电商平台开店销售，但不负责向海关传输“三单”信息（清单、订单、物流单），是否需要在海关办理注册登记?

根据海关总署公告 2018 年第 194 号《关于跨境电子商务零售进出口商品有关监管事宜的公告》规定执行。（1）跨境电子商务零售进口商品申报前，跨境电子商务平台企业或跨境电子商务企业境内代理人、支付企业、物流企业应当分别通过国际贸易“单一窗口”或跨境电子商务通关服务平台向海关传输交易、支付、物流等电子信息，并对数据真实性承担相应责任。直购进口模式下，邮政企业、进出境快件运营人可以接受跨境电子商务平台企业或跨境电子商务企业境内代理人、支付企业的委托，在承诺承担相应法律责任的前提下，向海关传输交易、支付等电子信息。（2）跨境电子商务零售出口商品申报前，跨境电子商务企业或其代理人、物流企业应当分别通过国际贸易“单一窗口”或跨境电子商务通关服务平台向海关传输交易、收款、物流等电子信息，并对数据真实性承担相应法律责任。如果系委托电商平台传输信息，此情况目前暂不需要在海关办理登记。

42. 跨境电商平台向海关申报时，完税价格是按美元计价还是按人民币计价？

根据海关总署公告 2018 年第 194 号《关于跨境电子商务零售进出口商品有关监管事宜的公告》规定，跨境电子商务零售进口商品的申报币制为人民币。

43. 海关是否出具跨境电商商品个人税单？

根据海关总署公告 2018 年第 194 号《关于跨境电子商务零售进出口商品有关监管事宜的公告》规定，跨境电子商务零售进口商品消费者（订购人）为纳税义务人。在海关注册登记的跨境电子商务平台企业、物流企业或申报企业作为税款的代收代缴义务人，代为履行纳税义务，并承担相应的补税义务及相关法律责任。目前海关未向个人出具税单。但可以在“单一窗口”查询税款信息。查询方式：进入中国国际贸易“单一窗口”（网址：www.singlewindow.cn），点击“注册—个人用户注册”，登录账号后，依次点击“标准版应用—跨境电商—公共服务—个人税款查询”查询。

44. 电商企业盗用身份信息清关，怎么办？

针对怀疑身份信息被盗用的问题，可按以下步骤核实情况。（1）查询额度及消费详情，进入中国国际贸易“单一窗口”（网址：www.singlewindow.cn），点击“注册—个人用户注册”，登录账号后，依次点击“标准版应用—跨境电商—公共服务”查询额度以及消费详情。（2）如核实存在盗用情况，可将被盗用的订单信息按以下格式提供并进行发送：姓名，身份证号码，手机号，所在城市，被盗信息，清单编号，订单编号，物流单，申报日期，申报口岸，被盗金额，电商平台 / 电商企业名称。相关信息将由该平台进行受理并转后台相关部门核实。

45. 跨境电商商品退货后，消费者个人额度会返还吗？

消费者与企业协商退货后，退货企业在《申报清单》放行之日起 30 日内向海关申请退货，并且在《申报清单》放行之日起 45 日内将退货商品运抵原海关监管作业场所、原特殊区域或物流中心的，相应税款不予征收，并调整消费者个人年度交易累计金额。

46. 企业可以通过跨境电商申报进口什么商品？

正面清单内的商品可以通过跨境电商方式向海关申报进口。2022 年，财政部等八部门联合发布 2022 年第 7 号公告，即《关于调整扩大跨境电子商务零售进口商品清单的公告》，经过此次优化调整，清单商品数达到 1476 项。

47. 跨境电商企业对消费者的提醒告知义务有哪些?

跨境电商企业履行对消费者的提醒告知义务，会同跨境电商平台在商品订购网页或其他醒目位置向消费者提供风险告知书，消费者确认同意后方可下单购买。告知书应至少包含以下内容：（1）相关商品符合原产地有关质量、安全、卫生、环保、标示等标准或技术规范要求，但可能和中国标准存在差异，消费者自行承担相关风险；（2）相关商品直接购自境外，可能无中文标签，消费者可通过网站查看商品中文电子标签；（3）消费者购买的商品仅限个人使用，不得再次销售。

48. 跨境电商进口商品没有中文标签，原因是什么?

跨境零售进口商品直接购自境外，可能无中文标签，消费者可通过网站查看商品中文电子标签。

49. 跨境电商进口渠道买到的商品和实体店买到的同一款商品的外包装为何不一样?

跨境电商平台销售的跨境商品直接购自境外，符合原产地有关质量、安全、卫生、环保、标示等标准或技术规范要求，但可能和中国标准存在差异，消费者可通过网站查看商品中文标签。

50. 跨境电商渠道购买进口奶粉，外包装标示的是外国标准，原因是什么?

根据规定，跨境零售进口商品直接购自境外，符合原产地有关质量、安全、卫生、环保、标示等标准或技术规范要求，但可能和中国标准存在差异，消费者自行承担相关风险。

51. 跨境电商的订单、支付单、物流单由谁向海关申报?

订单由电商企业向海关传输订单信息。支付单由支付企业向海关传输支付信息。物流单由物流企业向海关传输物流运输信息。

52. 银行如何成为跨境电商支付企业?

根据海关总署公告2018年第194号《关于跨境电子商务零售进出口商品有关监管事宜的公告》规定，支付企业为银行机构的，应具备银保监会或者原银监会颁发的“金融许可证”；支付企业为非银行支付机构的，应具备中国人民银行颁发的“支付业务许可证”，支付业务范围应当包括“互联网支付”。

53. 跨境电子商务零售进口商品的进口增值税和消费税是如何计算的?

根据财关税〔2016〕18号《关于跨境电子商务零售进口税收政策的通知》

规定，目前，在限值以内进口的跨境电子商务零售进口商品，关税税率暂设为 0；进口环节增值税、消费税暂按法定应纳税额的 70% 征收。

54. 目前跨境电商通关监管模式有哪些？

（1）根据海关总署公告 2014 年第 12 号《关于增列海关监管方式代码的公告》，增列海关监管方式代码“9610”，全称“跨境贸易电子商务”，简称“电子商务”。（2）根据海关总署公告 2014 年第 57 号《关于增列海关监管方式代码的公告》，增列海关监管方式代码“1210”，全称“保税跨境贸易电子商务”，简称“保税电商”。（3）根据海关总署公告 2016 年第 75 号《关于增列海关监管方式代码的公告》，增列海关监管方式代码“1239”，全称“保税跨境贸易电子商务 A”，简称“保税电商 A”。（4）根据海关总署公告 2018 年第 194 号《关于跨境电子商务零售进出口商品有关监管事宜的公告》可知，有“网购保税进口”（监管方式代码 1210）、“网购保税进口 A”（监管方式代码 1239）。（5）根据海关总署公告 2020 年第 75 号《关于开展跨境电子商务企业对企业出口监管试点的公告》，增列海关监管方式代码“9710”，全称“跨境电子商务企业对企业直接出口”，简称“跨境电商 B2B 直接出口”，增列海关监管方式代码“9810”，全称“跨境电子商务出口海外仓”，简称“跨境电商出口海外仓”。

55. 跨境电商渠道所购商品是否有用途限制？

消费者所购商品仅限于个人自用，对于已购买的跨境电商零售进口商品，不得进入国内市场再次销售。

56. 跨境电商平台企业向海关申报清单时，如果要修改或撤销，有什么规定？

根据海关总署公告 2018 年第 194 号《关于跨境电子商务零售进出口商品有关监管事宜的公告》规定，《申报清单》的修改或者撤销，参照“中华人民共和国海关进（出）口货物报关单”修改或者撤销有关规定办理。除特殊情况外，《申报清单》、“中华人民共和国海关进（出）口货物报关单”应当采取通关无纸化作业方式进行申报。

57. 个人通过跨境电子商务平台购买商品，如果买的东西超过限值了，怎么办？

根据财关税〔2018〕49 号《关于完善跨境电子商务零售进口税收政策的通知》规定，完税价格超过 5000 元单次交易限值，但低于 26000 元年度交易限值，且订单下仅 1 件商品时，可以自跨境电商零售渠道进口，按照货物税率全额征收关税和进口环节增值税、消费税，交易额计入年度交易总额，但年度交易总额超过年度交易限值的，应按一般贸易管理。

58. 跨境电商商品质量安全责任主体是谁？消费者权益如何保障？

跨境电商企业承担商品质量安全的主体责任，并按规定履行相关义务。应委托一家在境内办理工商登记的企业，由其在海关办理注册登记，承担如实申报责任，依法接受相关部门监管，并承担民事连带责任。同时承担消费者权益保障责任，包括但不限于商品信息披露、提供商品退换货服务、建立不合格或缺陷商品召回制度、对商品质量侵害消费者权益的赔付责任等。

59. 消费者的身份信息有何要求？

开展跨境电子商务零售进口业务的跨境电子商务平台企业、跨境电子商务企业境内代理人应对交易真实性和消费者（订购人）身份信息真实性进行审核，并承担相应责任；身份信息未经国家主管部门或者其授权的机构认证的，订购人与支付人应当为同一人。

第二章

# 关务筹划概述

“关务筹划”一词来源于税务筹划，发展于海关业务，区别于常规的进出口企业海关事务管理。就来源而言，税务筹划的基本原理和操作思路为其提供了坚实的理论基础；就发展而言，海关完整公开的制度安排为其提供了广阔的筹划空间；就区别而言，关务筹划为企业处理海关事务提供了一种路径——主动研究、积极操作，“预则立，不预则废”。因此，对于关务筹划的把握，应当基于税务筹划来做定性分析，以阐述概念；基于海关业务来做定量分析，以划分边界；基于关务管理来做比较分析，以明确操作方式。

## 一、关务筹划的概念和方法

### （一）关务筹划的概念

在进出口活动中，以最小的投入获取最大的收益，是每个进出口经营者的直接动机和最终目的。等量的资金投入，纳税成本越低，投资收益就越高；等量的进出口货物，通关成本越高，经营利润就越低。虽然决定企业通关成本高低的因素有很多，但进出口税负构成了其重要的决定因素。正因为如此，当今世界各国的企业纷纷采取各种措施，利用各种方法或手段以减少税款支出、降低通关成本，有的甚至铤而走险，无视国家税法，进行各种形式的偷税、逃税或避税。但是，企业如果采取违法手段来减少纳税支出，一方面预期的制裁成本太高，另一方面又有损企业的声望和信誉，从而对企业经营产生负面影响。那么，企业能否在合法的前提下降低自己的纳税支出呢？回答是肯定的，而达到这一目的的手段就是关务筹划。

关务筹划是指进出口企业为实现节约或减少税负支出，降低通关成本，在《海关法》等法律法规允许的范围内，以适应国家进出口管理政策导向为前提，采取《海关法》等法律法规所赋予的税收优惠或选择机会，对自身经营、进出口等活动进行科学、合理的事先规划与安排，以达到降低税负、实现利润最大化的行为。西方企业关务筹划起步早，大多数律师事务所和会计师事务所都承接企业委托的关务筹划业务，许多企业还聘请专门的法律顾问和税务顾问进行企业进出口关务筹划研究。我国对企业关务筹划的认识和研究起步不久，但由于关务筹划具有明显的减负节税的功能，能在合理合法的前提下为企业获得最大的税后利益，因而它必将为越来越多的企业所选择和运用。

从以上关务筹划的定义可知，关务筹划的行为条件是遵守海关法律、行政法规，其目的是节约或减少税负支出、降低通关成本，其行为方式是选择税负最轻或总体效益最大化的进出口方案，以处理其进出口经营等事项。

（二）关务筹划的实质内涵

第一，关务筹划是市场经济的必然产物。市场经济是一种竞争经济，更是一种法治经济。有竞争就有规则，否则就是一种无序经济。市场经济的竞争规则是以法律规范的形式表现出来的。在市场经济条件下，海关与企业之间的关系必须以《海关法》来进行规范，进出口监管双方都必须共同遵守海关依法征税、依法监管的规定。企业该缴的税不缴，一方面会导致政府职能难以实现，影响政府为满足社会公共需求的资金来源；另一方面也会导致纳税人之间税负不均，有碍于公平竞争和经济发展。由于“税收法定”，政府也不能要求纳税人在税法规定的范围之外超额缴纳。市场条件下，作为市场主体的企业，具有法定权利义务和自身独立经济利益，这就使企业关务筹划不仅成为可能，而且成为必要。企业自身利益的独立化构成企业关务筹划行为的动力机制；法定权限范围内企业经营行为的自主化是企业关务筹划行为得以实现的保障机制。如果政府与企业之间利益关系不明晰，则企业关务筹划缺乏存在的必要；如果企业行为不能自主，则企业关务筹划缺乏存在的可能。只有实现市场经济条件下政府与企业利益分配关系的规范化和税收秩序的正常化，政府不随意侵占企业利益，企业减轻自身税负也不靠偷、逃税等手段和方法，企业减轻自身税负的方式才能上升到关务筹划的高层次。

第二，关务筹划是一种合法的纳税运作行为。关务筹划行为本质是一种法律行为。国家通过立法，使社会经济活动参与者将经济收入的一部分以税款的形式转移给国家，由此形成纳税人与国家之间的税收法律关系。在企业与国家的税收征纳法律关系中，企业不仅是纳税义务的承担者，也是最低限额纳税权的享有者。企业根据国家海关税收法律、行政法规的具体内容，通过对其经营、进出口等活动的事先安排和多种进出口方案进行优化选择，就可以实现其税款支出最少、通关成本最低的愿望，从而获得正当的进出口利益。由于企业这种关务筹划行为完全是根据国家现行海关法律、行政法规的规定进行的一种理性选择，因而它不同于偷、逃税等税收违法行为，它是一种完全合法的纳税运作行为，它的开展和运作均受法律的保护。与此同时，企业关务筹划还体现出国家税收法律、法规和政策的导向。税收是国家实现其对市场进行宏观调控的手段。国家利用税基与税率的差异及税收优惠等来鼓励或限制经济行为的进行。政府鼓励和提倡的行为，就实行低税负；政府不提倡的行为，就实行较重税负；政府限制的行为，就课以重税：这些都是以税收法律、法规的形式表现出来的。企业为了实现税后利益的最大化，就必须按照《海关法》《中华人民共和国税法》的规定和国家政策的导向来进行关务筹划，谨慎地选择自己的进出口经营活动。从这个意义上讲，企业关务筹划是国家税收法律、法规和政策导向的产物，体现国家对市场宏观调控的方向和力度。

第三，关务筹划是采用节税等手段来实现其目的的。企业关务筹划的目的之一就是使企业尽量少地缴纳税款。企业少缴税款的手段和方式很多，因此，在进行企业关务的理论研究时，有必要区分偷税、避税、节税等各种少缴税款的手段，从而选择合法的节税方式以实现企业关务筹划的目的。有关企业关务筹划与偷税、避税的区别问题，将在本章第四节中详细论述。

（三）关务筹划的途径

关务筹划一般可以从两条线上展开。一条线是围绕企业经营活动的不同方式展开，包括内部控制机制的建立、企业财务仓库制度与海关监管相衔接、企业进出口管理类别等。这种方法具有较强的实用性和目的性。另一条线是围绕海关监管的不同类别展开，包括通关监管、税款征收、企业管理、风险管理、稽查核查等。这种方法的优点是条理清晰，但在海关监管手段变化频繁时显得较难操作。实践中，关务筹划一般将上述二者有机结合起来，从企业的实际情况出发，围绕进出口商的进出口经营活动，对相关监管方式尤其是主体监管方式进行全方位运筹，以挖掘出最大的节税潜力，获取最大的进出口利益。

企业进行关务筹划获取进出口利益，一般是通过选择低税负的纳税方案和降低通关成本这两条途径获取的。而选择低税负的纳税方案在关务筹划中居于重要地位，一般而言，其包括税收负担的降低和税收负担由高向低的转换。因此，关务筹划获取进出口利益的途径主要有企业税收负担的减少、企业税收负担从高向低的转换和企业纳税期的递延三种。企业税收负担的减少是指企业把资本投向不负担税收或只负担轻税收的地区、产业、行业或项目上，以减轻税负，获取更高的资本回报率。例如，企业存在原材料供应、产成品销售“两头在外”的情况，选择加工贸易方式较一般贸易进出口节税。企业税收负担从高向低的转换是指就同一经营行为存在多种纳税方案可供选择时，企业选择低税负纳税方案，以获取节税利益。例如，企业进口有关货物，如果在商品品质、价格、消费者偏好等方面无差别的情况下，可以选择从与我国签订税收优惠协议的国家和地区进口，如《关于建立更紧密经贸关系的安排》（closer economic partnership arrangement，CEPA）项下税收优惠产品等。企业纳税期的递延是指纳税人在遵守《海关法》的前提下，将有关应税项目的纳税期向后递延以减少利息支出和实际纳税支出。选择这些途径的目的是在法定范围内最大限度地减少自身的纳税支出并获取最大进出口净收益。

## 二、关务筹划的目标、原则和特征

从上节“（三）关务筹划的途径”中，我们知道关务筹划可以在两个层面上进行：一是在现有法律和政策的框架下，利用税收优惠政策、配合相关监管制度，以达到减轻税负的目的；二是在企业目前既有的组织结构和经营条件下，加强内部控制，规范进出口经营行为，配合海关监督管理，通过提高企业分类级别、享受便捷通关待遇等手段，实现降低通关成本、减轻税负、提高盈利水平的目标。

### （一）关务筹划的目标

概而言之，就是减轻税收负担、提高通关效率、争取税后利润。为实现关务筹划的基本目标，可以将关务筹划的目标细化，具体如下。

#### 1. 履行纳税义务

履行纳税义务是关务筹划的基础目标或最低目标，旨在规避纳税风险，规避任何法定纳税义务之外的纳税成本的发生。为此，进出口商应做到纳税遵从，即依法纳税，实现涉税零风险。因为税收具有强制性，如果偏离了纳税遵从，企业将面临涉税风险。税制又具有复杂性、频变性，这就意味着纳税义务不能自动履行，进出口商必须不断学习，及时、正确掌握现行《海关法》及相关法律法规，并随之进行相应的筹划，才能履行纳税义务。

2. 通关成本最低化

通关成本最低化与履行纳税义务都是基本的税务筹划目标。进出口商为履行进出口义务，必然会发生相应的通关成本。通关成本包括直接通关成本和间接通关成本。前者是进出口商为履行进出口义务而付出的人力、物力和财力，后者是进出口商在履行进出口义务过程中所承受的商业风险、信誉损失、心理压力等。直接通关成本容易确认和计量，间接通关成本则需要估算或测算。海关监管通关效率越高，进出口商所承担的货物交期的风险就越小；海关监管越透明、越公正，进出口商对海关的恐惧感便越小。通关成本的降低，除与进出口商不断提高纳税能力、增强通关成本意识等主观因素有关外，还与税制、监管人员素质、监管手段、监管方式等有直接关系。同时，进出口商通关成本的降低，也意味着海关通关效率的提高、税收的增加及监管成本的降低，是一种双赢结果。

3. 税收负担最低化

税收负担最低化是关务筹划的最高目标。它是一种积极的关务筹划目标。现代关务筹划应该服从、服务于现代企业的财务目标，从这个角度上说，税收负担最低化不是目的而是手段。关于企业财务目标，目前主要有企业利润最大化、企业价值最大化、每股赢利最大化、股东财富最大化、相关者利益最大化等。企业财务目标之所以有多种表述，是因为企业在不同发展阶段的侧重点不同，或企业的组织形式不同，或所站的角度不同。从关务筹划的角度看，税收负担最低化是实现税后的利润（财富、价值）最大化的基础和前提。

经济全球化导致国际经济贸易日趋频繁，进出口企业越来越多、规模越来越大，但海关税制、监管制度、通关模式具有复杂性、差异性和频变性，企业在进出口经营中如何实现税负最低、利润（价值）最大化，是一项复杂的系统工程，需要对企业关务事项进行总体运筹和安排，在法律规定、国际惯例、道德规范和经营管理需要之间寻求平衡，做到在涉税零风险下的企业利润（价值）最大化。因此，关务筹划不能只考虑个别税负缴纳得多与少，不能单纯以眼前税负的高低作为判断标准，而是以企业整体和长远利益作为判断标准，在不同的监管制度中、税收模式下、通关待遇里寻求平衡。

关务筹划的具体目标不是截然分开的，不同企业可以有不同的具体目标，同一企业在同一时期可能有几种具体目标，其不同时期的具体目标也可能有所不同、有所侧重。

（二）关务筹划的原则

关务筹划原则是从关务筹划实践中抽象出来并在实践中证明是正确的行为规范，它反映着市场经济规律对企业关务筹划活动的内在要求，是适应关务筹划环境、目标和条件的行为准则与行为指南。恩格斯在《反杜林论》中指出，原则不是研究的出发点，而是研究的最终结果，这些原则不是凭主观创造出来被应用于自然界和人类历史的，而是从它们中抽象出来的，不是自然界和人类去适应原则，而是原则只有在适应自然界和历史的情况下才是正确的。由此看来，关务筹划原则在关务筹划理论体系中，并不是居于最基础的层次，而是建立在关务筹划目标基础之上的工作规范或规则。同时，关务筹划原则对关务筹划人员选择关务筹划程序和方法具有重要的指导作用。因此，只有建立了正确的关务筹划原则，才能有科学的关务筹划程序和方法，也才能有健全的关务筹划实务。在关务筹划过程中，我们应遵循的原则主要有以下几种。

1. 合法原则

关务筹划可达到控制进出口成本，使进出口商的合法权利得到充分享受和行使，实现企业价值最大化的目的。关务筹划必须以不违反国家现行的海关法律、法规为前提，否则，就构成了走私违规行为。以走私违规行为进行的所谓“筹划”，不但不能获得长期稳定的节税收益，还将会面临查处、罚款甚至追究有关当事人刑事责任的严重处罚，给进出口商带来不良的经济、社会和法律后果。真正的关务筹划活动，因为遵循合法性原则，所以可以实现预期的利益目标。关务筹划的合法性要求进出口商熟悉或通晓海关法律法规，并能较为准确地掌握合法与违法的界限而不会越轨。

2. 系统原则

系统是一个有组织的、一元化的整体，它包括两个或两个以上的独立部分或元素。系统理论认为，组成系统的各个部分是相互联系、相互依存、相互制约的，从而形成一种稳定有序的状态。根据系统理论，关务筹划是一个相对独立的系统，企业在进行关务筹划时，应着眼于企业整体税负、成本的降低，不能只盯在某种进出口商品的税负的高低上，孤立地对单个进出口商品进行筹划。因此，应该一方面考虑企业所涉及进出口商品的税负最低，另一方面要考虑企业在进出口环节通关效率的提高、通关时间的降低，只有这样，企业才可能在整体上降低税负、成本，从而最大地实现进出口收益。

3. 经济原则

关务筹划可以减轻企业的税负，增加企业股东权益，但同时又会耗费一定的费用和精力，导致企业相关成本的增加。例如，关务筹划是一项技术性很强的工作，要求筹划人员不仅要精通财务、会计、管理等业务，还要精通国家有关海关税务的法律、法规及其他相关的法律、法规。因此，企业在关务筹划前需要进行必要的关务咨询，还需要聘用专业的关务专家为其策划，或直接购买关务计划。所以，关务筹划和其他财务管理决策一样，必须遵循成本效益原则，只有当筹划方案的所得大于支出时，该项关务筹划才是成功的筹划。同时，因选择该筹划方案而放弃其他方案造成相应机会成本收益的损失也应予以重视。

（三）关务筹划的特征

在笔者看来，关务筹划作为企业进出口经营活动的重要组成部分，至少应具有以下几个特征。

1. 合法性

合法性是指关务筹划只能在《海关法》许可的范围内进行。《海关法》是调整海关和进出口企业关系的法律规范，而税收征纳关系是海关和进出口企业关系中最基本的经济关系。在税收征纳法律关系中，负责征税的海关要依法征税，作为纳税义务人的进出口企业也要依法纳税。企业如果违反《海关法》的规定偷逃税，其行为结果只会是受到法律的制裁，将会承担行政责任或刑事责任。在合法的前提下，存在多种纳税方案可供选择时，企业可以选择缴纳低税负的方案。

2. 超前性

超前性是指关务筹划行为相对于企业进出口经营行为而言，具有超前的特点。企业在进出口行为发生之后才缴纳关税、增值税，由于海关法律法规规定在先，企业可以针对已知的海关法律法规及相关税收优惠政策、通关监管制度，提前来安排、调整自己的进出口事务，来进行关务筹划，选择最佳的纳税方案和通关方案，争取自身的最大利益。也就是说，关务筹划必须在企业进出口经营活动尚未发生之前进行。如果经营活动已经确定而去偷漏税款或欠缴税款，那只能是偷税、逃税，而不是关务筹划。

3. 综合性

综合性是指关务筹划应着眼于企业资本总体收益长期稳定的增长，而不仅仅着眼于个别税种税负的高低。从小的方面来说，企业的眼睛不能只盯在个别税种的税负高低上，在考虑税收因素外还要考虑通关问题，只有将多方面因素整体考虑，才能趋利避害，综合决策，以达到总体收益最大化的目的。

4. 目的性

目的性是指关务筹划的动机是为了减少纳税支出，取得节税利益。实践中，企业的节税利益是从两个方面获取的。一方面是选择低税负或总体收益最大化的纳税方案。低税负意味着低税收成本，低税收成本意味着高资本的回收率。另一方面是递延纳税时间。这里的递延纳税时间不是指不按税法规定期限缴纳税款的行为，而是指在《海关法》允许的范围内，争取延期纳税。纳税时间的递延相当于企业在递延期内得到一笔与递延税款相等的政府无息贷款，纳税时间的递延在通货膨胀环境中还可减少企业的实际税款支出。其结果都是企业税收支付的节约。

## 三、关务筹划的合规红线

关务筹划是在符合有关海关法律法规的前提下进行的，它是在对有关海关法律法规进行认真研究比较后，对进出口纳税通关作出的一种最优化选择。因此，要实施成功的关务筹划，就要掌握好相关的法律法规，一方面可以把握好不违法和违法的界限，使关务筹划行为经得起法律的检验；另一方面也可以据法力争进出口商的合法权益。

合规的反面是不合规，在海关监管的法律框架和话语体系中，不合规情事包括走私、违规等，其中走私是海关予以打击的最重大的违法行为，更是进出口经营者不可触及的红线和底线。

### （一）走私

走私包括两种不同的违法性质，分别是“行政违法性质的走私行为”和“刑事犯罪的走私犯罪”。为了表述的方便，本书将前者称为走私行为（许多法条上的“走私行为”同时包含两种走私的含义，请读者注意区分），将后者称为走私犯罪，两者统称为走私。

1. 走私行为

《海关法》第八十二条第一款表述了走私行为的含义：

“违反本法及有关法律、行政法规，逃避海关监管，偷逃应纳税款、逃避国家有关进出境的禁止性或者限制性管理，有下列情形之一的，是走私行为：

（一）运输、携带、邮寄国家禁止或者限制进出境货物、物品或者依法应当缴纳税款的货物、物品进出境的；

（二）未经海关许可并且未缴纳应缴税款、交验有关许可证件，擅自将保税货物、特定减免税货物以及其他海关监管货物、物品、进境的境外运输工具，在境内销售的；

（三）逃避海关监管，构成走私的其他行为的。”

从立法技术而言，上述定义采取了“概括式和列举式相结合”的定义方法，即法律既从走私内涵出发表述走私的本质特征，又采取列举方式列出走私的具体行为模式，必须将两者结合起来理解走私。

走私的具体方法很多，根据《海关法》第八十二条和第八十三条的规定，可以分为四种。一是绕关走私，即货物、物品、运输工具不经过设立海关的地点进出境，企图完全避开与海关的接触进行走私。二是通关环节的走私，即通过伪报、瞒报、夹藏等方式在海关“眼皮底下”蒙混走私。三是后续环节的走私，一般先是合法进口或者先作形式上的合法进口，后作非法处理，主要是擅自销售保税货物、特定减免税货物等。四是间接走私的行为，根据《海关法》第八十三条的规定，“（一）直接向走私人非法收购走私进口的货物、物品的；（二）在内海、领海、界河、界湖，船舶及所载人员运输、收购、贩卖国家禁止或者限制进出境的货物、物品，或者运输、收购、贩卖依法应当缴纳税款的货物，没有合法证明的”按走私行为论处。这些行为不具有典型的走私特征，但这些行为与走私联系密切，为走私货物、物品提供了销售、流通渠道，成为完成走私的一个重要环节。因此，为严厉打击走私违法行为，《海关法》将这些行为按走私行为论处。

2. 走私犯罪

有的走私活动，走私分子被判刑坐牢，罪大恶极的甚至被判处了极刑；有的走私活动，国家只是没收了走私货物，或者还对走私分子进行了罚款。通常，前者是走私犯罪，后者是走私行为。

（1）走私罪的概念和构成要件

走私罪，是指故意违反《海关法》和其他有关法律、行政法规，逃避海关监管，非法运输、携带、邮寄《中华人民共和国刑法》（以下简称《刑法》）规定禁止进出境和其他应缴关税、进口环节海关代征税的货物、物品进出境，以及未经海关许可并且未补缴应缴税款，擅自将保税货物、特定减免税货物在境内销售牟利，数量较大、情节严重的行为。其构成要件如下。

①走私罪的客体是国家对外贸易的监督管理制度。为了维护国家的主权和经济利益，我国制定了《海关法》《中华人民共和国对外贸易法》等一系列法律、行政法规，形成了统一的对外贸易监督管理制度。行为人为牟取非法利益，违反我国的法律规定，将国家禁止、限制进出口或者依法应当缴纳关税和其他进口环节海关代征税的货物、物品非法运输、携带、邮寄进出境，破坏我国的对外贸易制度，冲击、影响我国经济的健康发展。这是走私犯罪区别于其他破坏社会主义市场经济秩序罪的本质特征。

走私罪的对象，即走私的货物、物品，主要有以下四类：

第一类，应税货物、物品，指依照《海关法》规定，应当缴纳关税和其他进口环节海关代征的货物、物品。

第二类，国家禁止进出境或者限制进出境的货物、物品。所谓“国家禁止进出境的货物、物品”，是指国家通过法律、行政法规明令禁止进出境的货物、物品。例如，武器、弹药、淫秽物品、毒品以及国家规定禁止进口的境外疫区的动植物及其制品等。所谓“国家限制进出境的货物、物品”，是指依照国家法律、行政法规的规定，需要事先由国家有关主管部门批准、签发有关许可证件，并凭以进出口的货物、物品。例如，成品油、汽车、粮食、危化产品等。

第三类，保税货物，是指经海关批准未办理纳税手续进境，在境内存储、加工、装配后复运出境的货物。

第四类，特定减免税货物、物品，是指依法被减税、免税的用于特定地区、特定企业、特定用途的货物、物品。

②走私罪的客观方面表现为行为人违反《海关法》和其他有关法律、行政法规，逃避海关监管并情节严重的行为。具体而言，一是违反《海关法》和国家有关法律、行政法规，二是逃避海关监管，三是情节严重，三个方面密不可分、缺

一不可。

③走私罪的主体是一般主体，可以是自然人主体，也可以是单位主体。

根据我国《刑法》的相关规定，已满16周岁的自然人，只要具备刑事责任能力，不论是本国公民、外国公民，还是无国籍人，不论是普通公民，还是国家机关工作人员，都可能成为走私罪的犯罪主体。走私犯罪单位主体是指依法成立，实施走私犯罪行为并依法承担刑事责任的公司、企业、事业单位、机关和团体。

④走私罪的主观故意方面是故意，包括直接故意和间接故意。即行为人在运输、携带、邮寄货物、物品进出境时，明知自己的行为会发生危害社会的结果，却希望或者放任这种结果发生。过失行为不构成走私犯罪。

（2）罪与非罪的区分

走私犯罪，罪与非罪的区别主要在于主观故意与否、情节轻重不同。

①主观故意的认定。走私犯罪案件办理中，行为人往往推托“不知道自己的行为是走私”“自己是收了别人的钱帮人运输的，不知道运输的是什么东西”等，给认定行为人的主观故意带来难度。因此，主观故意的认定需要搜集证据来印证。具有下列情形之一的，可视为行为人知道或者应当知道所从事的行为是走私行为，但有证据表明确属被蒙骗的除外：

第一，逃避海关监管，运输、携带、邮寄的物品属于国家禁止进出境的物品的；

第二，用特制的设备或者运输工具走私货物、物品的；

第三，未经海关同意，在非设关的码头、海（河）岸、陆路边境等地点，装卸、泊载、运输、收购或者贩卖进出境货物、物品的；

第四，向被委托人提供的合同、发票、证明以及相关商业单据是虚假的；

第五，恶意委托他人以明显低于货物进出口的应纳税额代理缴纳进出口税款、发生走私行为的；

第六，曾因同一类违法行为受过刑事处罚或者行政处罚的；

第七，从事外贸、报关，进出口（境）货物、物品的运输、加工、存储、寄售等行业的企业和人员实施或者参与走私行为的，以及从事外（边）贸、海关、出入境检验检疫、港务管理工作或者其他特定职业的有关人员实施或者参与走私行为的；

第八，当事人主观故意能够通过其他证据证明的。

②情节轻重的判定。走私犯罪就是违法情节、危害后果严重的走私行为，所以说违法和犯罪往往是一线之间。它们的具体区别有以下几点。

第一，走私偷逃税款数额的不同。自然人走私普通货物，偷逃税款达到10万元以上的；单位走私普通货物，偷逃税款达到20万元以上的，构成《刑法》第一百五十三条规定的“走私普通货物罪”。走私普通货物，偷逃税款数额在此之下的，就是走私行为，由海关作出行政处罚。

这里所说的“税款”，是指在进出境环节由海关征收的各类税款之和，既包括进出口关税，又包括海关代征的进口环节税如增值税、消费税，还有船舶吨位税。所以，仅把偷逃税款理解为关税是错误的。

第二，走私货物的数量不同。并不是所有走私货物都涉税，尤其是一些违禁品如淫秽光盘、假币等。对这些货物、物品的走私，最高人民法院有专门的司法解释，详细规定了走私淫秽制品、假币、子弹等货物、物品的“起刑点”。达到或者超过这个“起刑点”就构成了走私犯罪；没有达到的，构成走私行为。例如，走私假币罪的“起刑点”是走私伪造的货币总面额2000元以上或者币量200张以上。

第三，走私货物的种类不同。《刑法》规定的某些特定物品，无论走私数量多少，只要走私均构成走私犯罪。例如，毒品、核材料等这些对社会危害特别严重的物品，只要一走私就构成走私毒品、走私核材料罪等，不存在“起刑点”的说法。

第四，走私手段的不同。根据《刑法》第一百五十七条的规定，武装掩护走私的，认定为走私武器、弹药罪，予以从重处罚；以暴力、威胁方式抗拒缉私的，以走私罪和阻碍国家机关工作人员依法执行职务罪，进行数罪并罚。所以，只要有上述两种走私情节的，无论走私货物、物品的种类和数量，无论偷逃税款税额多少，都一律构成走私犯罪。

第五，间接走私犯罪和间接走私行为的区别。前述说明了《海关法》第八十三条有关将在特定区域收购、贩卖、运输禁止、限制进出境货物，或者应当缴纳税款的货物，没有合法证明的按走私行为论处的规定。《刑法》第一百五十五条第（二）项与此基本保持一致，对涉及货物数额较大的间接走私行为按走私罪论处，但其中删去了“应当缴纳税款的货物”，因而将货物范围限定在“禁止或者限制进出境货物、物品”上。

查私和处罚，属于行政执法手段，所以，它主要针对的是走私行为，而不是走私犯罪。走私犯罪，由缉私警察按照刑事侦查程序办理，由法院追究走私分子刑事责任。由于我国《刑法》规定对某些犯罪行为可以不追究刑事责任，为了防止疏漏，《海关行政处罚实施条例》规定，对于不追究刑事责任的走私犯罪，由海关实施行政处罚，所以，查私和处罚也会针对走私犯罪活动进行。

（二）违规

根据《海关法》的有关规定，有下列行为之一的，是违反海关监管规定的行为（以下简称为违规行为）：

1. 个人携带、邮寄超过合理数量的自用物品进出境，未向海关申报的；

2. 运输工具不经设立海关的地点进出境的；

3. 不将进出境运输工具到达的时间、停留的地点或者更换的地点通知海关的；

4. 进出口货物、物品或者过境、转运、通运货物向海关申报不实的；

5. 不按照规定接受海关对进出境运输工具、货物、物品进行检查、查验的；

6. 进出境运输工具未经海关同意，擅自装卸进出境货物、物品或者上下进出境旅客的；

7. 在设立海关的地点停留的进出境运输工具未经海关同意，擅自驶离的；

8. 进出境运输工具从一个设立海关的地点驶往另一个设立海关的地点，尚未办结海关手续又未经海关批准，中途擅自改驶境外或者境内未设立海关的地点的；

9. 进出境运输工具，未经海关同意，擅自兼营或者改营境内运输的；

10. 由于不可抗力的原因，进出境船舶和航空器被迫在未设立海关的地点停泊、降落或者在境内抛掷、起卸货物、物品，无正当理由，不向附近海关报告的；

11. 未经海关许可，擅自开拆、提取、交付、发运、调换、改装、抵押或者转让海关监管货物的；

12. 擅自开启或者损毁海关封志的；

13. 违反《海关法》关于海关监管的其他规定，致使海关不能或者中断对进出境运输工具、货物、物品实施监管的。

此外，《海关行政处罚实施条例》第十二条规定：“违反海关法及其他有关法律、行政法规和规章但不构成走私行为的，是违反海关监管规定的行为。”违反海关监管规定的行为简称违规行为。

由此可见，与走私概念相比，违规行为的概念很“笼统”，类似于“违法”这种泛化的概念。笔者以为，海关所称的违规行为其实是一定范围内违法行为的总称。《海关行政处罚实施条例》对违规行为的定义，可以说成“违反海关规定的非走私行为”，其范围究竟有多大，不是由其内涵来确定其外延，而是由“海关规定”和“走私行为”这两个范围来确定“违规行为”的外延范围。所以，对于读者来说，从范围角度来理解违规行为更为简单：凡是《海关行政处罚实施条例》第三章所规定的违法行为就是“违反海关监管规定”的行为。

## 四、关务筹划与节税、偷税和避税

### （一）国际上关于节税、偷税、避税的规定

各国对偷税与避税的法律界定不同。下面是一些国家的法律界定。

1. 澳大利亚

在澳大利亚，避税和偷税往往相提并论，理由是避税如果合法化，必将破坏税收的公平原则，所以理应在道义上受到谴责。但是人们对此表示异议，认为偷税与避税泾渭分明，前者指的是纳税人为减少纳税义务而采取的非法行为，后者指的是纳税人通过合法手段安排其事务，以避免纳税义务的发生。不过政府当局对避税始终持反对的态度，《澳大利亚税法》就含有这一内容。不过，对偷税的法律界定还是明确的。该国《所得税征收法》规定：通过恶意的行为，通过不履行或疏忽纳税义务，通过欺诈或诡计来避免缴税，均属违法行为。

2. 意大利

意大利对避税和偷税的法律界定比较清晰。避税通常指的是利用税法的不完善之处使某一应税项目不包含或较少包含应纳税负，或以任何方式使税收负担减轻；偷税通常指的是违反法律把已构成应税的事实掩盖成为非应税，或改变账目以隐瞒利润，或不向税务机关呈报申报表，或呈报虚假的申报表。另外，意大利提出“税收破产”的概念，并将其解释为纳税人的纳税义务已经形成，但采取转移财产以逃避缴纳税款的行为。其实“税收破产”是偷税的一种形式，与偷税一

样是非法的；而避税是否合法存在争议。避税的前提是法律中有不完善之处，除完善税收法规之外，要探讨的是应该如何解释税收条款，如何把其解释完整并完整到什么程度。意大利税制提出了这样一条原则：在应用法律时必须按照其词语的真正含义和词语之间的联系，以及立法意图来进行。至于“节税”，在意大利被认为是合法的。

3. 美国

在美国，偷税是指为逃避缴税而恶意违反法律。避税被广泛解释为除偷税之外的种种使税收最少化的技术。但在实践中，两者界限有时很难分清。美国制定了许多反避税条款，在政策指导思想上，认为人为的避税技术并不是为了经济或业务发展的需要，而是与偷税紧密相关，一般应予制止。

4. 英国

英国的法律中虽然没有偷税和避税的定义，但一般的理解是，偷税表示纳税人的不诚实，或者少计收入，或者多计可减免的项目，或者是隐瞒了应承担的纳税义务。避税应该是诚实的，也就是不用欺诈手段。只要在法律许可的范围内，企业的避税或最大限度地减少纳税义务的权利要受到保护。

5. 日本

日本对偷税与避税有不同的概念表述。偷税是指纳税人故意违反税法条款，以减少纳税义务的行为，比如不申报所得或有意隐瞒纳税义务的行为等。避税包括的范围更广，它是在合法的前提下，使纳税义务减到最小的程度，但并非偷税。避税同时包含社会公众所能接受的“节税”行为。

6. 加拿大

加拿大在《所得税法》中把偷税行为定义为以弄虚作假、隐瞒事实或其他手段欺骗税务机关，从而减少纳税义务。加拿大对避税没有明确的法律界定，但税务当局在实务中实际把避税分成正当和不正当两种类型。对纳税人不正当的避税，税务当局将重新确定其应承担的纳税义务。

7. 巴西

关于“避税”这一概念，巴西税收理论和法庭均认为，只要不违反法律，纳税人有权采用使其缴税较少的经营方式。纳税人为了减少或不承担纳税义务，会采取相应的行动或方法，但只能在纳税义务的法律事实发生之前，否则就不认为是合法的。

8. 丹麦

丹麦法律把纳税人利用“节税”的方法达到税收负担极小化的行为看成是合法的；但如果纳税人故意地、直接地违反税收条款，或者不主动申报收入或隐瞒发生税收义务的事实，那就是非法的，应该受到惩罚。

9. 芬兰

芬兰对避税与偷税之间的界限很注意区分纳税义务的实现时间。凡是纳税义务未成立之前，纳税人一开始就按照一定方式组织其行动，使既定的税收法规适用不了，属于避税行为。凡是纳税义务已经成立，纳税人通过隐瞒事实或提供虚假资料，以减少纳税义务的，属于偷税行为。

10. 荷兰

荷兰议会和法院承认纳税人有采用“可接受的方法”通过正常的途径来“节税”的自由。其特征是用合法的策略减少纳税义务。

11. 瑞典

瑞典对偷税、避税、税务筹划有不同的表述。偷税指纳税人故意或因明显过失而没能提供经营的全部详细的情况；避税指纳税人采取完全合乎民法的手段，但又充分利用各种税收法规，通过这种方式获得不是立法者原来所期望的税收利益。如果税收利益是立法者所期望的，或至少是立法者能接受的，就叫税务筹划，而不是避税。

综上可以看出，世界各国对“偷税”这一概念所下的定义基本是一致的，但对避税的界定却大相径庭，有的提出要反对避税，有的不作反对，还有的把避税细分为正当避税和不正当避税两种，其中属于正当避税的称为“税务筹划”或“节税”，在法律上不予反对。

（二）节税与偷税、避税的界限划分

节税、偷税和避税是三个不同的概念，它们相互之间既有联系又有区别。它们的共性在于，其行为目的都是规避或减少税款支出。但是，对它们从内涵到外延进行严格区分则存在一定难度。尽管如此，为了明确征纳双方各自的权利和义务，区分上述几个概念，无论在理论上还是在实践中，都是十分必要的。

什么是偷税？我国现行《中华人民共和国税收征收管理法》规定：纳税人伪

造、变造、隐匿、擅自销毁账簿、记账凭证，或者在账簿上多列支出或者不列、少列收入，或者经税务机关通知申报而拒不申报或者进行虚假的纳税申报，不缴或少缴应纳税款的，是偷税。世界上许多国家对偷税也有与我国大体一致的法律规定。阿根廷法律规定，纳税人欺骗和故意逃税要受到偷税的指控。丹麦把纳税人有意采取错报或者假报的手段逃避税收负担认定为偷税。卢森堡将违反税收法规的行为区别为三种情况，其中第三种便属于有意偷税，包括收入不登账及匿报存货等。《国际税收辞典》对“偷税”的概念有一个比较完整的表述：“偷税”指以非法手段逃避税收负担，即纳税人缴纳的税少于他按税法规定应纳的税收。偷税可能采取匿报应税所得或应税交易项目，不提供纳税申报，伪造交易事项，或者采取欺诈手段假报正确的数额。偷税与避税的区别在于是否非法。可见，偷税的基本特征有二：一是非法性，二是欺诈性。如果把偷税与节税相比，二者的区别是明显的，前者违反法律，后者为法律所许可；前者是对已确立的纳税义务弄虚作假，后者是在纳税义务确立之前所作的经营、投资、理财的事先筹划与安排。

那么什么是避税？《国际税收辞典》对避税所下的定义是：“避税”指用合法手段以减少税收负担。该词含有贬义，通常表示纳税人通过个人或企业活动的巧妙安排，钻税法上的漏洞、反常和缺陷，谋取税收利益。当代著名经济学家萨谬尔森在《经济学》一书中分析美国联邦税制时指出：比逃税更加重要的是合法地规避缴税，原因在于议会制定的法规有许多漏洞，听任大量的收入不上税或者以较低的税率上税。从以上可以看出：避税不同于偷税，前者的手段是合法的，后者是非法的；避税似乎有悖于道德上的要求，比如利用税法漏洞，钻税法的空子等。把避税与节税相比，二者的主要区别在于：前者是钻税法的空子，有悖于国家的税收政策导向，就税收立法原意而言，体现了其“逆法意识”；后者是完全合法的，甚至是税收政策所引导和鼓励的，就立法原意而言，体现了“顺法意识”。当然，人们对纳税人钻税法空子规避税收的行为是否应当反对，看法并不一致。有的认为，对税收不能以道德的名义提出额外要求，钻空子也好，不钻空子也好，只要合法一概是允许的，所以不必划分什么是避税、什么是节税。有的认为，避税有广义和狭义之分，广义的避税包括节税，如我国台湾地区税务界把避税分为两类，即正当避税和不当避税。所谓正当避税，即国际上流行的“税务筹划”

或“节税”的概念。所谓不正当避税，专指狭义的避税，尽管纳税人乐此不疲，可是税务机关要通过完善税制和加强征管的途径加以堵塞。

综上所述，我们可作出如下归纳。

节税是指以遵循税收法律法规的合法形式，在纳税人的投资、经营决策和计划中，选择可减少缴纳税款的合理行为。节税行为具有合法性，纳税人在追求自身利益最大化的同时也符合国家和社会公共利益，有利于促进资本的流动和资源的合理配置。

避税是指纳税人通过钻税法的漏洞和空子，利用国家、地区税法差别和改变经营方式、经营地点等来规避、降低或递延纳税义务的行为。在避税行为中，一方面它没有违反法律明文规定，另一方面它又造成对国家或社会公共利益的损害，违反了税法的精神，从依法治税的角度而言，避税需要国家通过完善税收立法和加强税收征管来加以治理。

偷税一般是指以非法手段逃避税收负担，缴纳的税款少于按税法规定应纳数额的违法行为。偷税行为是违法行为，过失与故意的区分在这里并不是特别重要，因为偷税行为直接违反了国家税法的规定，损害了国家利益，妨碍了企业间的公平竞争，因而法律只就其行为的后果采取相应的制裁措施。

从法律的角度来看，节税是合法行为，偷税是违反税法的行为，避税则是介于合法与违法之间的中性行为。与节税相比，避税尽管在形式上不违反法律，但其内容有悖于国家税收立法的宗旨和政府税收政策意图；节税则从形式到内容完全合法，是国家税收法律法规和税收政策予以鼓励和引导的。从行为过程的内容来看，偷税是通过违法手段将应税行为转变为非纳税行为，从而直接逃避纳税人自身的应税义务；避税是纳税人通过对已经发生或将要发生的介于应税行为和非应税行为之间的、依照现行税法难以作出明确判断的经济行为进行一系列人为安排，使之被确认为非应税行为；节税则是通过避免应税行为的发生或事前以轻税行为替代重税行为，以达到减少税款支出或总体效益最大化的目的。从行为后果与国家税收收入的关系来看，偷税和避税直接导致政府当期预算收入的减少，而且无助于国家财政收入的长期增长，有碍于政府职能的实现；节税一般不会导致政府当期预算收入的减少，而且国家通过对宏观经济结构的合理调整，有利于国家财政收入长期、稳定地增长。

从以上三方面的分析可以看出：节税是一种合法而且合理的行为；避税是一种介于合法与违法之间但并不合理的中性行为；而偷税则是一种既不合法也不合理的违法行为。尽管在偷税和避税中也存在一个策划的问题，但它并不是我们通常所讲的筹划。笔者本书所论及的关务筹划是一种合法的进出口运作行为，从税收的角度（不包括通关成本的降低）来看，即为我们通常所说的节税。

# 第三章

# 关务风险

关务风险，简单地说，就是影响关务筹划目标实现的不确定因素。这些不确定因素的存在，会给企业在税负支出、通关成本、物流效率等方面带来不利影响，甚至还会对经营者和相关人员追究法律责任。

## 一、关务风险表现形式

### （一）税收风险

#### 1. 潜在少缴和未缴税款的风险

依法纳税是企业的基本义务。企业如果少缴税或者逃税，海关仍保留追缴的权力。《海关法》规定，进出口货物、进出境物品放行后，发现少征或者漏征税款，海关可在自缴纳税款或者货物、物品放行之日起一年内，向纳税义务人补征；如果因纳税义务人违反规定而造成的少征或者漏征，海关在三年以内可以追征。如果涉及的金额比较大，纳税义务人的行为被认定为走私罪，海关的追溯期限就不限于三年。

潜在少缴或者未缴关税的危害性在于不能使企业及时准确地对商品的成本进行核算，对生产和销售作出错误的决策。另外，海关稽查、查私，如果发现企业有少缴或者未缴税情事，不但会追缴关税或其他税款，还可能对企业处以罚款或者其他处罚，从而对企业未来的财务状况产生负面的影响。

如下面的案例 1，该企业在进口环节时将商品归入低税率的税号，按该税率缴纳关税，并以此核算成本、确定销售价格，海关核查后要求补缴关税，但是货物已经销售出去，相应的成本无法调整，对企业来说是一种损失。

企业潜在少缴或者未缴关税事项主要有：

（1）进口货物未向海关申报；

（2）通过伪报的方式少报或者低报进口数量；

（3）低报或者漏报应税的对外支付款项；

（4）从境外关联企业或者其他特殊关系的企业进口货物的申报价格过低；

（5）特许权使用费未向海关申报；

（6）商品归类时归入错误的低税率税号；

（7）应税货物以非应税的项目进口，比如普通货物以样品或广告品进口；

（8）利用国家免税政策进口设备用于非免税项目等。

**案例 1**

## 企业申报错误，引发额外税负

2020 年 3 月，某供应链公司以跨境电商 9610 方式申报进口美容化妆品一批。5 月 25 日，海关经核查发现，部分美容化妆品“法定第一数量”栏申报有误，从而影响税款的正确征收。根据海关总署公告 2016 年第 55 号规定，完税价格大于等于 10 元/毫升的，需征收 15% 的消费税，涉及少征收消费税约 28.89 万元。

2. 多缴税款，承担不当税负

由于对法律法规理解不深，关务安排、税率使用不当，部分企业可能因此多缴税款，这就造成企业的净损失，使企业承担不必要的税务负担，损害股东的利益。

在实际企业经营中，多缴税款主要有以下情况：

（1）由于关务规划不当，导致没有享受应得的关税优惠政策；

（2）由于供应商不能提供符合条件的原产地证明，或提供单证不齐，或者无法满足直接运输条款，进口的商品不能享受自由贸易区优惠税率；

（3）商品归入税率较高的税号；

（4）申报价格中包含不应税的价格等。

3. 增值税和出口退税的额外损失

进出口环节的增值税完税凭证是企业办理海关手续的重要单证，也是增值税申报的重要凭证。进口环节的增值税，可以作为增值税进项抵扣增值税销项税款，但是这些增值税纳税凭证必须在规定的期限内向税务部门申报和认证。出口报关单的出口退税和外汇联是办理出口退税的主要单证。如果这些单证不齐，或者不能在规定的时间内提供，可能会导致增值税方面的损失，比如：

（1）进口货物增值税税票没能在规定的时间向税务局申报认定，致使进口增值税不能作为进项抵扣。

（2）报关单出口退税联不能在规定的时间内提交，致使出口退税无法完成；进口增值税税单或者报关单遗失造成税务损失。

（3）进出口报关单遗失，致使外汇支付、收汇结汇、收付汇核销无法完成。

（二）通关和物流风险

1. 通关和物流受阻，生产停顿或交货延误

关务管理的目的之一是保持物流通畅，尤其是现在许多行业都在实行“生产零库存，销售负库存”等经营模式，企业的物流和资金周转速度大大加快，对交货的速度和准时要求非常高。如果由于关务处理不当，致使物流不畅或者拖延，轻则会影响订单的完成，或者影响商业关系，重则会影响公司在业内的声誉。

比如德国国际知名眼镜制造商卡尔蔡司的全球物流中心设在法国，订单和生产指令中心集中在德国总部，在欧洲、美洲、亚洲等的30个国家有生产基地和分支机构。总部的要求是不管在什么地方生产，产品最终进入欧洲仓库的时间是一样的。对其设在中国广州开发区的生产企业来说，生产和物流安排极其紧凑：第一天接到总部的生产指令，立即安排生产；第二天完成生产任务；第三天完成广州出口报关、将货物运输到香港机场、交给快递公司等所有报关、运输和交付手续，并由快递公司用飞机将货物运送到在法国的仓库。在整个生产和物流安排过程中，广州出口报关可能是不确定的环节之一。

影响通关和物流通畅的主要原因有：

（1）关务安排不当，资料准备不齐，未能在海关正常工作时间完成报关和通关；

（2）对海关的质疑和检查不能及时答复和解决，致使海关未能放行；

（3）进出口通道和口岸单一，在当地口岸电子信息系统出现故障或者海关（检验检疫）内部调整时，未能转其他口岸进出口；

（4）对海关政策变化掌握不及时，致使通关不畅；

（5）申请企业名称变更或者其他变更的程序安排不当，海关内部系统无法完成有效切换，导致无法完成通关。

2. 与商务伙伴的物流合作效率低下

如前面所述，企业对交货期要求越来越高，因此在关务规划和执行过程中一

定要把握物流时间要求与税务成本的综合平衡，在保证物流通畅的前提下，节省关税。目前，灵活运用加工贸易的深加工结转和各种海关特殊监管区的政策，可以有效实现物流和税负的“两个高效”。一般从时间上来说，如果供销双方均在国内，加工贸易深加工结转和国内销售的物流时间是最短的，经过海关特殊监管区域结转的时间稍长，出境到周边国家或者地区然后再进口（“境外一日游”）的时间最长。

如果关务管理不当，或者执行中出现问题，可能会使得物流合作效率降低，增加整个供应链的成本和时间。常见的物流合作效率低下的情况有：

（1）在深加工结转中，上下游企业由于商品编码不同、价格不同、产品规格不同等问题导致不能结转，需要出口境外或者保税物流园区后再进口；

（2）实施海关特殊监管区方案后，交易安排不恰当或者对报关作业不熟悉，导致货物进出保税物流区的不顺畅等。

3. 供应链安全不合标准

目前，物流安全已经成为海关一个新的监管职能，并且是一个越来越重要的职能。为了保护物流安全，美国先后制定了《集装箱安全倡议》《海关—商贸反恐怖联盟》（C-TPAT）等法案和制度，欧盟也引入特许授权经营（AEO）制度。此外，世界海关组织于 2005 年制定了《世界海关组织全球贸易安全和便利标准框架》（以下简称标准框架），目前包括我国在内的世界海关组织的大多数成员都签署了实施意向书。在国际物流安全方面，基本形成了以美国为主的 C-TPAT 标准体系和以世界海关组织倡导的包括欧盟、中国等参与的 AEO 体系，两大体系基本思想是一致的，但是认证标准、流程和方法有一定的区别。两大体系相互认可的磋商正在进行中。

这些协议的一个重要执行方法是分类管理，即将供应链上所有企业，包括制造商、出口商、运输物流企业、仓库、报关中介和进口商等，都纳入管理范围，按照统一的安全标准进行分类。对通过安全标准的企业授予 C-TPAT 或者 AEO 资格，实施便利的通关管理措施，对于供应链中没有通过安全标准的物流实施严格的监管。

因此，供应链安全措施的实施增加了关务管理的职责。为了使本企业货物得以在国际市场上便利通关，企业应做好以下两项工作：

（1）增加企业安全管理措施，申请并通过安全标准；

（2）选择通过安全标准的物流和贸易服务供应商。

目前，中国已经将国际货物安全的概念纳入企业分类管理，将高级认证企业视同 AEO 资格，截至目前已与 46 个世界海关组织成员实施资格互认。

如果企业没有通过出口目的国家或地区的安全标准认证，可能有以下不利影响：

（1）货物可能会在出口国受到更多的检查，甚至被要求作额外的检查，在出 / 进口国港口滞留的时间会增加；

（2）可能会影响采购商的决策，从而影响销售业务的发展，因为采购商不想承担货物“意外滞留”的风险。

另外，如果选择了不合格的供应链服务提供商也可能影响供应链的顺畅，从而影响客户的利益。因此，尽量选择具有相关资格的制造商、出口商、运输物流企业、仓库、报关中介和进口商。

### （三）走私违规风险

#### 1. 企业法律责任

企业不当行为及处罚对照表见表 3-1。

**表 3-1 企业不当行为及处罚对照表**

| | |
|---|---|
| 走私罪 | 走私货物、物品罪，以及骗取国家出口退税款，除了相应的刑事处罚外，并处偷逃应缴税额一倍以上五倍以下罚金或者没收财产 |
| 走私行为 | 走私国家禁止进出口的货物的，没收走私货物及违法所得，可以并处 100 万元以下罚款；<br>应当提交许可证件而未提交但未偷逃税款，走私国家限制进出境的货物、物品的，没收走私货物、物品及违法所得，可以并处走私货物、物品等值以下罚款；<br>偷逃应纳税款但未逃避许可证件管理，走私依法应当缴纳税款的货物、物品的，没收走私货物、物品及违法所得，可以并处偷逃应纳税款 3 倍以下罚款。 |

表 3-1 续

| | |
|---|---|
| 违规 | 违反国家进出口管理规定，进出口国家禁止进出口的货物的，责令退运，处 100 万元以下罚款。<br>违反国家进出口管理规定，进出口国家限制进出口的货物，进出口货物的收发货人向海关申报时不能提交许可证件的，进出口货物不予放行，处货物价值 30% 以下罚款。<br>进出口货物的品名、税则号列、数量、规格、价格、贸易方式、原产地、启运地、运抵地、最终目的地或者其他应当申报的项目未申报或者申报不实的，依影响不同处 1000 元以上申报价格 50% 以下罚款，影响国家税款征收的，处漏缴税款 30% 以上 2 倍以下罚款。<br>违反海关监管规定的其他行为，致使海关不能或者中断对进出口货物实施监管的，处货物价值 5% 以上 30% 以下罚款，有违法所得的，没收违法所得。所涉货物属于国家限制进出口需要提交许可证件，当事人在规定期限内不能提交许可证件的，另处货物价值 30% 以下罚款；漏缴税款的，可以另处漏缴税款 1 倍以下罚款。<br>进出口侵犯中华人民共和国法律、行政法规保护的知识产权的货物的，没收侵权货物，并处货物价值 30% 以下罚款。 |

2. 个人法律责任

如果公司被认定犯有走私罪，那么个人是否承担责任？谁将要承担责任呢？认定单位犯罪其实就是解决两个问题：一是自然人的行为是否构成犯罪；二是单位应否对犯罪行为负责。

依照《最高人民法院关于审理单位犯罪案件具体应用法律有关问题的解释》第二条的规定，个人为进行违法犯罪活动而设立的公司、企业、事业单位实施犯罪的，或者公司、企业、事业单位设立后，以实施犯罪为主要活动的，不以单位犯罪论处。单位是否以实施犯罪为主要活动，应根据单位实施走私行为的次数、频度、持续时间及单位进行合法经营的状况等因素综合考虑认定。

根据单位人员在单位走私犯罪活动中所发挥的不同作用，对其直接负责的主管人员和其他直接责任人员，可以确定为一人或者数人。对于受单位领导指派而积极参与实施走私犯罪行为的人员，如果其行为在走私犯罪的主要环节起重要作用的，可以认定为单位犯罪的直接责任人员。例如，某摩托车走私案例中 11 个自然人，有些是企业的管理层，如董事长、财务总监、董事长秘书、工厂和进出口负责人，对经营管理有决策权；有些是具体经办人员，如会计和进出口职员，只是负责落实管理层的决策。他们分别是走私的“直接负责主管人员”和“其他直接责任人员”，均承担相应的法律责任。

所谓“直接负责主管人员”，是指在企业、事业单位、机关、团体中，对本单位实施走私犯罪起决定作用的，负有组织、决策、指挥责任的领导人员。单位的领导人如果没有参与单位走私的组织、决策、指挥，或者仅是一般参与，并不是起决定作用的，则不应对单位的走私犯罪负刑事责任。

所谓“直接责任人员”，是指直接实施本单位走私犯罪行为或者虽对本单位走私犯罪负有部分组织责任，但对本单位走私犯罪行为不起决定作用，只是具体执行、积极参与的该单位的部门负责人或者一般工作人员。

司法实践中，自然人与单位共同犯罪可以分为三种情形。第一种情形是，单位实行犯罪，自然人提供帮助。例如单位负责实施走私犯罪，自然人提供报关等帮助行为。第二种情形是，个人实施犯罪，单位提供帮助或者便利条件。例如自然人实施走私犯罪，单位实施提供账户、交通工具等帮助行为。第三种情形是，自然人和单位均实施共同犯罪行为。例如自然人和单位共同实施走私犯罪，按约定对走私犯罪的利润进行分配。

3. 商誉受损

违法和走私行为必然会导致商誉受损。如果企业违法或者走私，客户、供应商、投资者、银行会认为管理层不是诚实守信、合法经营，他们可能会重新考量与该企业的业务关系，如是否继续投资、是否继续供应贷款、是否继续原有的商业合同、是否沿用原有的商业信用条款等。另外，如果企业涉嫌走私，还会引起海关的连带调查，关联客户或者供应商为了减少这方面的麻烦，可能会中断原有的业务。

4. 失信联合惩戒

目前包括海关在内的60多个部门已经联合签署激励、联合惩戒备忘录25个，制定联合奖惩措施100多项，建立起“发起—响应—反馈”机制，实现备忘录对重点领域全覆盖，实现了跨区域、跨部门、跨行业的奖惩联动，实现“守信者一路绿灯，失信者处处受限”。与之配套的是海关推行的风险管理，其核心理念是“守法便利、不守法不便利”。守法便利通关程序是指符合海关守法经营条件的企业，海关准许其进出口货物在通关各环节适用便利通关措施，包括通关事务处理的信息化前置后移、信用性的估价程序、信任式的验货程序以及全天候的优先通关安排等；不守法不便利就是让违规、走私的企业在承担相应法规处罚之外，还要承担更严格的监管，如更低的管理级别、更高的查验比例以及更严格的监管流程等。

## 二、关务风险产生的根源

关务风险并不仅仅来自申报阶段的操作失误、不够熟练和疏忽遗漏，还来自企业管理制度的不完善和管理层的动机。

（一）管理层或者委托方的非法经营动机

对企业来说，管理层就是企业"龙头"，其价值导向和经营理念直接会导致一个企业是"正道"经营、"邪道"经营，还是走"偏锋"。

管理层的经营理念直接决定其对关务风险的态度和重视程度。如果管理层不是在技术创新、生产经营和管理创新上下功夫，而在关务方面过分强调降低成本，把降低关务成本作为竞争优势和利润源泉，那么管理层可能会要求报关人员尽量采取"低税率的商品归类"、瞒报价格，甚至是直接走私或偷漏税。长此以往，整个企业就是一个彻头彻尾的走私集团，陷入其中的经办人员也将会被要求参与到非法活动中，对其个人而言，也将面临巨大的法律风险。

对报关人员和关务管理人员来说，选择一个合法经营、理解关务的管理层，是减少自身风险的关键。

对受托代理报关的第三方报关企业来说，选择守法经营的委托方，是减少自己法律风险的关键。

（二）关务人员素质不高、舞弊或管理不当

关务人员在关务管理中是一个关键的职位，因为关务人员向海关所作的申报直接代表着企业的申报。虽然海关一方面利用报关人员培训、管理等制度来加强对报关人员的管理和提升其素质，另一方面要求管理层甚至法人在提交海关的资料上签字，从制度上要求企业管理层介入关务日常管理，但是，由于关务的复杂性和特殊性，很少有管理层能够真正理解申报的内容和影响。

某些关务人员可能会利用关务和海关的专业性，回避公司内部的控制制度。主要有以下几方面：

1. 以通关速度直接影响生产进度的名义，要求增加授权，回避公司的授权管理。比如许多递交给海关的报告和申报资料都需要管理层签字，关务人员可能出于便利，要求管理层提供已经签字的空白信札由其填写内容后递交给海关；再如单位报关印章或者境外公司的印章均由其自行保管。

2. 利用报关和关务方面的专业性，回避公司内部的独立稽核和内部审计制度。

3. 随意报销费用，不利于公司成本和费用的管理、控制。

4. 借口或者编造海关的特殊要求，为自己牟私利。

5. 海关报关记录、报关登记系统完全脱离和独立于公司内部的记录系统，造成无法监督和复核报关工作。

6. 通过一些非法的手段少缴税或者不缴税，减少关务成本，并以此为自己邀功请赏，却不考虑这种逃避税款的风险。

### （三）关务管理的内部控制薄弱

企业内部关务控制混乱主要表现在以下几方面。

#### 1. 部门之间的信息共享和交换不畅

报关部门实际是一个“窗口”，企业的信息由此报送到政府部门。报关部门自身不会产生信息，只有从其他部门或者公司内部管理系统中获取相关的信息。如果报关部门不能从其他部门及时获得准确的信息，或者不能从企业资源计划（Enterprise Resource Planning，ERP）系统中获得相应授权去获取信息，其申报的数据就会失真。

另一方面，如果采购、销售、物流部门不能从报关部门获得海关和其他政府部门的申报要求，则可能因资料准备不充分而最终导致装船延误、收货或者发货延迟。其他部门对海关监管要求不清楚，会导致公司内部海关监管货物的管理不能符合海关的监管要求，如擅自处理减免税设备和保税货物等。

#### 2. 报关部门内部控制混乱

报关部门内部不同人员职能没有分离，缺乏有效的授权管理制度，其结果就是某些关务人员的权力过大且失去控制。当然，站在关务人员的角度来看，混乱的内部控制制度会使得关务人员觉得没有有效后备支持，工作积极性自然备受打击。

报关部门内部对报关人员的考评和考核没有依据，管理层也只问“结果”不管“过程”，只要求报关顺利、核销顺利，降低纳税成本。在这种考核模式下，将关务人员的职责由“如实申报”转变为“省税避税”，其往往会避重就轻，粉饰风险，深埋“地雷”，只考虑当前的利益而忽视长远风险控制。

3. 单证资料和报表的管理不完善

报关部门的报关单证往往是其他部门的重要凭证，如报关单是办理出口退税和外汇核销的关键凭证。有些企业没有建立有效的单证流转和交接流程，报关单证往往会在流转中丢失，或者滞压单证超过有效期限，致使无法办理税务和外汇手续，造成不应有的损失。例如，有些企业报关人员离职后，企业才发现一批进口报关单“失踪”了，致使外汇一直无法支付。

有些企业报关部门没有建立内部作业台账、内部管理报表，管理层无法及时了解关务的执行情况，也无法判断关务方面存在的问题和合规性风险。

4. 关务方面的内部复核和内部审计制度不完善

有些企业对申报过程缺乏有效的复核制度。许多企业关务人员之间的分工都是每个人从事不同领域的报关，相互之间没有交叉复核。这样许多差错和遗漏都无法及时发现，只能依赖报关企业的报关人员来复核发现，但报关企业的报关人员每天要处理的单证非常多，对企业的商品和交易不如本企业的工作人员熟悉，因此，错误和遗漏经常不能被及时发现。

大多数企业都有内部审计和外部审计制度，但是这些审计大多覆盖一些常规的财务、会计和其他业务。国内企业的内部审计制度有两个来源：一是沿袭原有国有企业的内部审计制度；二是沿用外国跨国公司的内部审计制度。这两个内部审计制度，前者会忽视关务方面的审计，而后者无法适用于国内关务的复杂性。

（四）商业和交易模式与关务管理资源不匹配

如前面所述，良好的关务规划和关务管理模式有助于节省企业的经营成本和税负，便利企业的物流和通关。相反，不适当的关务规划和关务管理模式可能会使企业因小失大，甚至不能有效运作。

很多企业规划商业和交易模式时，不会考虑是否有相应的关务管理资源，而没有精干的关务团队、没有良好的跨部门的关务协调和相应的管理经验的支持，原本良好的商务模式最后可能会变得成本高和效率低。比如说，以减免税方式进口设备可以节省关税和增值税，但是设备进口之后仍属于海关监管货物，转借、出租、挪用等都会被海关要求补缴关税，甚至被处以罚款。设备和机器往往属于生产部门直接管理，虽然生产部门管理者会被告知免税进口设备不能擅自挪用，但是仍可能从本位出发，并不认为不同生产部门之间借用设备甚至不同生产基地的挪用是一件多严重的事。所以，在阐述关务规划方法的时候必须考虑关务资源和实施成本。

（五）关务管理模式和系统不相匹配

就关务管理来说，功能强大、数据自动获取、申报数据自动生成的关务管理系统越来越成为必需的工具。一般来说，系统自动生成可以减少人工输入、计算的错误和疏忽。但是，计算机系统一旦出错，可能会导致连续的、多发的、常规的申报错误。

关务管理模式因企业的不同而不同，别的企业运作很成功的模式，可能并不适合自己的企业；别的国家很适用的管理模式和计算机系统，可能在中国不适用甚至无法运作；在过去很得心应手的方式现在可能不再适用。

**案例 2**

## 价格自动获取出错，海关稽查补税

某电商企业在中国多个口岸都有进口业务。2018 年年初，海关通过内部监控系统，发现某保健品价格经由该集团在上海平台进口的价格是 5 美元 / 千克，而经由其在广州平台进口的价格是 2 美元 / 千克，价格差异极大。海关锁定该集团，准备对广州平台进口进行专项稽查。

海关先以价格核查的方式对该公司进行初步调查。该公司接到核查通知后，非常重视，安排区域关务主管协调各部门从整个交易流程和内部 ERP 系统进行仔细的检查和复核，发现该产品是一种新产品，在系统中还没有其价格参数。但是，系统有一个价格自动获取功能，即系统首先直接读取该产品的价格，而该产品没有价格，便按照不同规则在系统中搜索，找到与它接近或者相似的产品的价格作为该产品的价格。由于与该产品相似的产品很多，系统便产生不同的价格。

鉴于该公司主动披露，海关要求其补交税款，没有对其进行额外的处罚。

（六）境外商业伙伴舞弊或者信息错误

作为进口商，从供应商准确获得到货的时间和地点有利于关务申报的提前准备和安排。对进口货物而言，向海关申报的数据大部分来自供应商，例如，商品的名称（属性）、价格、原产地、数量和重量等。这些信息在到货以前，作为申报人的进口方，可能知道得不多，基本上是完全依赖供货商的信息。

如果供货商提供的信息与实际有差异，将会直接导致不能申报或者申报错误。根据《海关法》规定，即便是非主观故意的申报不实，也会受到不同程度的处罚，包括对申报单位的处罚和对报关员的处罚。其中最常见的错误可能是重量和数量的差错问题，这种错误多是由于供货商的物流部门的工作差错造成的。《海关行政处罚实施条例》第十五条规定："进出口货物的品名、税则号列、数量、规格、价格、贸易方式、原产地、启运地、运抵地、最终目的地或者其他应当申报的项目未申报或者申报不实的，分别依照下列规定予以处罚，有违法所得的，没收违法所得：

"（一）影响海关统计准确性的，予以警告或者处 1000 元以上 1 万元以下罚款；

"（二）影响海关监管秩序的，予以警告或者处 1000 元以上 3 万元以下罚款；

"（三）影响国家许可证件管理的，处货物价值 5% 以上 30% 以下罚款；

"（四）影响国家税款征收的，处漏缴税款 30% 以上 2 倍以下罚款；

"（五）影响国家外汇、出口退税管理的，处申报价格 10% 以上 50% 以下罚款。"

（七）报关或口岸通关服务供应商的违规和差错

通关申报是一项专业性极强的工作，对许多报关业务不多的企业来说，将通关申报委托给第三方是一种有效率的安排。报关企业可以凭其丰富的专业经验、与海关等口岸部门良好的关系，提供准确、快捷的代理服务。

接受委托后，报关企业就应该按照进出口收发货人提供的资料和信息向海关申报，将企业提供的商务信息“翻译”或者“转换”为申报信息。报关企业在“翻译”或者“转换”过程中，如果出现舞弊或者差错，不仅自身将受到海关的处罚，而且殃及进出口企业，如导致其受海关处罚或者物流遭延迟。《海关行政处罚实施条例》第十七条规定：“报关企业、报关人员对委托人所提供情况的真实性未进行合理审查，或者因工作疏忽致使发生本实施条例第十五条规定情形的，可以对报关企业处货物价值10%以下罚款，暂停其6个月以内从事报关活动；情节严重的，禁止其从事报关活动。”

更有甚者，部分不良的报关企业会提供其他承诺，如“包税”，即将代理费和税费全部一起打包报价，进出口企业不知道企业实际申报的内容，报关企业通过低报价格、选择税率低的商品进行申报等方式降低自己的成本；承诺按照企业需要申报为所需的商品名称和价格，从而使货物免受海关检查等。进出口企业也许会被他们的低成本所吸引，但是中国海关的监管模式是“前面放开、后面管住”，为了加快通关速度，在口岸减少查验和审查，通过完善的进出口企业管理制度和有力的后续稽查和核查，进行事后管理。因此，即使这些报关企业的承诺在口岸能够兑现，但在海关后续稽查和核查中，企业的责任和法律风险也不会就此免除。

## 案例3

## 币制申报错误

2019年12月13日，某报关企业接受某电商企业委托申报一批进口服装。由于报关人员的失误，总价“604520港币”变成了“604520美元”，影响国家贸易统计高达人民币480万元。鉴于此案的严重影响，2020年2月25日，某海关依据《海关行政处罚实施条例》第十五条第一项规定，对该报关企业科处罚款1万元。据悉，这是该海关近年来对误申报影响海关统计行为开出的最重罚单。

# 第四章

# 关务筹划实务

在前面的章节中，笔者详细论述了关务筹划的基础理论和操作技术，并对关务筹划进行了较为清晰、全面的概括和总结。但是，理论研究必须与实践工作相结合才有生命力。因此，本章将采用理论联系实际的方法对关务筹划实务进行具体分析，以期能为企业顺利开展关务筹划工作提供有益的借鉴。

## 一、整体运作

一般来说，企业开展关务筹划工作有两种基本思路：一种思路是从海关职能入手，即按不同的海关职能进行关务筹划，可分为关税筹划、监管通关筹划、保税筹划、稽查筹划等；另一种思路是从企业经济活动的不同环节入手，分为企业内部关务制度筹划、企业账务筹划等，以提高企业规范经营水平，降低违法违规风险，并通过提高守法程度来提升海关管理类别，最终实现守法便利的目标。这些方式单独操作能在一定程度上减轻企业的税收负担，但如果缺乏系统的指导，则可能造成一定程度的盲目性，导致关务筹划成效不大甚至失败。因此，对筹划的实践过程进行系统的分析，能使人们从整体上把握关务筹划实务。

根据系统分析的思路，笔者将筹划实务大致分成三个步骤：第一步，根据关务筹划基本理论，对关务筹划做定性分析，使其与偷税、避税泾渭分明；第二步，从海关职能实现和企业规范经营的角度出发，以海关业务划分为基础，立足于进出口企业实际需求，对各种筹划实务做定量分析；第三步，结合前两个步骤的分析结果，有针对性地开展筹划，以实现企业整体关务筹划。

鉴于关务筹划的定性分析在前一章中已有详细介绍，就本章而言，则立足于第二步做定量分析，立足于第三步做针对性筹划。关务筹划是基于海关各项具体业务制度，进行前瞻性、系统性的安排和操作，从而实现关税税负最低、通关效率提高、进出口成本下降。从始至终，海关业务制度的基本内容构成了关务筹划的基本框架。总体而言，海关业务制度主要包括五大部分，即监管制度（在对进出境货物、物品和运输工具进行监督管理的过程中形成的一套科学规范的管理程序和管理方法，具体分为货运监管制度、非贸易性物品监管制度和运输工具监管制度三大体系）、关税制度（国家关税法令和关税稽征办法的具体化。具体包括：纳税义务人、税率的适用、完税价格的审定、关税的缴交与退补、纳税、纳税争议的处理）、保税制度（经海关批准的境内企业所进口的货物，在海关监管下，在境内指定的场所储存、加工、装配并暂缓缴纳各种进口税费的一种海关监管制度）、稽查制度（海关在规定的期限内依法对进出口经营企业和相关单位的会计账簿、凭证、报关单证及其他资料实施稽查，以此审定相关企业、单位有无违反海关法规行为）、统计制度（以进出境的货物为调查和分析对象，运用一系列统计指标对国家的对外贸易发展状况进行统计监督，提供统计信息和咨询，促进对外贸易的发展）。

在接下来的篇章，将侧重于关税筹划、内部控制筹划等方面。而在篇章结构上，先全景展示关务筹划，再有重点地介绍数项具体海关业务的筹划工作。所采取的方式是：明确什么是合法的，即可以做；明确什么是违法的，即不可以做；明确在实践中居于两者之间，企业无所适从的，即正面引导该如何做。

（一）从海关角度看关务筹划

关务筹划基本思路之一就是从海关职能角度入手，以便让企业清楚关务筹划应该怎么做。因此，熟知海关规定，一方面可以促使关务筹划有的放矢，有所依托，另一方面可促进企业完善规章制度，健全内控管理，规范有序地开展进出口业务，而这一点与海关目前推行“规范进出口企业经营行为”“守信便捷、失信惩戒”的管理理念不谋而合。关务筹划者通过了解和掌握主要的海关法律、法规和有关规定，在企业的生产经营过程中模范遵守并教育企业人员共同遵守，从而实现关务筹划、进出口操作和海关监管的有机统一。企业所有进出口活动应始终遵循“守法经营、诚实守信”的经营理念，严格遵守国家关于进出口方面的法律、法规。以下几点，既是海关实施有效监管的要求，也是企业生存、发展和参与国内外竞争的基础。

1. 如实申报

企业向海关申请办理货物通关手续，应按规定的格式（进出口货物报关单）真实、准确地填报与货物有关的各项内容，做到两个相符：一是单证相符，即报关单中所列各项与合同、发票、装箱单、提单及批文等相符；二是单货相符，即报关单所报内容与实际进出口货物情况相符，特别是货物的品名、数量、规格、价格、原产地、贸易方式、消费国别、贸易国别等内容必须真实。

电子数据必须真实、规范、准确，并与纸本材料内容完全一致。海关将依据国家法律规定对申报内容和货物进行审核和查验。

2. 依法纳税

税收是国家财政收入的基本来源和保证，国家依法向公民和法人课税，公民和法人依法负有纳税义务，并如实向税务机关提供与纳税有关的信息，积极配合税务机关依法进行税务检查。

国家赋予海关依法对进出口货物、进出境物品征收关税和进出口环节税的权利，进出口货物的收发货人或其代理人负有缴纳关税及进出口环节税的义务。纳税义务人若违反有关法律、行政法规规定，采取各种方式偷逃应纳税款构成走私或者违反海关监管规定行为的，依照《刑法》《海关法》和其他有关法律、行政法规的规定处理。

关于纳税，需要了解和注意以下几点。

（1）关于完税价格的确定。进口货物的完税价格，由海关以该货物的成交价格为基础审查确定，并应当包括货物运抵中华人民共和国境内输入地点起卸前的运输及其相关费用、保险费。出口货物的完税价格包括货物的货价、货物运至中华人民共和国境内输出地点装载前的运输及其相关费用、保险费。

进口货物的成交价格是指买方为购买该货物实付或应付价格，包括买方向卖方或为履行卖方义务向第三方直接或间接支付的全部款项。

此外，在确定进口货物的完税价格时，下列费用或价值也应当计入：

①由买方负担的以下费用，除购货佣金以外的佣金和经纪费，与该货物视为一体的容器费用，包装材料和包装劳务费用。

②与该货物有关并作为卖方向中华人民共和国销售该货物的一项条件，应当由买方直接或间接支付的特许权使用费。

③卖方直接或间接从买方对该货物进口后转售、处置或使用所得中获得的收益。

《中华人民共和国海关审定进出口货物完税价格办法》规定，在不能按进口货物成交价格确定完税价格时，海关有权提出质疑，并可以依次使用相同货物成交价格方法、类似货物成交价格方法、倒扣价格方法、计算价格方法及其他合理方法估定完税价格。同时，海关可以与进出口货物的收发货人进行价格磋商。

（2）海关征收税、费的种类。海关对进出口货物征收的税、费包括：关税；

进口环节增值税和消费税；列为反倾销货物的征收反倾销税；逾期纳税货物征收滞纳金；对超出规定期限向海关办理报关手续的进口货物征收滞报金；对暂时进出口货物或根据有关规定征收保证金的货物征收保证金。

（3）海关税费的补征和追征。进出口货物放行后，海关发现少征或者漏征税款的，应当自缴纳税款或者货物放行之日起1年内，向纳税义务人补征税款。因纳税义务人违反规定而造成的少征或者漏征，海关在3年以内可以追征。海关多征的税款，海关发现后应当立即退还；纳税义务人自缴纳税款之日起1年内，可以要求海关退还。

（4）纳税期限及强制措施。进出口货物的纳税义务人，应当自海关填发税款缴款书之日起15日内缴纳税款，如不能按规定的期限缴纳税款，应按日加付欠缴税款1‰的滞纳金。超过3个月仍未履行纳税义务的，海关将实施下列强制措施：海关书面通知其开户银行或者其他金融机构从其存款中扣缴税款，或将应税货物依法变卖，以变卖款抵缴税款，或扣留并依法变卖其价值等于应纳税款的货物或者其他财产，以变卖款抵缴税款。

3. 依法使用、处置海关监管货物

海关监管货物是指一切尚未办结海关手续的进出境货物。

首先，企业在使用、处置海关监管货物时要遵守下列规定：

（1）接受海关查验。海关查验货物时，当事人应当到场，并负责搬移货物，开拆和重封货物包装。海关认为必要时，可径行开验、复验或者提取货样。

（2）海关监管货物，非经海关许可，任何单位和个人不得装卸、搬移、交付、提取、开拆、改装、调换、抵押、质押、转让或者更换标记。

（3）存放海关监管货物的仓库、场所的经理人应当按照海关监管规定，办理收、存、交付手续；在海关监管区外存放海关监管货物，应经海关同意，并接受海关监管。

（4）对各类保税货物、特定减免税货物、暂时进出口货物的处置，包括改变货物使用的特定地区、企业、用途，以及调换、内销、租赁、抵押、质押、转让等，均须事先向海关申请并经海关审核和批准。

其次，企业应加强海关监管期内货物的管理。重点要放在那些海关监管期限较长的货物，如进口的减免税货物（包括机器设备、车辆、建筑材料等），以加工贸易名义进口的保税料件、加工的成品，暂时进口货物等未缴纳或未全部缴纳关税和进口环节税的货物。

在货物监管期内，应严格按照有关规定使用、保管海关监管货物。未经海关许可并补办有关手续，不得擅自决定处置。货物监管期满时，企业应及时向海关提出减免税货物的解除监管申请或保税货物的核销申请，以便于海关核查并办理相关手续。

4. 建立健全企业内控机制

企业应将其自身的管理要求与海关的各项管理规定相结合，建立、健全内控机制。

一是岗位责任制。加强企业管理人员、报关主管或进出口部门负责人、报关人员的岗位管理，明确职责分工，制定完善的进出口业务操作程序、工作标准及报关人员管理规定。

二是完善的进出口业务管理制度。包括报关管理制度、外汇核销管理制度、出口退税管理制度、批文和配额等进出口专有权利管理制度及财务管理制度，有明确的进出口业务分工和完整的作业程序规定。

三是印章、合同、票据、单证收付、档案、仓储管理制度和规定。有专人保管报关专用印章、手册、报关单、清单、转厂资料及有关进出口资料，并有明确的保管、交接、存档制度和手续。企业的会计账簿、会计凭证等资料的保管要求和时限，应按照《中华人民共和国会计法》（以下简称《会计法》）、企业会计制度等的要求严格执行，加强会计监督。

四是企业内部协调联系机制。保证进出口业务的有序衔接和手册、报关单、转厂资料等有关进出口资料的妥善交接、保管，避免遗失重要业务单证或无法提供有关账簿、资料等情况的发生。形成进出口业务管理协调、统一的整体系统。

5. 主动接受海关稽查

根据《海关法》《中华人民共和国海关稽查条例》（以下简称《海关稽查条例》）和《〈中华人民共和国海关稽查条例〉实施办法》（以下简称《〈海关稽查条例〉实施办法》）的要求，海关可以对与进出口活动直接有关的企业、单位实施海关稽查。

海关稽查对象是与进出口活动直接有关的企业、单位，具体包括：从事对外贸易的企业、单位；从事对外加工贸易的企业；经营保税业务的企业；使用或者经营减免税进口货物的企业、单位；从事报关业务的企业；海关总署规定的从事与进出口活动直接有关的其他企业、单位。

（1）海关稽查内容

在稽查期限内，海关可以对进出口相关企业的会计账簿、会计凭证、报关单证及其他有关资料（以下统称账簿、单证等有关资料）和有关进出口货物进行核查，以监督其进出口活动的真实性和合法性。

（2）海关稽查期限

①一般贸易进口货物自海关放行货物之日起 3 年内；

②保税货物在海关规定的监管期限内，或自复运出境放行之日起 3 年内，或经批准转为一般贸易进口放行之日起 3 年内；

③减免税进口货物在海关监管期限内及其后的 3 年内；

④其他进出口货物在办结海关手续之日起 3 年内。

6. 提高企业管理类别

国家有关部门目前针对不同管理类别的企业制定不同的通关措施。诚信守法将使企业在进出口活动和通关过程中享有便利，是企业享受这些优惠措施的基础。不仅如此，进出口行为规范的诚信守法企业的信誉度，也必将为其在外经贸、银行、工商、税务、外汇管理等部门中的活动带来便利。

海关在国家政策规定允许的范围内努力提高办事效率，为诚信守法企业提供便捷服务。

（1）与海关签署合作备忘录，明确双方的权利义务，确定联络员，建立海关与企业畅通、固定的联系渠道，及时沟通情况，解决问题。

（2）在进口货物起运抵港前，出口货物运入海关监管场所前，企业如能提供仓单，确定货物品名、规格、数量，可提前向海关办理报关手续。

（3）在海关公开对外承诺的办事时限内，加快办理货物申报、查验和放行手续，企业还可根据实际情况与海关联系商议加班办理通关手续。

（4）在具备监管条件下，对应查验又不便在通关现场查验的进出口货物，经申请并同意，海关可派员到企业生产或装卸现场实施查验。

（5）优先办理联网报关、无纸通关、网上支付等电子口岸推广项目。

与此相对的是，对不诚信守法企业，海关将对其实施严密监管：

（1）列为高风险企业。海关将不诚信守法的企业列入高风险企业管理名单，作为海关各业务岗位的重点监管对象。

（2）加大查缉力度。对企业进出口货物细查细验，甚至逐票开箱查验。

（3）向社会公布。建立与商务、市场监管、税务、银行等部门的联系机制，定期通报企业的违法违规情况，并向社会公布，实现对企业的全方位监控，加强综合治理。

（4）申诫、资格处罚。海关可按有关规定对企业予以警告，暂停或取消其报关资格、载运海关监管货物业务资格或保税存储业务资格。

（二）从企业角度看关务筹划

关务筹划基本思路之二是从企业角度入手，让企业知道关务筹划怎么办，即什么事情可以做、什么事情不能做。这样，一方面对于关务筹划定性问题可以把握，知道什么是违法、什么是合法，什么是顺法、什么是逆法；另一方面对于关务筹划定量问题可以把握，即面对林林总总的海关业务，知道界限在哪儿，什么是倡导的、什么是反对的，什么是上限、什么是下限。

凡涉及进出口业务的企业，不论其投资体制、贸易方式、经营规模如何，在法律上都必须无条件接受海关监管。海关对进出口企业监管的是其涉外交易、涉外加工、涉外行为所产生的物流和资金流，而监管的核心目标则是国家税收。其中，主要是进出口环节税收和减免税设备、保税料件税收。进出口企业开展关务筹划，主要是指以进出口物流为纽带，以及由此而引起的进出口关税、增值税、消费税的计征及其减免，外汇收支及其核销，出口收入申报及企业关税计纳，保税货物监管及其核销平衡，海关对企业分类定级管理及企业内部关务作业协调和系统管理控制等问题。一句话，对于企业而言，关务筹划是指对与进出口业务有关的物流、资金流、信息流和管理机制的系统控制。

1. 企业内控管理制度规范

（1）企业内控管理总体要求

诚信守法的进出口经营规范企业，离不开健全完善的内控管理、账务账册管理、单证管理、仓储管理及高素质的从业人员。企业出现违规违纪事件，甚至产生走私违法活动的原因是企业管理不善、权责不清、账册不全、制度措施不力、规范意识不强等因素的存在。根据海关风险管理机制，对于此类企业，海关将予以重点监控。为此，企业应根据《中华人民共和国公司法》《会计法》《海关法》《海关稽查条例》等有关规定，结合企业规模和所处行业等具体情况，积极建立和完善内控管理制度和内部管理机制，加强内部规范管理，按规定设置进出口财务账簿，妥善保管进出口单证档案，有序地开展进出口业务。

（2）企业内控制度内容

健全的企业内控制度应包括以下各项内容：建有完整的组织及岗位责任制，明确划分企业最高管理层、部门管理层、基层业务人员及各个部门的职责权限；建有完善的进出口业务管理制度，包括报关管理制度、外汇核销管理制度、出口退税管理制度，以及批文、配额等进出口业务分工和完整的作业程序规定，并有效运作；建有完善的印章管理制度、仓储管理制度、合同管理规定、票据管理规定、单证收付管理规定和进出口业务单证档案管理规定，有专人保管报关专用印章、手册、报关单、清单、转厂资料及有关进出口资料，并有明确的保管、交接、存档制度和手续。这些内容可以单独制定，也可以合并制定。

（3）企业内部协调、沟通及联系配合要求

进出口经营规范企业应建立完善的内部协调、沟通及联系配合机制，密切各部门的工作关系，加强各部门的协作配合，做好进出口业务的协调工作，保证进出口业务的有序衔接和手册、报关单、转厂资料等有关进出口资料的妥善交接、保管，避免遗失重要业务单证等情况的发生。企业应设置健全的部门、人员岗位责任制，明确规定每人的职责分工；制定完善的进出口业务操作程序和工作标准，并积极予以贯彻落实；形成进出口业务管理协调、统一的整体系统，保证海关管理的有效实施。

（4）从业人员守法信用及素质要求

进出口经营企业的相关从业人员应具有良好的道德品行和个人资信，具备从事进出口业务的知识与学历，熟悉国家有关进出口法律、法规、政策，熟悉本单位相关经营情况，定期接受海关培训，做到知法守法，并熟练掌握海关作业程序。

2. 进出口关务行为规范

（1）企业注册备案

从事对外贸易经营活动的境内法人或者其他组织，应先向海关办理注册备案。

取得注册登记编码后，可以自行或者委托海关准予注册的专业报关企业或承揽、承运本企业货物的代理报关企业办理货物进出境报关手续。

（2）报关人员行为规范

报关人员在办理报关业务时，应对本业务负责，接受海关的指导和监督，并履行以下义务：遵守国家有关法律、法规和海关规章，熟悉所申报货物的基本情况；提供齐全、正确、有效的单证，准确、清楚地填制进（出）口货物报关单，并按有关规定向海关办理进出口货物的报关手续；海关查验进出口货物时，应按时到场，负责在规定的时间内办理缴纳所报进出口货物的各项税费的手续、海关罚款手续和销案手续；配合海关对走私违规案件的调查；协助本企业完整保存各种原始报关单证、票据、函电等资料；参加海关召集的有关报关业务会议或培训；承担海关规定报关人员办理的与报关业务有关的工作。

（3）如实申报

进出口货物的收发货人在向海关申请办理货物通关手续时，应按规定的格式（进出口货物报关单）真实、准确地填报与货物有关的各项内容，做到两个相符：一是单证相符，即报关单与合同、许可证、发票、装箱单、提运单等相符；二是单货相符，即报关单所报内容与实际进出口货物情况相符。特别是货物的品名、数量、规格、价格、原产地、贸易方式、消费国别、贸易国别等内容必须真实。电子舱单数据必须真实、规范、准确，并与书面舱单内容完全一致。海关将依据国家法律规定对申报内容和货物进行审核、查验、征税、统计、放行及处理伪报、瞒报和申报不实等走私违规情况。

对进出境货物的品名、数量、规格、价格、原产地、贸易方式、消费国别、贸易国别或者其他应当申报的项目申报不实，违反海关监管规定但不构成走私行为的，处货物等值以下或者应缴税款两倍以下的罚款。构成走私行为但不构成走私罪的，由海关没收走私货物、物品及违法所得，可以并处罚款。构成走私罪的依法追究刑事责任。

（4）报关期限

进口货物的收货人应当自运输工具申报进境之日起 14 日内向海关报关。出口货物的发货人除海关特准外，应当在货物运抵海关监管区后，在装货的 24 小时以前向海关报关。进口货物的收货人超过上述规定期限向海关申报的，由海关按照《中华人民共和国海关征收进口货物滞报金办法》的规定，征收滞报金；超过 3 个月未向海关申报的，其进口货物由海关提取依法变卖处理。

（5）委托报关

报关企业接受进出口货物收发货人的委托，以委托人的名义办理报关手续的，应当向海关提交由委托人签署的授权委托书，遵守《海关法》对委托人的各项规定。报关企业接受进出口货物收发货人的委托，以自己的名义办理报关手续的，应当承担与收发货人相同的法律责任。

委托人委托报关企业办理报关手续的，无论报关企业以委托人的名义或者以报关企业自己的名义办理报关手续，委托人均应当向报关企业提供所委托报关事项的全部、真实情况。报关企业接受委托人的委托办理报关手续的，应当对委托人所提供情况的真实性进行合理审慎的审查，其申报内容不真实、不合法的，应当由报关企业承担相应的法律责任。

（6）进出口许可证件管理商品报关

根据国家规定，凡属于实行许可证管理的商品和其他限制进出口的商品，如机电产品、金银及其制品、精神药物等，在向海关申报时，必须交验国家主管部门签发的进出口货物许可证或其他相关批准证件，如许可证、配额证、登记证、濒危物种允许进出口证明书、进口废物批准证书及其他允许进出口的批准文件、证明、凭照等，这些证件统称“许可证件”。有关单证是指与所申报货物相适应的有关单据或证件，主要包括：商业和运输单证，国家主管部门签发的检验检疫批准证明，准予保税、缓税或减免税的批准文件。

进出口国家实施限制性管理的货物时，除了如实向海关申报外，还应交验货物进出口许可证件和有关单证。违反国家进出口管理法规，没有领取进出口许可证件擅自进出口货物的，海关不予放行。进出口货物的收发货人必须在规定期限内提交发证机关核准发放的许可证件，否则海关将依法没收货物或责令退运。在规定期限内补办许可证件或相关批准手续的，海关将据情处等值以下罚款。

（7）进出口货物完税价格的确定

进出口货物的完税价格，由海关以该货物的成交价格为基础审查确定，成交价格不能确定时，完税价格由海关依法估定。进口货物的完税价格包括货物的货价、货物运至中华人民共和国境内输出地点装载前的运输及其相关费用、保险费。

出口货物的完税价格包括货物的货价、货物运至中华人民共和国境内输出地点装载前的运输及相关费用、保险费，但其中包含的出口关税税额，应当扣除。海关可以与进出口货物的收发货人进行价格磋商，但这种磋商不是海关与进出口货物的收发货人就完税价格进行讨价还价。

对进出境货物的价格申报不实，违反海关监管规定但不构成走私行为的，处货物等值以下或者应缴税款两倍以下的罚款。构成走私行为但不构成走私罪的，由海关没收走私货物、物品及违法所得，可以并处罚款。

（8）进口货物特许权使用费

特许权使用费，是指进出口货物的买方为获得使用专利、商标、专有技术、受著作权保护的作品和其他权利的许可而支付的费用。当特许权使用费是与进口货物有关，并且费用的支付是作为进口货物销售到中华人民共和国境内的一项条件时，该费用应计入进口货物的完税价格。为取得在境内使用复制进口货物的权利而支付的费用，或经海关审定属实且单独列明的技术培训及境外考察的费用则不应计入进口货物的完税价格。

涉及特许权使用费的货物进口时，收货人应全面、如实地向海关申报并交验有关单证，如有伪、瞒报嫌疑，经查实违反海关规定或构成走私的，海关将依照有关规定追究法律责任。

（9）按章纳税和纳税期限

进出口货物的收发货人或其代理人负有纳税义务。进出口货物的纳税义务人，应当自海关填发税款缴款书之日起 15 日内向指定银行缴纳其进出口货物的应付税款，船舶吨税的缴纳期限和关税相同。进口环节海关代征税的征收管理，适用关税征收管理的规定。进口货物应当按收货人或其代理人申报进口之日实施的税率征税。进口货物到达前经海关核准先行申报的，应当按照装载此项货物的运输工具申报进境之日实施的税率征税。

（10）货物查验

海关对需要查验的货物实施现场查验。进口货物的收货人、出口货物的发货人或其代理人应派员到现场协助查验，协助查验人员应出示有效证件并负责搬移货物，开拆和重封货物的包装；当海关对相关单证或货物有疑问时应负责解答。法律规定，当海关认为必要时可以径行开验、复验或者提取货样。查验结束后，申报人应在“查验记录单”上签名、确认。签名应真实有效；对海关查验过程与结果是否认同应如实填写。

对于不按照规定接受海关对进出境运输工具、货物、物品进行检查、查验的，可处以罚款；有违法所得的，没收违法所得。

（11）转关运输

货物转关运输包括进口转关和出口转关。货物进口后要求按转关货物在货物到达地海关报关的应符合以下条件：转关运输的指运地是企业的所在地，该企业进口货物由所在地海关办理征税；国家规定口岸进出口的商品不允许办理转关运输。

转关货物应当自运输工具申报进境之日起 14 天内向进境地海关办理转关手续；在海关限定期限内运抵指运地，并自运抵指运地海关之日起 14 日内，向指运地海关办理报关手续。逾期，海关按规定征收滞报金。

（12）知识产权

中国海关依法保护与进出境货物有关并受中华人民共和国法律、行政法规保护的知识产权，包括商标专用权、著作权和专利权。进出口货物的收发货人及其代理人应当按照海关的要求，向海关如实申报与进出口货物有关的知识产权状况，交验有关单证。知识产权权利人要求海关对其知识产权实施保护的，应当向海关总署备案，并在其认为必要时向海关提出采取保护措施的申请。

侵犯受中华人民共和国法律、行政法规保护的知识产权的货物，禁止进出口。违反法律规定进出口侵权货物的，由海关予以没收，并处以罚款；构成犯罪的，依法追究刑事责任。

（13）对海关监管货物的限定

海关依法监管的货物，任何企业、组织、个人未经海关许可，不得开拆、提取、交付、发运、调换、改装、抵押、质押、留置、转让、更换标记、移作他用或者进行其他处置；海关加封的封志，任何人不得擅自开启或者损毁；人民法院判决、裁定或者有关行政执法部门决定处理海关监管货物的，当事人有义务办结海关手续；经营海关监管货物仓储业务的企业，应当经海关注册，并按照海关规定，办理收存、交付手续；在海关监管区外存放海关监管货物，应该经海关同意并接受海关监管。

如违反上述规定，海关依法据情科处当事人货物等值以下或应缴税款两倍以下罚款，并补缴关税，办理有关海关手续。

（14）享受税收优惠进口货物的海关监管期限

船舶、飞机及建筑材料（包括钢材、木材、胶合板、人造板、玻璃等）为8年；机动车辆和家用电器为6年；机器设备和其他设备、材料等为5年。

3. 财务、单证、仓储管理规范

（1）财务账册规范管理的总体要求

进出口经营企业应根据《会计法》《企业会计准则》《企业财务通则》设置会计科目，进行会计核算，填制会计凭证，登记会计账簿，编制财务会计报告。企业的会计账簿必须真实、准确、完整记录和反映企业进出口货物的进口、出口、储存、加工使用、销售等情况。

（2）账簿设置

账簿设置主要包括：总账、明细账（主要有往来明细账、产品销售明细账、成本费用明细账、固定资产明细账）、银行存款日记账、现金日记账和会计凭证。

（3）会计记录

会计记录的文字应使用中文，经批准记账本位币使用外币的企业，应提供账册的中文版本。

实行由计算机全部或部分替代手工记账的单位，所采用或开发的会计核算软件及有关管理制度必须符合国家财政部门的规定，其会计核算账簿、报表应以计算机打印的书面形式并按照会计档案管理的有关规定保存。

（4）科目设置

企业应按照《会计法》相关规定设置会计一级科目。同时为实现海关稽查效能，更好地规范企业进出口经营行为，进出口经营企业应根据海关监管特点，对进口货物的购进、储存、生产、销售、外发加工等情况，以及国内料件、半成品、成品等的购入、储存、加工、销售，应分别设置明细科目。

（5）保税料件的加工入账

进出口企业经营保税料件的外发加工、深加工结转业务时，转出企业及转入企业均应根据相应记账方法作出会计处理，对于重新入库的边角（废）料应按照进口料件（一般贸易、加工贸易）和国内采购料件分别入账。

（6）仓储专人管理制

根据海关监管要求，加工贸易企业、保税物流企业应健全、规范仓储的管理，设置仓管人员的岗位责任制，明确人员的职责分工及交接办法，指定专人负责管理进出口货物及国内采购货物的入仓、出仓、加工、使用、库存等各环节，建立完整的出入库单及交接制度，指定专人负责进出仓单、月汇总表、账册等资料管理，并按规定存档保管。

（7）料件存放管理

有关企业应按海关备案时的计量单位和品种分门别类存放一般贸易项下进口料件、保税进口料件和国内购买料件及其成品（半成品），并实行分开管理，同一仓库存放上述物料时要设置鲜明的标志，防止串料使用。

对于进口原料、半成品、次品、废料和成品要区别存放，并贴上标签，列明品名、规格、重（数）量和物料结转的厂家名称，以备海关核查。保税料件如在仓储生产过程中发生损失、短少、灭失等情况，应及时向海关报告。

（8）仓库库存账的设置

仓库应建立符合海关监管要求的仓库库存账，设置完备的账簿及单证，真实、准确、完整地记录仓储货物进出，做到账货相符，包括建立进口原材料、成品（用于出口）、国内购料、委托加工、外发加工、边角（废）料、残次品、成品（国内销售）等各类库存账。上述账册数据应来源于入库单、出库单、送货单、领料单、生产通知单（制单、订单）等原始凭单，并保持账单相符、账货相符。与入出库记录有关的单证，企业在印制时须多制一份海关联或存根联，并按月装订、存放，以备海关核查。

（9）账簿及相关单证管理

企业应依照有关法律、行政法规规定，保管会计账簿、会计凭证、会计报表和其他会计资料，并将与进出口业务有关的资料（包括报关单、合同、发票、协议、运输单据、函电、许可证、批件、结汇单等）纳入会计档案管理，健全管理制度，指定专人负责妥善保存，并保证报关资料的真实性、准确性和合法性。

银行存款与现金日记账保管 25 年；仓库库存账，包括原材料账，产成品账，生产设备账，委托加工账，边角料、残次品账，入库单，出库单，送货单，退货单，生产通知单（制单、订单）等，保管 15 年；反映资金来往等情况的其他有关账册，保管15年；进出口货物所涉及的进出口报关单证、税单、往来业务函电、协议、运输单据、发票、合同等与进出口业务直接有关的资料，应当自进出口货物放行之日起，保管3年；保税货物项下的进出口报关单、手册、往来业务函电、协议、运输单据、发票、合同等相关单证，需至办结海关核销手续后，保管3年；减免税货物项下的进出口报关单、减免税批件、往来业务函电、协议、运输单据、发票、合同等业务资料，需至海关办理解除监管手续后，保管3年。

进出口企业未按照规定编制或者保管报关单证、进出口单证、合同以及与进出口业务直接有关的其他资料的，由海关责令限期改正，逾期不改正的，处1万元以上5万元以下的罚款；情节严重的，撤销其报关注册登记；对负有直接责任的主管人员和其他直接责任人员处1000元以上5000元以下的罚款。

进出口企业未按照规定设置或者编制账簿，转移、隐匿、篡改、毁弃账簿的，依照《会计法》的有关规定追究法律责任。

## 二、税收筹划

顺利开展关务筹划的关键是运用各种不同的节税技术。节税技术是指合法、合理地使纳税人缴纳尽量少的税收的技术手段与运作技巧。在关务筹划理论研究与实践运作的基础上，可以把关务筹划中广泛采用的节税技术归纳为六种：免税技术、减税技术、税率差异技术、抵免技术、延期纳税技术和退税技术。这六种节税技术，可以单独运用，也可以联合运用。但是，如果采用两种或两种以上的节税技术，必须要注意各种节税技术之间的相互影响和相互关系。

### （一）免税技术

#### 1. 免税的概念

免税是国家对特定的地区、行业、企业、项目或情况（特定的纳税人或纳税人的特定应税项目，或由于纳税人的特殊情况）所给予纳税人完全免征税收的优惠或奖励措施。

免税可以是国家的一种税收优惠方式，也可以是国家出于其政策需要的一种税收奖励方式，它是贯彻国家政策的经济手段。比如，我国对于某些遭受严重自然灾害地区的农业生产在一定时期给予免税，就是属于国家帮助那些地区恢复生产的税收照顾。又如，我国对满足条件的内外资软件开发企业给予期限免税待遇等，是属于国家出于政策需要的税收奖励。这种税收也可称之为税收优惠、税收鼓励、税收刺激或税收激励。

各国税法里的免税优惠政策随处可见，是各国税收制度的一个重要组成部分，是采用免税技术合法筹划节税的法律渊源。

2. 关务筹划的免税技术

（1）免税技术的概念

免税技术是指在合法和合理的情况下，使纳税人成为免税人，或使纳税人从事免税活动，或使征税对象成为免税对象，从而免纳税负的关务筹划技术。免税人包括自然人、免税公司、免税机构等。

一般来说，税收是不可避免的，每个人都要缴纳税收，但是纳税人可以成为免征（纳）税收的纳税人——免税人。比如，CEPA 项下原产香港、澳门特定项目下的商品免税，那么进口上述商品的进口商相应享受免税待遇。关务筹划通过合法和合理地利用免税规定，可以节减税收。

尽管免税实质上都相当于财政补贴，但各国一般有两类不同目的的免税：一类是属于税收照顾性质的免税，它们对纳税人来说只是一种财务利益的补偿；另一类是属于税收奖励性质的免税，它们对纳税人来说则是财务利益的取得。照顾性免税往往是在非常情况或非常条件下才取得的，而且一般只是弥补损失，所以，关务筹划不能利用其来达到节税目的，只有取得国家奖励性免税才能达到节税的目的。

（2）免税技术的特点

免税技术具有以下特点：免税技术运用的是绝对节税原理，直接免除纳税人的税收绝对额，属于绝对节税型关务筹划技术。免税技术简单易行，一般不需要利用数理、统计、财务管理等专业知识进行筹划，也无须通过复杂的计算，甚至不用计算、不用比较，就能知道是否可以节减税收，技术非常简单直观。免税是对特定纳税人、征税对象及情况的减免，比如必须从事特定的行业，在特定的地区经营，要满足特定的条件等，而这些不是每个纳税人都能或都愿意做到的，因此，免税技术往往不能普遍运用，适用范围狭窄。免税技术具有一定风险性，在能够运用免税技术的企业投资、经营活动中，往往有一些是被认为投资收益率低或风险高的地区、行业和项目，比如，投资高科技企业可以得到免税待遇，还可能得到超过社会平均水平的投资收益率，但风险极高，非常有可能因种种原因而导致投资失败，使免税优惠变得毫无意义。

（3）免税技术的要点

在免税技术手段运用过程中，在合法和合理的情况下，尽量争取免税待遇，争取尽可能多的项目获得免税待遇。与缴纳税收相比，免征的税收就是节减的税收，免征的税收越多，节减的税收就越多。

（二）减税技术

1. 减税的概念

减税是国家对特定的地区、行业、企业、项目或情况（特定的纳税人或纳税人的特定应税项目，或由于纳税人的特殊情况）所给予纳税人减征部分税收的优惠或奖励措施。减税也是国家对特定纳税人的税收照顾措施，或出于政策需要对特定纳税人的税收奖励措施。与免税一样，减税也是贯彻国家政策的经济手段。比如，我国对遭受风、火、水、震等自然灾害的企业在一定时期给予减税待遇，就是属于税收照顾性质的减税。又如，我国对符合规定的从事第三产业的企业、以“三废”原料为主要材料进行再循环生产的企业等给予减税待遇，就是国家为了实现其技术、产业和环保等政策所给予企业税收鼓励性质的减税。

在各国税法里，减税鼓励规定也随处可见，它是各国税收制度的组成部分，是采用减税技术筹划节税的法律依据。

2. 关务筹划的减税技术

（1）减税技术的概念

减税技术指在合法和合理的情况下，使纳税人减少应纳税额而直接节税的关务筹划技术。与缴纳全额税收相比，减征的税收越多，节减的税收也越多。

一般而言，减税实质上也相当于财政补贴，各国也有两类不同目的的减税：一类是出于税收照顾目的的减税，比如，国家对遭受自然灾害地区的企业、残疾人企业等的减税，是一种税收照顾，是国家对纳税人由于各种不可抗力造成的财务损失进行的财务补偿；另一类是出于税收奖励目的的减税，比如，对产品出口企业、高科技企业、再循环生产企业等的减税，是一种税收奖励，是对纳税人贯彻国家政策的财务奖励。关务筹划的减税技术主要是合法和合理地利用国家奖励性减税政策而节减税收的技术。

（2）减税技术的特点

减税技术具有以下特点：减税技术运用的是绝对节税原理，直接减少纳税人的税收绝对额，属于绝对节税型关务筹划技术。减税技术简单易行，无须利用数理、统计等专业知识进行筹划，只要通过简单的计算就能大致知道可以节减多少税收，技术简便。减税也是针对特定的纳税人、征税对象及情况，而这些不是每个纳税人在大多数情况下都能够满足的，因此，减税技术也是一种不能普遍运用、适用范围狭窄的关务筹划技术。减税技术具有一定的风险性，能够运用减税技术的企业投资、经营活动，往往有一些被认为是投资收益率低和风险高的地区、行业和项目，从事这类投资、经营活动具有一定的风险性，比如，投资利用“三废”进行再循环生产的企业就有一定的风险性，其投资收益难以预测。

（3）减税技术的要点

一是尽量争取减税待遇并使减税最大化。在合法和合理的情况下，尽量争取减税待遇，争取尽可能多的税种获得减税待遇，争取减征更多的税收。与缴纳税收相比，减征的税收就是节减的税收，获得减征待遇的税种越多，减征的税收越多，节减的税收也越多。

二是尽量使减税期最长化。在合法和合理的情况下，尽量使减税期最长化。减税期越长，节减的税收越多。与按正常税率缴纳税收相比，减征的税收就是节减的税收，而使减税期最长化则能使节减的税收最大化。

（三）税率差异技术

1. 税率差异的概念

税率差异是指性质相同或相似的税种适用税率的不同。税率差异主要是出于财政、经济政策原因，比如，一个国家对不同企业组织形式规定不同的税率，对不同地区的纳税人规定不同的税率，因而存在所有制形式和地区间的税率差异。

税率差异是普遍存在的客观现象。一个国家的税率差异，往往是要鼓励某种经济、某些类型企业、某些行业、某类地区的存在和发展，它体现国家的税收鼓励政策。税率差异技术主要是利用体现国家经济政策的税率差异。

2. 关务筹划的税率差异技术

（1）税率差异技术的概念

税率差异技术是指在合法、合理的情况下，利用税率的差异而直接节减税收支出的关务筹划技术。与按高税率缴纳税收相比，按低税率少缴纳的税收就是节税。

因为税率差异是普遍存在的情况，只要不是出于避税目的，而是出于真正的商业理由，在开放经济下，一个企业完全可以根据国家有关法律和政策决定自己企业的组织形式、投资规模和投资方向等，利用税率差异降低税负。同样道理，一个自然人也可以选择投资规模、投资方向和居住地等，利用税率差异减少纳税。

（2）税率差异技术的特点

税率差异技术运用的是绝对节税原理，可以直接减少纳税人的税收绝对额，属于绝对节税型关务筹划技术。采用税率差异技术节税不仅受税率差异的影响，有时还受税基差异的影响。税基的计算很复杂，计算出结果后还要按一定的方法进行比较，才能大致知道可以节减多少税收，所以，税率差异技术较为复杂。税率差异技术是一种能普遍运用、适用范围较大的关务筹划技术。税率差异是客观存在的，而且在一定时期内是相对稳定的，因此税率差异技术具有相对的确定性。

（3）税率差异技术的要点

一是尽量寻求税率最低化。在合法和合理的情况下，尽量寻求适用税率的最低化。在其他条件相同的情况下，按高低不同税率缴纳的税额是不同的，它们之间的差异，就是节减的税收。寻求适用税率的最低化，可以达到节税的最大化。

二是尽量寻求税率差异的稳定性和长期性。税率差异具有一定的确定性，只是相对而言，税率差异中还有相对更稳定的。比如，政局稳定的国家的税率差异就比政局动荡的国家的税率差异更具稳定性，政策制度稳健的国家的税率差异就比政策制度多变的国家的税率差异更具长期性。在合法和合理的情况下，应尽量寻求税率差异的稳定性和长期性。

（四）税收抵免技术

1. 税收抵免的概念

税收抵免是指从应纳税额中扣除税收抵免额。在征税机关方面，纳税人的应纳税额是征税机关的债权，表示在借方；纳税人的已纳税额是纳税人已支付的债务，表示在贷方。税收抵免额的原意是纳税人的贷方税额——纳税人的已纳税额，税收抵免的原意是纳税人在汇算清缴时可以用其贷方已纳税额冲减其借方应纳税额。

关务筹划抵免技术涉及的税收抵免，主要是利用国家为贯彻政策而制定的税收优惠性或奖励性抵免和基本扣除性抵免。很多国家，包括我国，都规定了税收优惠性抵免，包括诸如投资抵免、研究开发抵免等。

2. 关务筹划的税收抵免技术

（1）抵免技术的概念

抵免技术是指在合法和合理的情况下，使税收抵免额增加而绝对节税的关务筹划技术。税收抵免额越大，冲抵应纳税额的数额就越大，应纳税额就越小，从而节税额就越大。

（2）抵免技术的特点

抵免技术运用的是绝对节税原理，直接减少纳税人的税收绝对额，属于绝对节税型关务筹划技术。尽管有些税收抵免与扣除有相似之处，但总的来说，各国规定的税收优惠性或基本扣除性抵免一般种类有限，计算也不会很复杂，因此抵免技术较为简单。抵免普遍适用于所有纳税人，不是只适用于某些特定纳税人，因此，抵免技术适用范围较大。抵免在一定时期内相对稳定、风险较小，因此采用抵免技术进行关务筹划具有相对的稳定性。

（3）抵免技术的要点

一是抵免项目最多化。在合法和合理的情况下，尽量争取更多的抵免项目。在其他条件相同的情况下，抵免的项目越多，冲抵应纳税额的项目也越多；冲抵应纳税额的项目越多，应纳税额就越少，因而节税就越多。使抵免项目最多化，可以达到节税的最大化。

二是抵免金额最大化。在合法和合理的情况下，尽量使各抵免项目的抵免金额最大化。在其他条件相同的情况下，抵免的金额越大，冲抵应纳税额的金额就越大；冲抵应纳税额的金额越大，应纳税额就越小，因而节减的税收就越多。

（五）延期纳税技术

1. 延期纳税的概念

延期纳税是指延缓一定时期后再缴纳税收。狭义的延期纳税专门指纳税人按照国家有关延期纳税规定进行的延期纳税；广义的延期纳税还包括纳税人按照国家其他规定可以达到延期纳税目的的财务安排和纳税计划，比如，按照折旧政策、存货计价政策等规定来达到延期纳税的财务安排。政府制定延期纳税规定主要有以下原因：

一是避免先征后退，节约征税成本。比如，我国规定，境外进入免税区的货物，除国家另有规定外，免征增值税和消费税；以后如果免税进入保税区的货物运往非保税区，这时再照章征收增值税和消费税；以后如果保税区生产的产品运往境外，除国家另有规定外，免征增值税和消费税。这个规定就其性质来说，是一种延期纳税。

二是鼓励和促进投资。比如，有些国家允许只要国外子公司的利润留在国外继续投资经营，不汇回国内，就可以一直延缓至汇回国内时再纳税。因此，延期纳税也属于国家财税政策的一部分。

2. 关务筹划的延期纳税技术

（1）延期纳税技术的概念

延期纳税技术是指在合法和合理的情况下，使纳税人延期纳税而相对节税的关务筹划技术。纳税人延期缴纳本期税收并不能减少纳税人纳税绝对总额，但等于得到一笔无息贷款，可以增加纳税人本期的现金流量，使纳税人在本期有更多的资金扩大流动资本，用于资本投资；如果存在通货膨胀和货币贬值，延期纳税还可以更有利于企业获得财务收益。

（2）延期纳税技术的特点

延期纳税技术运用的是相对节税原理，一定时期的纳税绝对额并没有减少，而是利用货币时间价值节减税收，属于相对节税型关务筹划技术。大多数延期纳税涉及财务制度各个方面的许多规定和其他一些技术，并涉及财务管理的许多方面，需要有一定的数学、统计和财务管理知识，各种延期纳税节税方案要通过较为复杂的财务计算才能进行比较、决策，技术较为复杂。延期纳税技术是可以利用税法延期纳税规定、会计政策与方法的选择，以及其他规定进行节税的关务筹划技术，几乎适用于所有纳税人，适用范围较大。延期纳税主要是利用财务原理，而不是某些相对来说风险较大、容易变化的政策，因此，延期纳税节税技术具有相对确定性。

（3）延期纳税技术的要点

一是延期纳税项目最多化。在合法和合理的情况下，尽量争取更多的项目延期纳税。在其他条件包括一定时期纳税总额相同的情况下，延期纳税的项目越多，本期缴纳的税收就越少，现金流量也就越大，相对节减的税收就越多。使延期纳税项目最多化，可以达到节税的最大化。

二是延长期最长化。在合法和合理的情况下，尽量争取纳税延长期最长化。在其他条件包括一定时期纳税总额相同的情况下，纳税延长期越长，由延期纳税增加的现金流量所产生的收益也将越多，因而相对节减的税收也越多。使纳税延长期最长化，可以达到节税的最大化。

（六）退税技术

1. 退税的概念

退税是税务机关按规定对纳税人已纳税款的退还。退税技术涉及的退税主要是让税务机关退还纳税人符合国家退税奖励条件的已纳税款。税务机关向纳税人退税的情况一般有：税务机关误征或多征的税款，如税务机关不应征收或错误多征的税款；纳税人多缴纳的税款；零税率商品已纳入国内流转税的税款；符合国家退税奖励条件的已纳税款。

2. 关务筹划的退税技术

（1）退税技术的概念

退税技术是指在合法和合理的情况下，使税务机关退还纳税人已纳税款而直接节税的关务筹划技术。在已缴纳税款的情况下，退税无疑是对已纳税款的偿还，所退税额越大，相当于节税额越大。

（2）退税技术的特点

退税技术运用的是绝对节税原理，直接减少纳税人的税收绝对额，属于绝对节税型关务筹划技术。退税技术节减的税收一般通过简单的退税公式就能计算出来，有一些国家同时还给出了简化的算式，更简化了节减税收的计算，因此退税技术较为简单。退税一般只适用于某些特定行为的纳税人，因此，退税技术适用的范围较小。国家之所以用退税鼓励某种特定行为如投资，往往是因为这种行为有一定的风险性，所以采用退税技术的关务筹划具有一定的风险性。

（3）退税技术的要点

一是尽量争取退税项目最多化。在合法和合理的情况下，尽量争取更多的退税待遇。在其他条件相同的情况下，退税的项目越多，退还的已纳税额就越多，因而节减的税收就越多。使退税项目最多化，可以达到节税的最大化。

二是尽量使退税额最大化。在合法和合理的情况下，尽量使各退税额最大化。在其他条件相同的情况下，退税额越大，节减的税收就越多。

**案例 4**

## 误征消费税的退还

某跨境电商企业申报进口面膜，规格为 10 片 / 盒，每盒申报单价 100 元，第一数量申报 100 盒，单价 100 元，第二数量申报为 100 件。根据进口环节消费税有关规定，国家对完税价格在 10 元 / 毫升（克）或 15 元 / 片（张）及以上的美容修饰类化妆品、护肤类化妆品，在进口环节征收消费税，该税收政策同样适用跨境电商零售进口商品，按照企业申报第二数量计算，该面膜单价为 100 元 / 件，达到消费税计征标准，需征收进口环节消费税。

按照规范申报，包装规格为“片”或“张”的化妆品的第二数量单位为件，此处的“件”理解为“商品不可分割的最小单位”，本案中 10 片 / 盒面膜，应申报第二数量为 1000 件。因此，由于第二申报数量错误，该面膜单价应扩大 10 倍，达到消费税计征标准，需要缴纳进口环节消费税。

根据《关税条例》规定，纳税义务人发现多缴纳税款的，自缴纳税款之日起 1 年内，可以以书面形式要求海关退还多缴的税款。

## 三、内部控制

内部控制是指从加强内部管理的角度降低关务风险，本节重点对过程控制和事后控制进行阐述。

### （一）过程管理和控制

1. 对关务信息的管理和控制

（1）对报关信息和单证的管理和控制

关务管理最为核心的职责就是向政府部门申报真实的进出口信息，在报关前需要从其他部门或者企业内部 ERP 系统获取真实的、完整的数据，数据不完整、不真实会导致申报不实。

为了保证申报信息的完整性和真实性，以及资料的安全性，应该有以下控制点：

①供应商的发票和装箱单，而不是自制的发票，单证应包括价格、商品描述、原产地、交易条件等资料。

②运费、保险费、佣金等费用的支付凭证或者合同。

③从财务部门取得特许权支付的资料，自我或专家评估后向海关申请预先认定，根据海关认定的分摊方案，确定本批货物所需分摊的特许权使用费。

④从财务部门取得关联交易的信息，如果是关联交易，协调各部门或聘请专家评估关联交易是否影响进口商品价格，制作和提交关联交易说明书。

⑤进口货物由供应商提供重量和数量数据，出口货物由仓库提供重量和数量数据。

⑥其他资料。

提交给不同政府部门的数据和单证应该一致，如有更改，应该向有关部门报告。如果由第三方向海关申报，需要准备委托书，与第三方应该有合同或者协议，明确信息和资料的真实申报权利和义务。为了保证报关与支持单证之间的一致性，可以在报关单的“备注”栏目上增加随附单证的编码，这既有利于当时的申报，也有利于以后的复核。提交给海关的资料，需要保留企业留存联或者复印件，且确认海关联与留存联一致。

（2）报关部门与企业内部其他部门的联系配合

通关是销售和购买交易中的重要环节，只有将通关和关务的控制和管理放在整个购销交易中进行处理，为整个供应链服务，才能使关务为企业提供最大的增值服务。

下面以一般企业的销售和出口流程为例，讲解报关部门与其他部门的联系配合。出口流程主要包括：报价、订货、备货、包装、通关手续、装船、运输保险、准备提单、结汇及外汇核销、出口退税手续等。流程中各个环节由企业中不同部门承担，各个部门之间的信息和沟通应该非常紧密。通关手续是出口流程中最重要的环节之一，通关不仅仅是到口岸才开始的，而是始于出口合同确认后，终于收汇和退税手续。只有在订货环节就得到相应的信息，才有足够的时间办理通关手续。

出口流程中的关务处理列表见表 4–1。

**表 4–1 出口流程中的关务处理列表**

| 流程 | 描述 | 承办部门 |
|---|---|---|
| 报价 | 在国际贸易中一般是由产品的询价、报价作为贸易的开始。比较常用的报价有“船上交货价（FOB）”“成本加运费（CNF/CFR）”“CIF 成本、保险费加运费”等形式 | 销售部门 |
| 订货（签约） | 贸易双方就报价达成意向后，买方企业正式订货并就一些相关事项与卖方企业进行协商，双方协商认可后，需要签订购货合同 | 销售部门 |
| 备货 | 生产企业向车间下生产单生产货物，如果是加工贸易，要根据成品所需要的物料调整单耗和增加备案料件。如果是贸易企业，则为向第三方购买货物 | 设计部门、生产部门、采购部门和仓库 |
| 包装 | 根据货物的不同，选择不同的包装形式（如纸箱、木箱、编织袋等），检查货物的包装和唛头（运输标志）使之符合信用证的规定 | 设计部门、生产部门、采购部门 |

表 4–1 续

| 流程 | 描述 | 承办部门 |
| --- | --- | --- |
| 通关手续 | 通关手续极其重要，如不能顺利通关则无法完成交易。报关部门应该在接到订单后，确认商品编码，同时确认是否需要办理检验检疫手续和许可证件申请手续。同时准备合同、发票、装箱单、报关委托书、出口结汇核销单、出口货物合同副本、出口商品检验证书、其他出口许可证件等文本去海关办理通关手续 | 报关部门<br>从签约订货后开始介入，至出口退税阶段完成 |
| 装船 / 保险 / 准备提单 | 根据货物的多少和合同要求决定装船方式，可选择：整装集装箱、拼装集装箱。<br>提单是出口商办理完出口通关手续、海关放行后，由外运公司签出供进口商提货、结汇所用单据。所签提单根据信用证所提要求份数签发，一般是三份。出口商留二份，办理退税等业务，一份寄给进口商用来办理提货等手续。出口商将正本提单、箱单、发票寄给进口商办理进口手续 | 物流部门和报关部门 |
| 结汇和外汇核销 | 出口货物装出之后，进出口公司即应按照信用证的规定，正确缮制合同、发票、装箱单、提单、出口产地证明、出口结汇等单据。在信用证规定的交单有效期内，递交银行办理议付结汇手续和外汇核销手续 | 财务部门和报关部门 |
| 出口退税手续 | 准备相关资料向税局办理出口退税手续 | 财务部门和报关部门 |

（3）对报关后的资料的管理和控制

报关后，应该将资料分发其他部门，归档保存。报关资料是办理会计处理、出口退税和外汇核销的必备资料，因此，应该建立资料交接的控制制度和控制表，具体如下：

①海关完税凭证、报关单外汇核销联、报关单退税联应该在取得当天或者第二天提交给财务部门。交接后双方在签收表上签字。

②加工贸易手册、进料加工进口报关单（出口退税免税证明）、手册核销申请表等资料应该在取得当天或者第二天提交给财务部门。

③建立单证交接登记台账。

海关单证交接记录表（样表）见表 4–2。

表 4-2 海关单证交接记录表（样表）

| 序号 | 单证种类 | 单证编号 | 海关取得日期 | 提交日期 | 接受人 | 提交人 |
|---|---|---|---|---|---|---|
| | | | | | | |

④编制单证交接月度统计表，由关务管理人员和财务部门的管理人员进行填制。

海关单证交接月度统计表（样表）见表 4-3。

表 4-3 海关单证交接月度统计表（样表）

| 序号 | 单证种类 | 本期报关数 | 本期应提供单证份数 | 本期提供单证份数 | 备注 |
|---|---|---|---|---|---|
| | | | | | |

管理规范的公司往往会采用关务管理系统或者内部管理系统，一般中小企业也应制作报关记录表册，这些系统或表格既可以为保存和分析报关信息所用，也可以控制保税手册平衡。报关部门，应该在取得资料后的当天将所有报关记录录入系统。如果是通过记录表的方式记录，应该将更新的记录表提供给关务部门的管理层。

纸质资料是报关、复核的重要资料。海关规定进出口报关单、协议、合同、发票、保险单据、运输单据、进出口收付汇核销单、往来函电、许可证、批件、结汇单、手册复印件及其核销结案表、其他与进出口业务直接有关的单证资料等应当自进出口货物放行之日起保管三年，保税进出口货物、减免税进口货物应当自办结海关手续之日起保管三年。《海关稽查条例》第七条规定：与进出口活动直接有关的企业、单位应当依照有关法律、行政法规规定的保管期限，保管会计账簿、会计凭证、会计报表和其他会计资料。报关单证、进出口单证、合同以及与进出口业务直接有关的其他资料，应当自进出口货物放行之日起保管 3 年。

此外，文件和单证的归档应该注意以下几点：适当的分类方法，比如按照业务类型区分并建立相应的文档，分为一般贸易、减免税、保税货物、海关稽查和检查、其他特殊事项等；以报关单为索引排序，所有的单证都与相应的报关单对应；在每个文档上设立清单，记录该文档所有资料；文档保存在固定的文件柜内，而不是具体办事人员的办公桌里面，减少因经办人调离岗位或离开公司后随身带走文档，或造成文档缺失；关务管理人员或其他管理人员定期检查文档的完整性；公司内部其他部门的人经批准后可以查阅报关文档。超过一定期限的资料，如三个月，归入公司公共文档柜。

目前绝大多数企业都已经运用了计算机信息管理系统，如企业资源计划ERP、物资需求计划（material requirement planning，MRP）等，如果能够将贸易和关务的合规性要求直接反映在系统设计中，或者从系统中直接提取海关申报数据和申报报表，将极大减少手工作业中可能产生的错误，以及依靠人工判断产生的差错。

2. 对人的管理和控制

在关务管理中，人的因素是最重要的，这里指的人是指管理层、各协作部门以及关务部门的报关人员。其中最关键的一个环节是对报关人员的管理，即使将报关业务委托给专业报关企业，实际上并不能免除自身对关务组织和人员的管理。

（1）关务部门的组织设置

根据对目前中国关务管理组织机构的调研，关务管理的部门主要有以下几种类型：

①独立的关务组织；

②物流部门负责关务管理；

③财务部门负责关务管理；

④关务分散管理，如物料部门或者采购部门管理进口关务，销售部门管理出口关务，将关务管理分散于各个部门。

笔者据不完全样本的调研，42% 的公司的关务管理通过物流部来管理，19% 通过财务部，15% 通过供应链管理部门，11% 通过运营部，7% 通过税务部。对关务的管理模式，没有好与坏之分，采取什么样的关务管理模式取决于公司进出口业务、关务的复杂程度，公司的组织机构模式和人力资源等。

（2）报关人员的管理

企业对报关人员的管理包括以下几部分。

①聘用。聘用的报关人员，包括质和量两方面。对于合格的人员，不同的公司有不同的定义，这基本上由公司文化决定，有的公司偏好招聘有经验、有资质

的报关人员，有的公司偏好招聘基本素质较好的新人进行内部培养。报关人员的数量，也视组织结构、组织职能而定，有些公司将关务分散到较大的物流部门中，由物流部门和其他部门根据关务需要提供报关所需资料和单证，所需的报关人员数量就偏少；有些公司建立专门的关务部门，所有文档均由该部门准备，所需的报关人员数量就偏多。但是，确定聘用人数时，要保证关务部门有足够的人数实施职能分离和分级授权等内部控制制度。

②培训。后续教育和培训既可以提高报关人员的业务能力和水平，又是一种激励措施。培训可以利用内部资源，如内部业务培训、员工发展计划、员工之间的知识和经验分享，根据其职业发展规划进行轮岗和换岗；也可以利用外部资源，如参与海关和行业协会的培训、外部机构的培训。对报关人员的培训，要有利于其在企业的长远发展。

③管理。对报关人员的管理是内部控制制度的组成部分，这包括：税费计算、单证准备、单证复核、外勤报关、费用支付、资料保管等职能分离；公章保管与报关人员分离；作业复核和事后稽核制度；费用支出需要凭证支持；空白报关单证和加工贸易手册由报关人员以外的专人保管。

④考核。设置合理的考核指标作为评估和考核的依据，其中至少要包括两方面的指标：一是合规性指标，如报关差错率、关务风险指标；二是效率性指标，如通关效率等。

⑤薪金和晋级。报关人员流动性大，企业难以予以有力的约束。企业薪酬制度和晋级制度是在考核的基础上，将优秀的报关人员逐级提升到管理层，而不要把报关人员终生固定在报关的位置上，可以通过交叉培训、轮岗和扩大管理范围等方法，增加报关人员的管理职能和技能。另外，企业可以对报关人员实行分级管理，即根据报关人员从业时间长短、递单差错率高低、个人诚信度好坏及守法违法情况等，比照企业内部从业人员和管理人员的级别评定方法，结合定期考核与审查，将报关人员分为初级、中级、高级三个系列。

3. 对第三方的管理和控制

（1）对报关企业和进出口公司的管理和控制

报关企业和进出口公司等都是专业的口岸报关机构，利用其专业服务可以提高自身的通关效率和降低成本。对这些第三方服务提供商的有效控制和管理，是保证其发挥专业优势、降低双方的法规风险的关键。对第三方的管理，大致就是三方面：一是选择合格的供应商，二是执业过程中的监督和控制，三是事后的考评和评估。

企业挑选报关企业除了费用，还应该从以下几个方面加以考虑：

①报关企业的运营模式是否合规。报关企业在某一个口岸或者地区大多具有一定的市场优势，他们之间的竞争并不完全是按照业务水平、管理能力和优质服务能力来吸引客户，有些会假借其与海关有特殊关系来引诱，甚至强迫企业选择他们的服务。一旦委托这些不良报关企业，其服务质量就可想而知，潜在风险也非常高。作为进出口企业来说，应坚持经过评估后主动选择，这样才能保证得到合规的服务。

②评估报关企业是否拥有为本企业所从事的行业的清关知识及经验。例如，报关企业是否直接经办过本企业所从事行业的货物分类工作；如果本企业的产品需要特别的文件，报关企业是否能够代为办理这些文件；报关企业与仓储、运输以及其他与物流服务相关的公司的业务关系如何；报关企业处理多个港口业务的能力如何；负责客户工作的员工的工作素质如何；报关企业能否提供情况类似的进口商的成功范例等。

③评估报关企业在其内部业务、员工表现和客户联络方面的能力和表现。例如，有无处理报关业务的政策与实务手册；如何处理报关记录要求；是否给每位客户配备了一名以上的报关人员；如果在清关过程中进口商缺少关键性的进关文件，会按什么样的规则处理；以及其在做决定时是否询问更多的信息，还是只根据现有文件就作出决定等。

④评估报关企业的员工素质。毕竟最后打交道的人是直接从业的报关人员，他们的素质决定报关的质量。例如，在培训员工时有哪些内容是与海关事务相关的，谁提供的培训，时间表是怎样的；是否接受过海关稽查，如果接受过，结果如何；是否接受过处罚，如果接受过，违反的是什么类型的规定等。最后，提醒那些初次寻找报关企业的公司，大多数大型港口和城市的报关企业都属于某个报关协会，这些专业协会为寻找合作的报关服务提供了得天独厚的资源。

⑤评估报关企业与海关和口岸部门的关系是否顺畅、稳定。

⑥与报关企业签订明确的合同或协议。大型公司一般会采用自己对服务供应

商的标准合同，规范的报关企业也有自己定式的协议。不管哪一种方式，都应该重点明确双方在资料准备、信息真实性和完整性方面的责任和义务，以及进出口货物收发货人与报关企业衔接的流程和方式，因为这些是最容易出错的地方，也直接关系到信息审核责任。尤其是报关企业承担的是对资料“合理性审查”的责任，进出口收货人承担“如实申报”的责任，报关企业和进出口收发货人之间的关系较为复杂，容易发生权责归属上的争议。

（2）对供应商、客户和承运商的管理和控制

从关务管理的角度来说，供应商应该及时提供商品信息和交易信息，承运商应该及时提供商品的提单、运单和装运的时间、地点等信息，客户应该确认装运时间、地点和单证需求等信息，因此管理的重点就是保证这些参与方沟通通畅、信息完整和准确。

①物流部门和采购部门应该从关务部门获知报关所需要的相关单证，关务部门提供报关单证和信息清单，由物流部门、采购部门和销售部门向供货商、承运商或者客户确认所需要的单证和信息。

②报关前的单证复核。在报关前，报关部门对从供应商、承运商、企业内部物流部门和采购部门获取的信息进行交叉核对和最后确认，必要时，在向海关申报前进行验货。如果有错误，及时与供应商联系，作出退单或者更改处理。

③明确供货商、客户和承运商提供报关信息的责任。对物料供应商和承运商实施严格的管理措施，在相关的合约中明确规定，一旦发生因对方提供资料的申报错误和海关处罚，将根据事故等级分别给予警告或取消供货、承运资格等处理。

4. 与监管部门的沟通

与海关等监管部门沟通是重要的控制方式，对管理人员和关务人员来说，与海关沟通的主要目的是增进相互了解，企业管理人员对海关政策和要求的了解，对申报状态的了解，其实也是海关对企业的商业背景和交易情况的了解。但是，在实践中，并不是所有的管理人员都会利用这一渠道进行控制，与海关的沟通处理并不恰当，致使已有的风险不能得到控制，甚至还会产生新的问题。

（1）不当的“过度”沟通

某些企业的关务和管理人员与海关沟通的目的并不是着眼于对双方状态的了解，而是为了使自己或企业获得不恰当的好处，因此试图通过不当手段与少数海

关关员建立亲密关系，这可能会给企业带来一时的好处和便利，但是最终将会给企业带来灭顶之灾。

（2）不敢沟通

某些企业的管理人员或者关务人员对海关采取回避态度，尽量减少与海关接触，希望企业成为海关关员眼中的“玻璃人”。他们希望获得便利通关，但是不想获得海关的关注。其原因主要有：

①过去或者现在操作中存在一些不规范的地方，他们不想让这些不规范行为暴露在海关监管之下。

②企业或者集团的某些交易存在避税嫌疑，或者存在灰色地带，不想让海关对自己的交易模式了解过多。

③有一些法律、法规在执行中存在不一致的情形，企业不想正面与海关讨论这些法规及其执行情况。

④害怕与海关的沟通中引起海关的注意，招致海关稽查。

有些不法分子，利用企业不敢与海关沟通的弱点，利用海关名义或者假借其与海关有关系，向企业行骗或者勒索钱财。或者，报关人员捏造海关特殊要求向企业报销不当费用，或者虚假申报。

（3）正当的沟通

作为合法经营的企业，应该勇于向海关等口岸部门报告自己的实际经营和交易情况，从企业高层、中层到操作层面都与海关建立良性的沟通通道。这不仅有利于通关事务的正常开展，而且能够有效处理通关申报过程中的异常和突发情况，加强内部控制，减少报关人员个人借公司名义进行违规操作。

同时，海关从自身内部控制和廉政建设出发，也欢迎不同形式、不同层级和不同部门的有效沟通。海关也有一些主动与企业沟通的渠道，如政策咨询、政策宣讲、听证，等等。

企业与海关沟通的常见渠道有：

①管理层拜访。公司高层拜访海关的管理层，向海关通报企业的发展概况、经营状况、产品和市场状况、守法意识和内部政策。而且，作为一种技巧，如果公司总部的管理层到海关进行拜访，更能够显示企业遵守海关法规的决心，向海关表现开放守法的企业文化。作为企业的中层管理层，定期拜访一些主管海关科

室领导，了解本企业一段时间内的报关状况和海关的政策变化也是非常必要的。

②积极参加海关举办的调研和座谈会。现在海关等政府部门提倡为企业服务，在政策出台前后，会主动到一些企业进行调研，或者就一项政策召集相关企业进行座谈，通过会议了解企业对政策的反应。这种会议和调研，一般都是关系到企业具体利益的政策，因此企业有必要派员参加，以便及时、恰当地向海关反映相关情况。

③参加海关的政策宣讲会等。影响较大的法规或者海关的改革出台后，海关会通过海关自身或者其他机构向企业进行政策宣讲，这种场合不仅参与的同行企业较多，而且更多的是海关与参与者之间双向的沟通渠道。

④日常业务咨询。对日常的进出口申报和关务管理的疑难问题，可以通过口头方式向海关咨询和了解。这种沟通可以由经办的报关人员或者管理人员来实施。

⑤特殊事项的申请和报告。对影响较大的日常进出口申报和关务管理的疑难和困难，或者与海关的认识不一致，应出具书面报告向海关申请协调解决。书面报告应该简洁明了，如果海关有固定的格式，应该按照格式书写，书面报告应当由企业签字盖章。提交报告后，应该及时跟踪和记录报告的处理状态。

（4）通关事项的预先确定

对一些需要专业认定的申报，如进口价格、商品归类等在进口前申请海关进行专业认定，这是控制关务风险、提高通关效率的有效办法。根据《中华人民共和国海关预裁定管理暂行办法》的规定，主要涉及下列海关事务：

①进出口货物的商品归类；

②进出口货物的原产地或者原产资格；

③进口货物完税价格相关要素、估价方法；

④海关总署规定的其他海关事务。

前款所称“完税价格相关要素”，包括特许权使用费、佣金、运保费、特殊关系，以及其他与审定完税价格有关的要素。

经营单位应当在货物拟进口或出口的 3 个月前向海关总署或者直属海关提交裁定的书面申请。除了正式的裁定外，为了便利通关，减少合规性风险，可以就一些需要技术判断的事项与海关进行沟通和预先认定，如：

①关联交易的转移定价模式和政策；

②特许权使用费是否应税；

③加工贸易国内料件和保税料件分开核算和管理的模式；

④电子账册的采用和切换，以及对原有手册的处理；

⑤一些特殊的通关模式，如租赁进出口、暂时进出口、维修物品进出口等。

（二）事后监控和检查

1. 日常关务风险的监控

日常关务风险的监控可以属于事后控制，也可以属于过程控制的范畴。

关务管理人员应对关务运作情况进行日常监控，编制不同的关务管理报表，以助管理层及时了解关务进行情况。管理报表没有统一的模式，不同规模的公司和不同级别的管理者日常监管的方法和工具是不相同的。在日常关务和管理中，可以设置以下报表或者表格。

（1）进出口报关情况表

将报关单信息、商业发票的信息、装箱单信息、原产地证明信息、商品归类信息输入到报表中，简单的方式可以是 Excel 表，复杂的可以是专门的软件。通过报表可以及时发现以下异常：

①通过报关日期、到港日期或出库时间等时间信息，发现时间方面的异常；

②通过发票价格、申报价格、备案价格，发现价格方面的异常；

③通过装箱单重量、报关单重量，发现重量方面的异常；

④通过商品归类信息、进口归类申报信息，发现归类方面的异常。

（2）进口报关单追踪表

将报关单在内部流转的情况进行记录，分别包括报关部门的报关情况、财务部门的售付汇信息、税务部门的出口退税申报情况等。

（3）异常情况发生、原因和处理表

及时记录关务异常事项，如延迟报关、延迟纳税、申报错误、海关查验、海关质疑、海关下厂检查等，将相应的事项发生的过程、参与和经办人、发生原因和处理的结果记录下来。这有利于管理层了解异常事件的前因后果，避免异常事件往不利的方向发展，并给予经办人员支持和指导。

2. 定期和专项的贸易、关务检查

定期的关务风险检查和监控，主要包括常规期末检查和公司内部、外部审计。

（1）常规期末检查

期末，在这里指的是月末、季末、半年末、年末，以及保税手册期限结束或者项目结束。期末检查可以按照公司对其他业务检查和管理的方式进行，频率可以根据公司关务方面的业务大小以及业务复杂性来确定。如果企业全部是保税业务和进出口业务，关务的定期检查可能要比其他业务（如财务）更为频繁。

在检查的时间上，关务较为特殊的就是可以按照手册的周期进行，如果实行电子账册，可以按照每半年在手册的报核阶段进行一次检查和评估。

关务的定期评估主要包括以下几方面的内容。

①进出口通关效率方面的评估。分政府部门作业时间、第三方报关作业时间、本公司作业时间三方面进行评估。

②税负风险评估。税负风险包括两部分，即潜在的节税机会和潜在的漏缴税款风险。

就节税而言，评估日常关务管理方面的节税机会，并不包括商业模式方面的节税机会，而主要是从日常操作方面进行评估。商品的归类是否恰当，完税价格的组成是否包括不应税部分，从自贸区国家进口的商品是否享受优惠税率等。

就漏缴税款风险而言，开展评估日常作业应包括以下几部分：所有进口是否申报，如是否有从境外通过非正常、非申报方式进境，这方面可能需要从财务部门获取数据；是否有通过非缴税方式进口，如以邮递、快件、广告品、样品等方式进口；商品的归类是否恰当；完税价格是否与交易价格一致；完税价格是否包括容易发生漏缴税款的项目，如特许权使用费、运费、销售佣金等；保税手册核销时是否向海关申报了实际库存。

③合规评估。评估遵守海关法规方面的风险，如报关差错、减免税设备的后续监管等。这方面的指标就比较复杂，涉及的部门也不仅仅局限于关务部门。

（2）公司内部审计和外部审计

内部审计是建立在公司内部（组织）的独立的评价职能。内部审计的范围包括对公司（组织）内部控制系统的适当性、执行的有效性、工作效果进行评估和评价。

对内部审计来说，更偏重于审核在关务方面是否存在有效的控制系统，这些控制系统能否保证：

①对外申报和对内报告或记录的信息的可靠性和完整性；

②是否符合当地的政策和法规，符合公司内部程序和政策；

③资产的安全，如货物在关务方面是否有漏洞；

④关务部门的预算和资源使用是否有效和经济；

⑤关务部门是否实现自身所订立的计划和目标，是否协助其他业务部门有效实现经营目标。

因此，内部审计可能更偏重关务方面的内部控制，而非关务的日常作业。比如，外发加工的控制系统应该确保外发货物的安全、外发业务的合规性，而对关务部门而言，则是要有一套制度保证涉及保税业务的外发能获海关的批准，并准确记录外发的收发存信息。

外部审计是注册会计师对企业（组织）的会计报表、其他资料及其反映的经济活动进行审查并发表意见。一般的外部审计均为会计报表审计，注册会计师的审计意见包括：合法性，即会计报表的编制是否遵循了企业会计准则和其他有关财务会计法规的要求；公允性，即报表的所有重大方面是否公允反映了被审计单位的财务状况、经营成果和现金流量；一贯性，即会计处理方法的运用是否符合一贯性原则的要求。

外部审计对关务方面的关注，可能在于影响会计报表的事项，如关税和增值税，即税款支付的真实性和完整性，是否有潜在的漏缴关税和增值税情况。

3. 贸易和关务合规性检查

贸易和关务合规（trade and customs compliance），在中国还是一个新鲜的概念，但在发达经济体已十分流行。很多跨国公司都设立了专门的贸易和关务合规管理部门，监控分布在世界各地的经济实体在外贸、海关和物流方面执行当地法规和公司内部政策的情况，及时控制和管理法规方面的风险。

很多中介部门，包括会计师事务所、律师事务所和咨询机构也提供第三方咨询服务。具有海关、会计、法律等专业背景和经验的专业人士，接受公司或者总公司的委托，按照管理层的要求，对企业的进出口、物流、贸易、财务等方面遵守当地贸易和海关的法规政策情况以及公司自身政策制定执行情况进行检查，提出独立的第三方专业意见，指出其中的合规性风险和改进建议。

贸易和关务的合规性检查，涉及不同业务范围和部门，不仅包括关务部门，还包括物流、财务、计划、仓库、采购和销售等部门，甚至包括制造生产部门，因此需要公司高层参与和协调，也需要专业人员具备海关、贸易、财务和法律等方面的专业知识。

内部的贸易和关务合规性检查的时机和时间可以是：

（1）并购前后。并购是企业发展和成长的重要途径，对企业进行审慎性检查是重要的一个环节。对出售方来说，出售前的检查有利于自己全面了解企业的状况，有利于自己对资产的估价，如果自己都不清楚自己的企业，谈判时会陷入被动。对购买方来说，“买的不如卖的精”，为了避免自己对标的企业的不了解而购买一个“漂亮的坏苹果”，需要对企业的财务和合规性做审慎性检查。对于中国的企业，尤其是制造业，对外依存度非常高，因此贸易和海关方面的合规性也是至关重要的。

（2）接任和离任时。对高层管理人员或者部门负责人，在交接前后实施合规性检查，是职责考评、厘清责任的重要手段。合规性的问题常常都是潜伏在公司内部，直到被检查或者举报时才被发现，无论公司总部、企业管理层，还是政府执法部门，一般都不会去追查以往的责任人，而更多的是追究案件查获时企业或者业务负责人的责任。因此，如果不做相应的检查，继任者很可能替前任背黑锅。

（3）清算和终结业务前。清算和终结业务并不是简单关门就可以。在持续经营期，一切都很正常，一旦停止经营，很多问题可能会暴露出来，如外汇无法核销的问题、手册无法平衡的问题。此外，海关各个部门可能会对终结业务前企业是否拖欠税款以及是否有违规情况做检查甚至稽查。因此，在终结业务前主动做合规性检查，及时发现和解决问题，有利于以后的清算。

其余的时机，可以是年度审计和定期的内部检查和审计，将贸易和关务的合规性检查合并在其他常规检查中，以节省检查费用和各个部门配合检查的时间花费。

4. 贸易和关务检查的方法

以上专项贸易和关务检查，主要目的是检查和评估关务方面内部控制设计的合理性，关务执行的有效性和适应性，以及关务执行的合规性。在方法上，不仅包括一般审计中对内部控制的符合性测试，还有对进口交易的关务处理的实质测试和评估。

（1）贸易和关务符合性测试

贸易和关务符合性测试的目的是了解关务内部控制设计的适当性和执行的有效性，可以为确定后面实质测试的范围和方法提供依据，也可以为判断和评估关务风险和提出改进关务内部控制提供依据。一般来说，贸易和关务符合性测试，包括以下几种方法。

①调查问卷和风险点核对表。根据贸易和关务法规要求和流程，将那些保证关务合规性的事项一一列举，作为调查对象。

表 4–4 是关于加工贸易货物外发加工核对表（样表）的范例。

**表 4–4　加工贸易货物外发加工核对表（样表）**

被检查单位名称：____________　　索引号________

被审计期间：________________　　编制人________　　复核人________

| 序号 | 问题 | 是 / 否 / 不适用 | 评注 |
|---|---|---|---|
| 1 | 加工贸易货物外发加工是否经海关批准 | | |
| 1.1 | 是否制定了外发加工厂的标准 | | |
| 1.2 | 外发加工厂的标准是否知照关务部门，满足海关监管的要求 | | |
| 1.3 | 外发加工前是否签订外发加工合同 | | |
| 1.4 | 外发加工合同是否抄送关务部门 | | |
| 1.5 | 关务部门是否将外发加工合同报送海关 | | |
| 1.6 | 外发加工的执行是否符合海关审批监管要求 | | |
| 2 | 加工贸易货物外发加工的管理是否符合海关的规范 | | |
| 2.1 | 外发的料件是否及时记录 | | |
| 2.2 | 外发料件记录是否由加工方签字 | | |
| 2.3 | 外发的料件是否存放在加工方指定的仓库 | | |
| 2.4 | 加工方的其他购料是否有记录，并经过企业批准 | | |
| 2.5 | 加工后的成品是否及时回收？是否存在超过手册期限未回收的成品 | | |
| 2.6 | 剩余料件 / 边角料 / 残次品是否送回企业 | | |

②访谈和观摩。访谈包括询问管理层、内部审计部门、各个业务部门的负责人和操作人员，了解相关人员对法律法规以及内部政策的掌握程度，从不同部门了解相关的内部流程和控制措施，了解操作人员是否按照规范和流程作业。由于贸易和关务涉及多个部门，一个风险点的控制需要几个部门的协作，因此，同一个事项需要询问不同的部门，这样既能确定真实的流程（而不仅仅是纸面上描述的流程），也可以判断部门之间的沟通和协作是否协调。

观摩就是实地察看被检查单位的生产场所和仓库，这可以帮助检查人员了解生产和储存过程中可能出现的问题，比如生产过程中的边角料和残次品的处理方法、减免税设备的使用是否合规。

③企业内部管理信息系统测试。如果企业内部管理信息系统设计合理，可以将关务的合规性要求直接反映在系统设计中，从系统中直接提取海关申报数据和申报报表，这将极大减少手工作业可能产生的错误，以及依靠人工判断产生的差错。但是，如果设计不合理或者不适用，将会产生系统的申报差错。按照目前海关对加工贸易的监管方式，联网监管或电子账册就是 ERP 系统与海关申报系统直接对接，ERP 在设计上的缺陷将直接导致申报的错误。

如果企业有内部申报系统和关务系统，可以通过“模拟测试”或者“样本测试”检查输入和输出数据的匹配性和准确性，检查企业关务申报系统的“用户管理”“安全控制”的合理性。

对于加工贸易企业，在这一阶段可以以下列几个方面为重点：ERP 系统设计应该区分保税料件和非保税料件；系统如何控制保税料件和非保税料件之间的“串换”；系统如何控制和报告保税料件转入国内销售；内销保税料件的进口价格如何获取；系统中的物料清单（bill of material， BOM）如何与联网监管或者电子账册的单耗一致；外发加工和深加工结转系统如何在不同部门之间实现有效协调。

④符合性测试的程序表。在进行关务风险符合性测试时，可以制作测试工作底稿，逐一确定风险控制点、控制程序，根据测定的结果对控制程序进行评价。表 4–5、表 4–6 分别是关务风险控制程序及其评估测评表（进口价格真实性）、关务风险控制程序及其评估测评表（进口价格完整性）的测评范例。

表 4–5　关务风险控制程序及其评估测评表（进口价格真实性）

| 海关风险点 | 控制目标 | 控制程序 | 控制测试 | 评估结果 / 控制活动可依赖程度（高 / 中 / 低） | 评价分析性复核结果 |
| --- | --- | --- | --- | --- | --- |
| 进口申报价格真实性 | 按照实际成交的价格申报；申报数据不被随意人为篡改 | 提供真实的发票、PO（采购订单）向海关申报 | 询问报关人员、报关中介、报关主管人员的申报流程；样本测试，抽取一组报关单、装箱单、发票、PO（采购订单）、合同、记账记录、仓库记录核对金额的一致性；观察内部系统操作。 | | |
| | | 价格资料系统生成 | | | |
| | | 内勤文员填制报关单，报关人员复核申报前的复核 | | | |
| | | 申报价格修改须经授权 | | | |
| | | 价格申报后财务部门复核 | | | |
| | | 申报价格数据从系统中产生 | | | |

表 4–6 关务风险控制程序及其评估测评表（进口价格完整性）

| 海关风险点 | 控制目标 | 控制程序 | 控制测试 | 控制活动可依赖程度（高/中/低） | 分析性复核结果 |
|---|---|---|---|---|---|
| 进口申报价格完整性 | 运费保费已经海关申报 | 如非 CIF，运费发票已经提交给报关部门，申报时提交给海关 | 询问报关人员、报关中介、报关主管人员、财务人员的运费的申报流程；样本测试，抽取一组报关单、运费发票和合同、记账记录核对是否遗漏记录 | | |
| | | 集团支付运费、一次性支付的运费已经提交给报关部门，并已经申报 | | | |
| | | 有固定的经海关同意的运费分摊公式，并采用该公式进行计算和申报 | | | |
| | 其他对外支付不被随意人为篡改 | 其他对供应商或境外支付应通知报关部门 | 询问报关人员、报关主管人员、财务人员的其他支付的申报流程；样本测试，抽取一组报关单、支付凭证、运费发票、合同、记账记录计算单核对是否遗漏记录 | | |
| | | 其他对外支付的征税或非征税的须经管理层审批 | | | |
| | | 以真实的支付凭证和计提凭证向海关申报 | | | |
| | | 有固定的经海关同意的费用分摊公式，并采用该公式进行计算和申报 | | | |

（2）贸易和关务实质性测试

贸易和关务实质性测试的目的是根据符合性测试的结果，抽取交易样本进行检查，或者采用其他检查方法，检查申报的合规性。一般有以下方法。

①检查样本单证和内部作业表。单证检查是符合性测试和实质性测试中最重要的程序。对内部控制符合性测试来说，单证检查可以评估企业内部是否有恰当的单证作业、内部统计表、内部监控表，以及关于关务的报告审批作业流程和作业表是否恰当有效。

对实质性测试来说，单证检查是最直接的检查程序，通过单证复核和作业表交叉核对，可以评估：向海关申报的数据的准确性；关于进出口金额、税收等会计记录的真实性；是否在规定的期限内向海关申报并获得审批；向管理层报送的关于贸易和关务的报表是否准确。

执行单证核查时，要注意收集不同来源的单证信息，如物流信息、财务会计信息、外汇收支信息、贸易和报关信息等。物流、资金流和信息流的数据要交互核对和验证。

②存货盘点和设备清点。保税货物和减免税设备都是海关监管货物。未经海关许可，擅自将海关监管货物抵押、质押、留置、转让、更换标记、移作他用或者进行其他处置，都是一种违规行为。因此，现场盘点和清点，可以检查海关监管货物的标志是否明晰，货物是否存在，数量是否短少，实物与记录是否一致。

③外部数据与内部数据的比对。从海关、外汇管理部门、纳税申报系统、电子口岸或者报关企业提取被审查企业的申报数据，与企业内部财务系统、关务系统以及纸质单证的数据进行对比，测试企业的申报是否有遗漏，是否有非授权的申报，各个系统中的数据是否匹配。

通过这种方式，可以检查是否有报关人员出售“保税手册额度”的问题，是否有帮助其他企业平衡手册而“空转”申报等违规事项。

④外部验证。进出口商品的归类，特殊经济关系是否影响进口价格，以及特许权使用费是否是完税价格的组成部分，这一类问题往往需要专业的第三方认证或者海关来确认。

经过符合性测试和实质性测试后，对贸易和关务的合规性进行综合的评价和分析，撰写关务管理检查报告。

# 第五章

# 发展展望

## 一、《世界海关组织跨境电商标准框架》

《世界海关组织跨境电商标准框架》（以下简称《跨境电商标准框架》）于2018年6月经世界海关组织审议发布，是首个世界海关跨境电商监管与服务的指导性文件，为政府（特别是海关）、业界和其他利益攸关方实现共同和各自目标提供总体指导。《跨境电商标准框架》的制定，进一步完善了监管规则和可广泛推广的解决方案，为跨境电商发展提供了更加透明、稳定、可预见的贸易环境。

总体来说，《跨境电商标准框架》从便利和监管两个角度为有效管理跨境电子商务提供了标准：

一是建立了跨境电子商务供应链全球标准，以提高跨境电子商务的确定性、可预见性、透明性、安全可靠性和高效性。

二是推动建立一个和跨境电子商务有关协调统一的风险评估、通关、税款征管和边境合作方案。

三是建立了一个跨境电子商务利益攸关方与海关及其他相关政府部门间的提前获取电子数据进行交换的标准化框架，从而便利合法贸易，为各利益攸关方提供更加公平的竞争环境。

四是寻求加强海关、其他相关政府部门和各利益攸关方在跨境电子商务领域方面的合作。

（一）跨境电子商务框架的八大原则

1. 提前获取电子数据，实施风险管理；
2. 简化手续，促进贸易便利化；
3. 维护公众和国家安全；
4. 加强税收征管；
5. 重视测量与分析；
6. 建立伙伴关系；
7. 开展公众宣传教育和能力建设；
8. 完善立法框架。

（二）跨境电子商务管理的主要原则和标准

1. 提前获取电子数据实施风险管理

标准 1：提前获取电子数据的法律框架

应建立法律法规框架，使得电子商务供应链相关方、海关和相关其他政府部门能够进行电子数据提前交换，以加强跨境电子商务监管，提升贸易便利化水平，同时应重视相关法律特别是竞争法（反垄断法）对数据安全、数据隐私、数据保护和数据所有权的规定。

标准 2：使用国际标准提前交换电子数据

各国应结合自身的政策实施世界海关组织及其他国际组织标准和指引，促进提前获取电子数据交换的协调有效实施。

标准 3：实施风险管理，以促进便利、强化监管

海关应当完善和应用专门针对电子商务的动态风险管理技术，以甄别高风险货物。

标准 4：使用非侵入式查验技术和数据分析方法

作为风险管理的一部分，海关应将数据分析和筛查方法与非侵入式检查设备结合使用，并覆盖所有运输方式和经营者，以促进跨境电子商务物流的发展、强化海关监管。

2. 便利化和简便化

标准 5：简化通关手续

海关应酌情与其他相关政府部门合作，制定并不断简化通关手续 / 程序，包括对跨境电子商务货物开展提前申报和风险评估，对低风险货物在抵离时适用即刻放行程序。简化通关手续 / 程序应酌情包括以企业为单元的税费征收和退货制度。

标准 6：将经认证的经营者（AEO）概念扩展到跨境电子商务领域

海关应当探索在跨境电子商务领域应用 AEO 制度及其互认安排 / 协定的可能性，包括充分发挥中介作用，使中小微企业和个人充分享受跨境电子商务带来的机遇。

3. 公平有效的税收征管

标准 7：税收征管模式

海关应与政府机构或有关部委合作，酌情考虑采用各种征税模式（如卖方、中介或消费者/购买者等）征收关税和其他税费。为确保税款征收，海关应提供电子支付手段、在线公布相关信息，允许采用灵活多样的支付方式，确保税收征管过程公平和透明。采用的征税模式应实用、高效、可扩展并具灵活性，支持各种商业模式，并有助于为电子商务各利益攸关方营造公平的竞争环境。

标准8：最低起征点

各国政府在评估和调整关税或税收的最低起征点时，应充分考虑本国国情，科学决策。

4. 公众和国家安全

标准9：防范商业瞒骗和非法交易

海关应与其他相关政府部门合作，建立针对非法跨境电子商务活动的分析和调查制度，防范和发现商业瞒骗，制止电子商务渠道滥用，阻断非法贸易流通。

标准10：跨部门合作和信息共享

各国政府应尽可能在国家部门间建立包括“单一窗口”在内的相关电子机制合作框架，统一协调应对跨境电子商务的公众和国家安全风险，便利合法贸易。

5. 合作伙伴关系

标准11：政企合作伙伴关系

海关应当建立并强化与电子商务利益攸关方之间的合作伙伴关系，发展和加强相互间的交流、协调和合作，促进守法和便利化。

标准12：国际合作

海关应将海关间的合作和伙伴关系拓展至跨境电子商务领域，以确保守法和便利。

6. 公众宣传推广和能力建设

标准13：沟通交流、公众宣传推广

海关应通过全面公众宣传、沟通交流、教育推广等活动，让消费者、公众和其他利益攸关方了解跨境电子商务监管要求，以及从事跨境电子商务活动需承担的风险和责任。

7. 测量和分析

标准14：测量机制

海关应与相关政府部门一起，与电子商务利益攸关方密切合作，根据国际统计标准和国家政策，准确获取、测量、分析和公布跨境电子商务统计数据，以便科学决策。

8. 变革性技术的使用

标准 15：探索技术发展和创新

海关应当与其他相关政府部门、企业和学术界合作，探索创新技术发展，并考虑这些发展是否有助于更加严密、高效地监管和促进跨境电子商务。

## 二、《中华人民共和国电子商务法》对跨境电商零售进口的影响

2018 年 8 月 31 日，《电商法》在第十三届全国人民代表大会常务委员会第五次会议中通过，并已于 2019 年 1 月 1 日实施。这是中国电子商务领域首部综合性法律，并且将跨境电商纳入该法管辖，对促进跨境电商发展、推动跨境电商立法的启动和完善都有着积极意义。

《电商法》对电子商务进行了定义，共 7 章、89 条，包括总则、电子商务经营者、电子商务合同争议解决、电子商务促进、法律责任、附则等内容。

《电商法》的实施，填补了网购监管的空白，实现了对跨境电商经营行为的全覆盖、全环节、全链条监管；使跨境电商领域真正实现有法可依，也意味着跨境电商野蛮生长时代的终结。

该法涉及跨境电商零售进口的规定，包括经营主体、法律适用、监管措施、纳税义务、贸易便利化、消费者权益、知识产权保护等。

（一）经营主体

《电商法》第二条、第九条，明确了电商和电商经营者的定义和范畴。该法所称电商经营人员，主要是通过信息网络开展商品销售的自然人、法人，包括电商经营者、平台经营者、网络服务销售人员等。因此，代购属于该法调整对象。《电商法》明确规定，电商经营者应该严格办理市场登记，需要为消费者提供各种有效的购物凭证发票，并主动承担自身纳税义务。这些法律规定，对代购产生深远的影响。

（二）法律适用

《电商法》第二十六条明确规定："电子商务经营者从事跨境电子商务，应当遵守进出口监督管理的法律、行政法规和国家有关规定。"由于跨境电商零售进口的很多规定是由国家部委制定的，既不是法律（由全国人大制定），也不是行政法规（由国务院制定），而是部门规章，至此，有了上位法的原则规定，跨境电商的法律、法规、规章体系基本搭建成型。

（三）监管措施

《电商法》第十条、第十二条规定，无论个人从业者、代购商，还是跨境电商平台或者其他组织，都应进行登记并依法取得相应的行政许可，有利于监管部门对其监管。

此外，第二十五条明确规定："有关主管部门依照法律、行政法规的规定要求电子商务经营者提供有关电子商务数据信息的，电子商务经营者应当提供。有关主管部门应当采取必要措施保护电子商务经营者提供的数据信息的安全，并对其中的个人信息、隐私和商业秘密严格保密，不得泄露、出售或者非法向他人提供。"这意味着，进口跨境电商企业的支付单原始数据，都将和海关总署系统打通。结果就是，业内所有在电商平台上相关的转支付操作、虚假支付单、虚假物流单、低报通关等都将被一网打尽。

（四）纳税义务

《电商法》将征税对象确定为"销售的商品或提供的服务"。根据第十一条、第二十八条第二款、第七十一条、第七十二条规定，电商平台经营者必须如实向税务机关报税、依法纳税。此外，还规定了对不法电商经营行为的处罚，这意味着只要违犯法律规定可被处予最高50万元罚款，对于偷逃税的行为将追究法律责任。

（五）贸易便利化

为了适应跨境电商经营中小微企业众多、交易额分散、普遍使用平台服务等特点，实现跨境电商的贸易便利化，《电商法》中有三条涉及便利化的规定，与现行进出口监管法律、行政法规一起适用于跨境电商。

第七十一条规定："国家促进跨境电子商务发展，建立健全适应跨境电子商务特点的海关、税收、进出境检验检疫、支付结算等管理制度，提高跨境电子商务各环节便利化水平，支持跨境电子商务平台经营者等为跨境电子商务提供仓储物流、报关、报检等服务。

国家支持小型微型企业从事跨境电子商务。”

第七十二条规定：“国家进出口管理部门应当推进跨境电子商务海关申报、纳税、检验检疫等环节的综合服务和监管体系建设，优化监管流程，推动实现信息共享、监管互认、执法互助，提高跨境电子商务服务和监管效率。跨境电子商务经营者可以凭电子单证向国家进出口管理部门办理有关手续。”

第七十三条规定：“国家推动建立与不同国家、地区之间跨境电子商务的交流合作，参与电子商务国际规则的制定，促进电子签名、电子身份等国际互认。”

（六）消费者权益

1. 退货

跨境进口电商保税备货的退货模式、退跨境保税仓的操作流程和贵重物品退货的真假确定问题，一直困扰着电商平台。其次是海外直邮产品退货的物流成本问题和逆向流程问题，实际上目前很多跨境进口电商在 7 天无理由退换货执行方面还有待提升。《电商法》第五十八条到第六十三条和第八十五条，均涉及消费者权益保护，措施比较全面，如服务质量担保、先行赔付、平台争议在线解决等。

2. 物流责任

《电商法》第二十条规定：“电子商务经营者应当按照承诺或者与消费者约定的方式、时限向消费者交付商品或者服务，并承担商品运输中的风险和责任。但是，消费者另行选择快递物流服务提供者的除外。”据此，物流责任明确，物流破损、快递丢失等运输风险，将由卖家承担。

3. 发票

《电商法》第十四条规定：“电子商务经营者销售商品或者提供服务应当依法出具纸质发票或者电子发票等购货凭证或者服务单据。电子发票与纸质发票具有同等法律效力。”

4. 产品质量

《电商法》第三十八条规定：“电子商务平台经营者知道或者应当知道平台内经营者销售的商品或者提供的服务不符合保障人身、财产安全的要求，或者有其他侵害消费者合法权益行为，未采取必要措施的，依法与该平台内经营者承担连带责任。对关系消费者生命健康的商品或者服务，电子商务平台经营者对平台内经营者的资质资格未尽到审核义务，或者对消费者未尽到安全保障义务，造成消费者损害的，依法承担相应的责任。”

5. 平台对消费者先行赔付的义务

《电商法》第五十八条第三款规定，消费者要求电商平台经营者承担先行赔偿责任以及电商平台赔偿后向平台经营者的追偿，适用《中华人民共和国消费者权益保护法》的有关规定。

（七）知识产权保护

《电商法》规定了知识产权保护责任并明确法律适用。新法要求电商平台在知道或者应当知道的情况下，或者在接到知识产权权利人的侵权通知后，及时采取删除、屏蔽、断开链接、终止交易和服务等必要措施维护权利人权利，否则应当与平台经营者承担连带责任；并且在平台内经营者实施侵犯知识产权行为时未依法采取必要措施的，承担罚款最高至200万元的行政责任。上述知识产权保护，主要涉及《电商法》第四十一第至第四十五条。

## 三、跨境电商零售进口与关务筹划趋势展望

近几年，中国跨境电商行业动态频频，跨境电商对资金、技术与服务的要求越来越高，行业的门槛和运营难度同样也在相应提高。伴随着包括海关在内的监管部门对于跨境电商监管模式日趋完善和稳定，跨境电商面临发展主体、发展模式和发展动力转换的新局面。

一是顶层设计更前瞻。电子商务“十四五”发展规划立足新发展阶段，贯彻新发展理念，服务构建新发展格局，提出高质量发展的一系列目标、主要任务和保障措施，为全面建设社会主义现代化国家提供新的动能。

二是法律体系更完善。目前跨境电商政策体系已经初步建立，各类法律法规比较完整，但必须看到，跨境电商零售进口商品的商品属性与个人物品的自用属性是互相矛盾的。因此，应该从跨境电商的独特性出发，不再区分商品是“货物”还是“物品”，而是建立一整套适应这一新生事物的管理制度。

三是合规体系更完善。伴随《电商法》的实施，继跨境增值税、消费税政策之后，所得税政策又一次填补了跨境电商税收空白。对于跨境电商企业全面实现

税收规范化和业务阳光化又走出了重要一步，意义重大，跨境电商企业可以走出“灰色地带”，依法纳税，正规运营。广大跨境电商从业者解除了后顾之忧，创业动力得到进一步释放；政府有关部门以及海关可以做好跨境电商监管与统计工作，对下一步全面利用跨境电商数据打下基础。不仅如此，资本机构、金融机构由此可以进入跨境电商行业，进入融资服务以及收购兼并资本运作，将会极大地促进跨境电商的健康快速发展。

四是红利释放更持续。随着跨境电商产业的不断发展，对于 B 端卖家、C 端消费者而言，跨境电商不再仅仅是纯粹的产品贸易，由物流、客服、支付方式等一系列叠加而成的服务贸易正成为当下跨境电商的新形式，伴随服务需求、服务价值的提升，未来跨境电商服务红利有望持续扩大。

五是新兴业态更上层楼。跨境电商综合试验区继续扩容，且扩容城市数量增多。跨境电商综合试验区示范作用显现。跨境电商综合试验区是在发挥企业自发和市场主导作用的前提下，进一步突出政府宏观指导、统筹规划和资源整合的作用。综合试验区范围的扩大与相关配套政策措施的不断优化，会在全国形成积极正面的示范效应，带动我国整体外贸的高质量发展。跨境电商已成为外贸发展重要引擎。综合试验区作为跨境电商发展的先行先试区有着明显的政策优势，这些政策红利将刺激传统外贸加快线上转型升级的步伐。比如，“线上交易自由”与“线下综合服务”的探索实现了跨境电商自由化、便利化和规范化发展，推动了传统外贸监管方式向新型外贸监管方式转变，有助于促进本土企业不断提升技术水平、优化商品供给和完善服务质量，从而带动产业转型升级。

六是关务筹划更逢其时。跨境电商发展至今，已经成为我国经济新增长点。作为新兴业态，跨境电商经营模式仍在推陈出新、不断创新，但在行业蓬勃发展的同时，难免泥沙俱下。如何在不违法不逾矩的前提下充分享受政策红利、税收优惠、发展蓝海？关务筹划更逢其时。通过通盘、系统的关务筹划，跨境电商企业将顺应、拥抱国家远景规划和产业政策，让自身发展和大政方针相向而行、同频共振，在国家扶持鼓励的大势下尽享发展红利；同时在合法合规的基础上，不触不碰红线底线、免于违法处罚和犯罪刑罚，在发展中立于不败之地；最后也是最重要的，就是从企业管理、通关监管、税收管理、合法合规等诸多方面进行整体统筹，以实现税负最小化、通关便利化的进出口美好愿景。

# 下篇
# 跨境电商零售进口关务筹划专题研究

# 第六章

# 关务筹划与海关企业管理

跨境电商零售进口企业主体是多维度的，既有电商企业、平台企业，也有物流、支付企业，相关企业除需注册备案外，还需要承担向海关开放相关支付原始数据等特定的责任义务。与此同时，跨境电商企业作为海关监管企业，一并适用信用管理，如经 AEO 认证，则可享受对应便利。

## 一、解读海关企业管理[①]新政

海关总署于 2021 年 9 月 13 日发布了海关总署令第 251 号《中华人民共和国海关注册登记和备案企业信用管理办法》（以下简称《信用办法》），自 2021 年 11 月 1 日起施行，2018 年 3 月 3 日海关总署令第 237 号公布的《中华人民共和国海关企业信用管理办法》同时废止。

（一）修订背景及目的

一是落实国家社会信用体系建设要求，进一步提升海关企业信用管理的法治化、规范化水平。2019 年、2020 年，国务院办公厅连续印发《关于加快推进社会信用体系建设构建以信用为基础的新型监管机制的指导意见》（国办发〔2019〕35 号）、《关于进一步完善失信约束制度构建诚信建设长效机制的指导意见》（国办发〔2020〕49 号，以下简称《指导意见》），对进一步发挥信用在创新监管机制、依法依规实施失信惩戒、完善失信主体信用修复机制等方面提出更高要求，海关总署有必要通过修订相关办法落实相关要求。

二是更好践行“以人民为中心”的发展思想，回应企业合理诉求。伴随国家信用体系建设不断深入推进，企业对信用管理的重视程度与日俱增，普遍反映一般认证企业标准偏高、便利措施不多，获得感不强。海关总署积极回应企业合理诉求，审议决定将信用等级由四级优化为三级，通过修订办法对改革成果予以固化。

① 海关企业管理就是海关行使职权管理企业，即海关对进出口货物经营单位、货主单位以及报关企业的主体资格和在进出境活动中的相关行为是否合法合规，以及企业内部控制是否符合海关规范的管理，贯穿海关监管的全过程，主要包括资格管理、信用管理、守法管理、伙伴关系、国际合作等。从事跨境电商进出口业务的企业主体，既有进出口企业的监管共性，又有跨境电商这一新兴贸易业态的监管特性，突出体现在资格管理、信用管理、责任义务等方面。本章就跨境电商企业主体的特征进行政策梳理、文件解读以及实务再现。

（二）需要说明的主要问题

一是优化企业信用等级分类。将企业信用等级由修订前的四级优化为三级，保留“高级认证企业”和“失信企业”，分别实施便利和严格的海关管理措施。对其他注册登记和备案企业，统一实施常规的海关管理措施（详见下文《信用办法》第四条）。同时，考虑到纳入海关信用管理的企业范围为海关注册登记和备案企业，将规章标题由《中华人民共和国海关企业信用管理办法》修改为《中华人民共和国海关注册登记和备案企业信用管理办法》。

二是落实守信激励原则，进一步提升守法企业获得感。在保留原有高级认证企业便利措施基础上，进一步增加了降低出口货物原产地调查平均抽查比例、优先办理进出口货物通关手续、优先向其他国家（地区）推荐农产品和食品等出口企业注册等便利措施（详见下文《信用办法》第三十条）；将高级认证企业复核期间由三年调整为五年，进一步降低企业负担（详见下文《信用办法》第十九条）。考虑到一般认证企业认证标准高、程序复杂，但企业实际享受便利措施少等突出问题，取消一般认证企业这一分类。同时，明确信用培育机制，帮助支持符合条件的企业成为高级认证企业（详见下文《信用办法》第五条）。

三是落实国务院要求，依法依规实施失信惩戒，建立信用修复制度。按照《指导意见》关于设列严重失信主体名单领域必须以法律、法规、党中央和国务院政策文件为依据的要求，结合国家发展改革委等国家信用管理牵头部门意见，在违反进出口食品安全监管、进出口化妆品监管以及非法进口固体废物领域设列严重失信主体名单，并按照《指导意见》关于列入严重失信主体名单标准、程序、移出条件和救济措施等必须以规章以上层级法律文件设定的有关要求，在办法中对以上内容予以明确（详见下文《信用办法》第二十三条至第二十五条、第二十八条、第二十九条）。建立企业信用修复机制（详见下文《信用办法》第七条），根据失信行为社会危害性程度，明确失信企业修复标准及程序，鼓励失信企业通过合法渠道提升信用水平（详见下文《信用办法》第二十六条至第二十九条）。

## 延伸阅读

# 中华人民共和国海关注册登记和备案企业信用管理办法

（海关总署令第251号，2021年9月13日发布，自2021年11月1日起实施）

## 第一章 总 则

**第一条** 为了建立海关注册登记和备案企业信用管理制度，推进社会信用体系建设，促进贸易安全与便利，根据《中华人民共和国海关法》《中华人民共和国海关稽查条例》《企业信息公示暂行条例》《优化营商环境条例》以及其他有关法律、行政法规的规定，制定本办法。

**第二条** 海关注册登记和备案企业（以下简称企业）以及企业相关人员信用信息的采集、公示，企业信用状况的认证、认定及管理等适用本办法。

**第三条** 海关按照诚信守法便利、失信违法惩戒、依法依规、公正公开原则，对企业实施信用管理。

**第四条** 海关根据企业申请，按照本办法规定的标准和程序将企业认证为高级认证企业的，对其实施便利的管理措施。

海关根据采集的信用信息，按照本办法规定的标准和程序将违法违规企业认定为失信企业的，对其实施严格的管理措施。

海关对高级认证企业和失信企业之外的其他企业实施常规的管理措施。

**第五条** 海关向企业提供信用培育服务，帮助企业强化诚信守法意识，提高诚信经营水平。

**第六条** 海关根据社会信用体系建设有关要求，与国家有关部门实施守信联合激励和失信联合惩戒，推进信息互换、监管互认、执法互助。

**第七条** 海关建立企业信用修复机制，依法对企业予以信用修复。

**第八条** 中国海关依据有关国际条约、协定以及本办法，开展与其他国家或者地区海关的“经认证的经营者”（AEO）互认合作，并且给予互认企业相关便利措施。

**第九条** 海关建立企业信用管理系统，运用信息化手段提升海关企业信用管理水平。

## 第二章 信用信息采集和公示

**第十条** 海关可以采集反映企业信用状况的下列信息：

（一）企业注册登记或者备案信息以及企业相关人员基本信息；

（二）企业进出口以及与进出口相关的经营信息；

（三）企业行政许可信息；

（四）企业及其相关人员行政处罚和刑事处罚信息；

（五）海关与国家有关部门实施联合激励和联合惩戒信息；

（六）AEO互认信息；

（七）其他反映企业信用状况的相关信息。

**第十一条** 海关应当及时公示下列信用信息，并公布查询方式：

（一）企业在海关注册登记或者备案信息；

（二）海关对企业信用状况的认证或者认定结果；

（三）海关对企业的行政许可信息；

（四）海关对企业的行政处罚信息；

（五）海关与国家有关部门实施联合激励和联合惩戒信息；

（六）其他依法应当公示的信息。

公示的信用信息涉及国家秘密、国家安全、社会公共利益、商业秘密或者个人隐私的，应当依照法律、行政法规的规定办理。

**第十二条** 自然人、法人或者非法人组织认为海关公示的信用信息不准确的，可以向海关提出异议，并且提供相关资料或者证明材料。

海关应当自收到异议申请之日起20日内进行复核。自然人、法人或者非法人组织提出异议的理由成立的，海关应当采纳。

## 第三章 高级认证企业的认证标准和程序

**第十三条** 高级认证企业的认证标准分为通用标准和单项标准。

高级认证企业的通用标准包括内部控制、财务状况、守法规范以及贸易安全等内容。

高级认证企业的单项标准是海关针对不同企业类型和经营范围制定的认证标准。

**第十四条** 高级认证企业应当同时符合通用标准和相应的单项标准。

通用标准和单项标准由海关总署另行制定并公布。

**第十五条** 企业申请成为高级认证企业的，应当向海关提交书面申请，并按照海关要求提交相关资料。

**第十六条** 海关依据高级认证企业通用标准和相应的单项标准，对企业提交的申请和有关资料进行审查，并赴企业进行实地认证。

**第十七条** 海关应当自收到申请及相关资料之日起90日内进行认证并作出决定。特殊情形下，海关的认证时限可以延长30日。

**第十八条** 经认证，符合高级认证企业标准的企业，海关制发高级认证企业证书；不符合高级认证企业标准的企业，海关制发未通过认证决定书。

高级认证企业证书、未通过认证决定书应当送达申请人，并且自送达之日起生效。

**第十九条** 海关对高级认证企业每5年复核一次。企业信用状况发生异常情况的，海关可以不定期开展复核。

经复核，不再符合高级认证企业标准的，海关应当制发未通过复核决定书，并收回高级认证企业证书。

**第二十条** 海关可以委托社会中介机构就高级认证企业认证、复核相关问题出具专业结论。

企业委托社会中介机构就高级认证企业认证、复核相关问题出具的专业结论，可以作为海关认证、复核的参考依据。

**第二十一条** 企业有下列情形之一的，1年内不得提出高级认证企业认证申请：

（一）未通过高级认证企业认证或者复核的；

（二）放弃高级认证企业管理的；

（三）撤回高级认证企业认证申请的；

（四）高级认证企业被海关下调信用等级的；

（五）失信企业被海关上调信用等级的。

## 第四章 失信企业的认定标准、程序和信用修复

**第二十二条** 企业有下列情形之一的，海关认定为失信企业：

（一）被海关侦查走私犯罪公安机构立案侦查并由司法机关依法追究刑事责任的；

（二）构成走私行为被海关行政处罚的；

（三）非报关企业1年内违反海关的监管规定被海关行政处罚的次数超过上年度报关单、进出境备案清单、进出境运输工具舱单等单证（以下简称“相关单证”）总票数千分之一且被海关行政处罚金额累计超过100万元的；

报关企业1年内违反海关的监管规定被海关行政处罚的次数超过上年度相关单证总票数万分之五且被海关行政处罚金额累计超过30万元的；

上年度相关单证票数无法计算的，1年内因违反海关的监管规定被海关行政处罚，非报关企业处罚金额累计超过100万元、报关企业处罚金额累计超过30万元的；

（四）自缴纳期限届满之日起超过3个月仍未缴纳税款的；

（五）自缴纳期限届满之日起超过6个月仍未缴纳罚款、没收的违法所得和追缴的走私货物、物品等值价款，并且超过1万元的；

（六）抗拒、阻碍海关工作人员依法执行职务，被依法处罚的；

（七）向海关工作人员行贿，被处以罚款或者被依法追究刑事责任的；

（八）法律、行政法规、海关规章规定的其他情形。

**第二十三条** 失信企业存在下列情形的，海关依照法律、行政法规等有关规定实施联合惩戒，将其列入严重失信主体名单：

（一）违反进出口食品安全管理规定、进出口化妆品监督管理规定或者走私固体废物被依法追究刑事责任的；

（二）非法进口固体废物被海关行政处罚金额超过250万元的。

**第二十四条** 海关在作出认定失信企业决定前，应当书面告知企业拟作出决定的事由、依据和依法享有的陈述、申辩权利。

海关拟依照本办法第二十三条规定将企业列入严重失信主体名单的，还应当告知企业列入的惩戒措施提示、移出条件、移出程序及救济措施。

**第二十五条** 企业对海关拟认定失信企业决定或者列入严重失信主体名单决定提出陈述、申辩的，应当在收到书面告知之日起5个工作日内向海关书面提出。

海关应当在20日内进行核实，企业提出的理由成立的，海关应当采纳。

**第二十六条** 未被列入严重失信主体名单的失信企业纠正失信行为，消除不良影响，并且符合下列条件的，可以向海关书面申请信用修复并提交相关证明材料：

（一）因存在本办法第二十二条第二项、第六项情形被认定为失信企业满1年的；

（二）因存在本办法第二十二条第三项情形被认定为失信企业满6个月的；

（三）因存在本办法第二十二条第四项、第五项情形被认定为失信企业满3个月的。

**第二十七条** 经审核符合信用修复条件的，海关应当自收到企业信用修复申请之日起20日内作出准予信用修复决定。

**第二十八条** 失信企业连续2年未发生本办法第二十二条规定情形的，海关应当对失信企业作出信用修复决定。

前款所规定的失信企业已被列入严重失信主体名单的，应当将其移出严重失信主体名单并通报相关部门。

**第二十九条** 法律、行政法规和党中央、国务院政策文件明确规定不可修复的，海关不予信用修复。

## 第五章 管理措施

**第三十条** 高级认证企业是中国海关AEO，适用下列管理措施：

（一）进出口货物平均查验率低于实施常规管理措施企业平均查验率的 20%，法律、行政法规或者海关总署有特殊规定的除外；

（二）出口货物原产地调查平均抽查比例在企业平均抽查比例的 20% 以下，法律、行政法规或者海关总署有特殊规定的除外；

（三）优先办理进出口货物通关手续及相关业务手续；

（四）优先向其他国家（地区）推荐农产品、食品等出口企业的注册；

（五）可以向海关申请免除担保；

（六）减少对企业稽查、核查频次；

（七）可以在出口货物运抵海关监管区之前向海关申报；

（八）海关为企业设立协调员；

（九）AEO 互认国家或者地区海关通关便利措施；

（十）国家有关部门实施的守信联合激励措施；

（十一）因不可抗力中断国际贸易恢复后优先通关；

（十二）海关总署规定的其他管理措施。

**第三十一条** 失信企业适用下列管理措施：

（一）进出口货物查验率 80% 以上；

（二）经营加工贸易业务的，全额提供担保；

（三）提高对企业稽查、核查频次；

（四）海关总署规定的其他管理措施。

**第三十二条** 办理同一海关业务涉及的企业信用等级不一致，导致适用的管理措施相抵触的，海关按照较低信用等级企业适用的管理措施实施管理。

**第三十三条** 高级认证企业、失信企业有分立合并情形的，海关按照以下原则对企业信用状况进行确定并适用相应管理措施：

（一）企业发生分立，存续的企业承继原企业主要权利义务的，存续的企业适用原企业信用状况的认证或者认定结果，其余新设的企业不适用原企业信用状况的认证或者认定结果；

（二）企业发生分立，原企业解散的，新设企业不适用原企业信用状况的认证或

者认定结果;

(三)企业发生吸收合并的,存续企业适用原企业信用状况的认证或者认定结果;

(四)企业发生新设合并的,新设企业不再适用原企业信用状况的认证或者认定结果。

**第三十四条** 高级认证企业涉嫌违反与海关管理职能相关的法律法规被刑事立案的,海关应当暂停适用高级认证企业管理措施。

高级认证企业涉嫌违反海关的监管规定被立案调查的,海关可以暂停适用高级认证企业管理措施。

**第三十五条** 高级认证企业存在财务风险,或者有明显的转移、藏匿其应税货物以及其他财产迹象的,或者存在其他无法足额保障税款缴纳风险的,海关可以暂停适用本办法第三十条第五项规定的管理措施。

## 第六章 附 则

**第三十六条** 海关注册的进口食品境外生产企业和进境动植物产品国外生产、加工、存放单位等境外企业的信用管理,由海关总署另行规定。

**第三十七条** 作为企业信用状况认定依据的刑事犯罪,以司法机关相关法律文书生效时间为准进行认定。

作为企业信用状况认定依据的海关行政处罚,以海关行政处罚决定书作出时间为准进行认定。

作为企业信用状况认定依据的处罚金额,包括被海关处以罚款、没收违法所得或者没收货物、物品价值的金额之和。

企业主动披露且被海关处以警告或者海关总署规定数额以下罚款的行为,不作为海关认定企业信用状况的记录。

**第三十八条** 本办法下列用语的含义:

企业相关人员,是指企业法定代表人、主要负责人、财务负责人、关务负责人等管理人员。

经认证的经营者（AEO），是指以任何一种方式参与货物国际流通，符合海关总署规定标准的企业。

**第三十九条** 本办法由海关总署负责解释。

**第四十条** 本办法自2021年11月1日起施行。2018年3月3日海关总署令第237号公布的《中华人民共和国海关企业信用管理办法》同时废止。

## 二、海关企业管理

参与跨境电商的企业主体众多，法律地位不同、责任义务各异，本章通过政策梳理、比对分析、实例分析，逐一进行解析。

（一）企业主体

根据海关总署公告2018年第194号《关于跨境电子商务零售进出口商品有关监管事宜的公告》，涉及跨境电商业务主体包括跨境电子商务企业及其境内代理人、跨境电子商务平台企业、支付企业、物流企业等。

“跨境电子商务企业”是指自境外向境内消费者销售跨境电子商务零售进口商品的境外注册企业（不包括在海关特殊监管区域或保税物流中心内注册的企业），或者境内向境外消费者销售跨境电子商务零售出口商品的企业，为商品的货权所有人。

“跨境电子商务企业境内代理人”是指开展跨境电子商务零售进口业务的境外注册企业所委托的境内代理企业，由其在海关办理注册登记，承担如实申报责任，依法接受相关部门监管，并承担民事责任。

“跨境电子商务平台企业”是指在境内办理工商登记，为交易双方（消费者和跨境电子商务企业）提供网页空间、虚拟经营场所、交易规则、信息发布等服务，设立供交易双方独立开展交易活动的信息网络系统的经营者。

“支付企业”是指在境内办理工商登记，接受跨境电子商务平台企业或跨境电子商务企业境内代理人委托为其提供跨境电子商务零售进口支付服务的银行、非银行支付机构以及银联等。

“物流企业”是指在境内办理工商登记，接受跨境电子商务平台企业、跨境电子商务企业或其代理人委托为其提供跨境电子商务零售进出口物流服务的企业。

“消费者（订购人）”是指跨境电子商务零售进口商品的境内购买人。

“国际贸易‘单一窗口’”是指由国务院口岸工作部际联席会议统筹推进，依托电子口岸公共平台建设的一站式贸易服务平台。申报人（包括参与跨境电子商务的企业）通过“单一窗口”向海关等口岸管理相关部门一次性申报，口岸管理相关部门通过电子口岸平台共享信息数据、实施职能管理，将执法结果通过“单一窗口”反馈申报人。

“跨境电子商务通关服务平台”是指由电子口岸搭建，实现企业、海关以及相关管理部门之间数据交换与信息共享的平台。

此外，根据《关于完善跨境电子商务零售进口监管有关工作的通知》（商财发〔2018〕486号）的规定，企业大体分为三类。一是跨境电商零售进口经营者（以下简称跨境电商企业），自境外向境内消费者销售跨境电商零售进口商品的境外注册企业，为商品的货权所有人。二是跨境电商第三方平台经营者（以下简称跨境电商平台），在境内办理工商登记，为交易双方（消费者和跨境电商企业）提供网页空间、虚拟经营场所、交易规则、交易撮合、信息发布等服务，设立供交易双方独立开展交易活动的信息网络系统的经营者。三是境内服务商，在境内办理工商登记，接受跨境电商企业委托为其提供申报、支付、物流、仓储等服务，具有相应运营资质，直接向海关提供有关支付、物流和仓储信息，接受海关、市场监管等部门后续监管，承担相应责任的主体。

需要指出的是，“商财发〔2018〕486号”是“海关总署公告2018年第194号”的立法依据之一，两者在企业名称上叫法虽有不同，但概念的内涵外延大抵一致，商财发〔2018〕486号对企业的划分重种类，海关总署公告2018年第194号对企业的划分重定位。比如，境内服务商（商财发〔2018〕486号）就包括支付企业、物流企业（海关总署公告2018年第194号）等；跨境电商第三方平台经营者（商财发〔2018〕486号）就是跨境电子商务平台企业（海关总署公告2018年第194号）；跨境电子商务企业境内代理人（海关总署公告2018年第194号）则是对跨境电商零售进口经营者（商财发〔2018〕486号）进一步细化，且明确其是跨境商品货权所有人的代理地位。

（二）企业注册登记

跨境电子商务平台企业、物流企业、支付企业等参与跨境电子商务零售进口业务的企业，应当依据海关报关单位注册登记管理相关规定，向所在地海关办理注册登记；境外跨境电子商务企业应委托境内代理人（以下简称跨境电子商务企业境内代理人）向该代理人所在地海关办理注册登记。

跨境电子商务企业、物流企业等参与跨境电子商务零售出口业务的企业，应当向所在地海关办理信息登记；如需办理报关业务，向所在地海关办理注册登记。

物流企业应获得国家邮政管理部门颁发的“快递业务经营许可证”。直购进口模式下，物流企业应为邮政企业或者已向海关办理代理报关登记手续的进出境快件运营人。

支付企业为银行机构的，应具备银保监会或者原银监会颁发的“金融许可证”；支付企业为非银行支付机构的，应具备中国人民银行颁发的“支付业务许可证”，支付业务范围应当包括“互联网支付”。

（三）企业责任

根据《关于完善跨境电子商务零售进口监管有关工作的通知》（商财发〔2018〕486号）的规定，按照“各负其责”的原则，明确企业责任，实施有效监管。

1. 跨境电商企业

（1）承担商品质量安全的主体责任，并按规定履行相关义务。应委托一家在境内办理工商登记的企业，由其在海关办理注册登记，承担如实申报责任，依法接受相关部门监管，并承担民事连带责任。

（2）承担消费者权益保障责任，包括但不限于商品信息披露、提供商品退换货服务、建立不合格或缺陷商品召回制度、对商品质量侵害消费者权益的赔付责任等。当发现相关商品存在质量安全风险或发生质量安全问题时，应立即停止销售，召回已销售商品并妥善处理，防止其再次流入市场，并及时将召回和处理情况向海关等监管部门报告。

（3）履行对消费者的提醒告知义务，会同跨境电商平台在商品订购网页或其他醒目位置向消费者提供风险告知书，消费者确认同意后方可下单购买。告知书应至少包含以下内容：

①相关商品符合原产地有关质量、安全、卫生、环保、标识等标准或技术规范要求，但可能与我国标准存在差异。消费者自行承担相关风险。

②相关商品直接购自境外，可能无中文标签，消费者可通过网站查看商品中文电子标签。

③消费者购买的商品仅限个人自用，不得再次销售。

（4）建立商品质量安全风险防控机制，包括收发货质量管理、库内质量管控、供应商管理等。

（5）建立健全网购保税进口商品质量追溯体系，追溯信息应至少涵盖国外启运地至国内消费者的完整物流轨迹，鼓励向海外发货人、商品生产商等上游溯源。

（6）向海关实时传输施加电子签名的跨境电商零售进口交易电子数据，可自行或委托代理人向海关申报清单，并承担相应责任。

2. 跨境电商平台

（1）平台运营主体应在境内办理工商登记，并按相关规定在海关办理注册登记，接受相关部门监管，配合开展后续管理和执法工作。

（2）向海关实时传输施加电子签名的跨境电商零售进口交易电子数据，并对交易真实性、消费者身份真实性进行审核，承担相应责任。

（3）建立平台内交易规则、交易安全保障、消费者权益保护、不良信息处理等管理制度。对申请入驻平台的跨境电商企业进行主体身份真实性审核，在网站公示主体身份信息和消费者评价、投诉信息，并向监管部门提供平台入驻商家等信息。与申请入驻平台的跨境电商企业签署协议，就商品质量安全主体责任、消费者权益保障以及商财发〔2018〕486号文其他相关要求等方面明确双方责任、权利和义务。

（4）对平台入驻企业既有跨境电商企业，也有国内电商企业的，应建立相互独立的区块或频道为跨境电商企业和国内电商企业提供平台服务，或以明显标识对跨境电商零售进口商品和非跨境商品予以区分，避免误导消费者。

（5）建立消费纠纷处理和消费维权自律制度，消费者在平台内购买商品，其合法权益受到损害时，平台须积极协助消费者维护自身合法权益，并履行先行赔付责任。

（6）建立商品质量安全风险防控机制，在网站醒目位置及时发布商品风险监测信息、监管部门发布的预警信息等。督促跨境电商企业加强质量安全风险防控，当商品发生质量安全问题时，敦促跨境电商企业做好商品召回、处理，并做好报告工作。对不采取主动召回处理措施的跨境电商企业，可采取暂停其跨境电商业务的处罚措施。

（7）建立防止跨境电商零售进口商品虚假交易及二次销售的风险控制体系，加强对短时间内同一购买人、同一支付账户、同一收货地址、同一收件电话反复大量订购，以及盗用他人身份进行订购等非正常交易行为的监控，采取相应措施予以控制。

（8）根据监管部门要求，对平台内在售商品进行有效管理，及时关闭平台内禁止以跨境电商零售进口形式入境商品的展示及交易页面，并将有关情况报送相关部门。

3. 境内服务商

（1）在境内办理工商登记，向海关提交相关资质证书并办理注册登记。其中，提供支付服务的银行机构应具备银保监会或原银监会颁发的“金融许可证”，非银行支付机构应具备中国人民银行颁发的“支付业务许可证”，支付业务范围应当包括“互联网支付”；物流企业应取得国家邮政管理部门颁发的“快递业务经营许可证”。

（2）支付、物流企业应如实向监管部门实时传输施加电子签名的跨境电商零售进口支付、物流电子信息，并对数据真实性承担相应责任。

（3）报关企业接受跨境电商企业委托向海关申报清单，承担如实申报责任。

（4）物流企业应向海关开放物流实时跟踪信息共享接口，严格按照交易环节所制发的物流信息开展跨境电商零售进口商品的国内派送业务。对于发现国内实际派送与通关环节所申报物流信息（包括收件人和地址）不一致的，应终止相关派送业务，并及时向海关报告。

（四）信用等级管理

参与跨境电子商务零售进出口业务并在海关注册登记的企业，纳入海关信用管理，海关根据信用等级实施差异化的通关管理措施。根据《信用办法》，海关根据企业信用状况将企业认定为高级认证企业、失信企业和实施常规管理措施的其他企业（以下简称一般企业）。海关按照诚信守法便利、失信违法惩戒原则，对上述企业分别适用相应的管理措施。例如，失信企业进出口货物平均查验率会在 80% 以上，经营加工贸易业务的，全额提供担保；而高级认证企业进出口货物平均查验率会在一般企业平均查验率的 20% 以下，且可以向海关申请免除担保。除了海关的管理措施外，海关还会通过全国信用信息共享平台提供海关失信企业信息，由国家发展改革委、中国人民银行、国家税务总局、国家外汇管理局等数十个参与联合激励和惩戒的部门实施跨部门联合激励和惩戒。

对于平台、物流和支付企业，虽然不存在货物通关的问题，但是一旦因为“向海关隐瞒真实情况或者提供虚假信息，影响企业信用管理的”的情形，被认定为失信企业的话，则可能受到其他部门的限制和惩戒。

（五）开放数据

根据海关总署公告 2018 年第 165 号《关于实时获取跨境电子商务平台企业支付相关原始数据有关事宜的公告》要求，参与跨境电子商务零售进口业务的跨境电商平台企业应当向海关开放支付相关原始数据，供海关验核。开放数据包括订单号、商品名称、交易金额、币制、收款人相关信息、商品展示链接地址、支付交易流水号、验核机构、交易成功时间以及海关认为必要的其他数据。

（六）接受稽查

海关稽查，是指海关自进出口货物放行之日起 3 年内或者在保税货物、减免税进口货物的海关监管期限内及其后的 3 年内，对与进出口货物直接有关的企业、单位的会计账簿、会计凭证、报关单证以及其他有关资料（以下统称账簿、单证等有关资料）和有关进出口货物进行核查，监督其进出口活动的真实性和合法性。海关稽查以事后为主，主要在进出口货物放行后的法定时间内开展，对于发现存在违规违法行为的企业，海关可以采取追补税款、降低企业信用等级、实施行政处罚等措施。

（七）主动披露

跨境电子商务平台企业、跨境电子商务企业或其代理人、物流企业、跨境电子商务监管作业场所经营人、仓储企业发现涉嫌违规或走私行为的，应当及时主动告知海关。根据《海关稽查条例》的规定，与进出口货物直接有关的企业、单位主动向海关报告其违反海关监管规定的行为，并接受海关处理的，应当从轻或者减轻行政处罚。

## 三、信用管理

海关对跨境电商企业纳入信用管理范畴，依据企业信用等级的不同，实施差异化的通关管理措施。对企业信用等级进行评定，有利于推进社会信用体系建设，有利于促进贸易安全和便利，同时全面推行的“经认证的经营者”（AEO）国际互认合作，对促进“一带一路”倡议、支持企业“走出去”等国家政策实施具有重要作用。

### （一）AEO 概念

AEO 的英文全称是 Authorized Economic Operator，也就是“经认证的经营者”。世界海关组织对其定义是：以任何一种方式参与货物的国际流通，并经海关认可符合世界海关组织或同等供应链安全标准的一方。

随着经济全球化的深入，全球化货物运输体系将各国海关的监管制度紧密相连、互相融合，国际化趋势越来越明显。“快捷”和“安全”已成为国际贸易效率的两大要素，更高级别的安全保障才能带来更为便捷的贸易秩序。2005 年 6 月，世界海关组织制定通过了《标准框架》。《标准框架》提出，保障供应链安全有两大支柱——“海关与海关之间的合作安排”和“海关与商界之间的伙伴关系”，将海关与企业之间的合作关系明确界定为“伙伴关系”。

AEO 制度应运而生，成为《标准框架》内容的重要组成部分。AEO 制度核心就是建立一个国际化的企业识别系统，将在供应链中具有高安全性的企业纳入其中。这些企业从这一合作关系中受益，获得快速通关或其他便利措施等实惠；同时海关以此来实现降低监管风险、简化手续、提高低风险货物通关效率、便利国际贸易的目的。AEO 制度在构建海关与商界之间的合作关系过程中发挥着重要作用。

2008 年，我国海关立足《标准框架》颁布实施了《中华人民共和国海关企业分类管理办法》，继承《标准框架》的原则及宗旨对企业实行了分类管理，改变了海关传统的单一监管货物的方式，实现了货物与企业监管并重的模式。2018 年 3 月，海关总署令第 237 号公布的《中华人民共和国海关企业信用管理办法》取代了原有的《中华人民共和国海关企业分类管理办法》，标志着我国 AEO 制度的初步确立，海关的企业认证工作成为构建关企合作伙伴关系的试验田。2021年9月13日，海关总署公布了海关总署令第251号《信用办法》，自2021年11月1日起施行，《中华人民共和国海关企业信用管理办法》同时废止。

（二）AEO待遇

1. 海关激励

《信用办法》明确高级认证企业是中国海关AEO，适用下列管理措施：

（1）进出口货物平均查验率低于实施常规管理措施企业平均查验率的20%，法律、行政法规或者海关总署有特殊规定的除外；

（2）出口货物原产地调查平均抽查比例在企业平均抽查比例的20%以下，法律、行政法规或者海关总署有特殊规定的除外；

（3）优先办理进出口货物通关手续及相关业务手续；

（4）优先向其他国家（地区）推荐农产品、食品等出口企业的注册；

（5）可以向海关申请免除担保；

（6）减少对企业稽查、核查频次；

（7）可以在出口货物运抵海关监管区之前向海关申报；

（8）海关为企业设立协调员；

（9）AEO互认国家或者地区海关通关便利措施；

（10）国家有关部门实施的守信联合激励措施；

（11）因不可抗力中断国际贸易恢复后优先通关；

（12）海关总署规定的其他管理措施。

2. 联合激励

根据国务院国发〔2016〕33号《关于建立完善守信联合激励和失信联合惩戒制度加快推进社会诚信建设的指导意见》要求，包括国家发展改革委、中国人民银行、财政部、人力资源社会保障部、国土资源部、环境保护部、商务部、国资委、国家税务总局、工商总局、国家质检总局[①]、银监会、证监会、保监会、国家外

① 国家质检总局系原国家质量监督检验检疫总局，主管质量、计量、出入境商品检验、出入境卫生检疫、出入境动植物检疫、进出口食品安全和认证认可、标准化等工作。2018年3月，根据国务院机构改革方案，将国家质量监督检验检疫总局职责整合，组建国家市场监督管理总局，将其出入境检验检疫管理职责和队伍划入海关总署，将其原产地地理标志管理职责整合，重新组建国家知识产权局。

汇管理局等在内的40个（以2016年机构编制为依据）国家部委与海关总署联合签署备忘录，一致同意自2016年11月1日起，除向高级认证企业提供海关监管便利措施外，另行提供39项涵盖发展改革、商务领域、金融部门授信、证券和保险领域、财政资金使用、社会保险、土地使用、环境保护许可事项、税收管理等领域，享受相关部门在各自职责范围内给予企业的优惠措施，如优先参与重大项目建设、获取商务事项审批、税收管理等监管便利，以及享受金融机构授信融资贷款优先等。

3. 跨境互认

高级认证企业的专享管理措施中，包括“AEO互认国家或者地区海关通关便利措施”，即AEO不仅在国内有效，还受到全球认可。截至2022年2月5日，我国已与新加坡、欧盟、南非等22个经济体签署了AEO互认协议，覆盖48个国家（地区），互认国家（地区）数量稳居世界首位。其中，包括32个共建“一带一路”国家，5个《区域全面经济伙伴关系协定》（RCEP）成员国和13个中东欧国家。我国的高级认证企业，在这些国家海关办理通关等业务，同样可以享受以信用管理为基础的差别化便利监管措施，大大压缩企业通关时间，最大限度地降低贸易成本。例如，优先清关、减少安全监管、减少其他与海关法规相关的货物或文件监管、查验事先通知、保持海关作业连续性等。

4. 提升商誉

AEO认证的核心是“贸易安全”，涉及合同条款、付款方式、单证审核、信用背书、物流安全、危机管理等方方面面，其公信力已逐渐成为企业界的金字招牌，得到生产商、产品供应商、贸易商共同认可。当前趋势下，AEO认证已开始逐渐成为企业发展壮大的“标配”。很多全球知名公司除了自身是海关高级认证企业，也要求其供应商，甚至下游客户具备海关高级认证资格。同时，在申请成为海关高级认证的过程中，可以有效提升企业的管理效能、优化管理流程、防控管理风险，这也有助于提升企业商业竞争力。

（三）高级认证标准

2021年11月1日起《信用办法》开始实施，配套执行的《海关高级认证企业标准》同时发布并施行。《海关高级认证企业标准》将原来分散在各个海关总署公告中的认证标准进行整合和优化：删除一般认证企业标准，保留高级认证企业“1+N”的认证标准体系；“1”即通用标准，凡是申请高级认证企业的均适用该标准；“N”目前有 8 个，分别为进出口收发货人、报关企业、外贸综合服务企业、跨境电子商务平台企业、进出境快件运营人、水运物流运输企业、公路物流运输企业、航空物流运输企业，企业结合自身类型和经营范围有针对性地适用其中一项或多项标准。其中涉及跨境电商企业主体的单项认证标准主要包括：进出口货物收发人、报关企业、跨境电子商务平台企业、进出境快件运营人等。《海关高级认证企业标准》重点对内部控制、财务状况、守法规范、贸易安全等进行修订，其中针对跨境电商平台企业和进出境快件运营人增设了“信息系统”指标项（详见表 6–3、表 6–5）。

1. 通用标准

《信用办法》第十四条规定：高级认证企业应当同时符合通用标准和相应的单项标准。通用标准见表 6–1。

表 6–1 高级认证企业标准（通用标准）

| 认证标准 | | | 达标情况 | | | |
|---|---|---|---|---|---|---|
| 一、内部控制标准 | | | 达标 0 | 基本达标 –1 | 不达标 –2 | 不适用— |
| （一）组织机构控制 | 1. 海关业务培训 | （1）建立并执行海关法律法规等相关规定的内部培训制度 | | | | |
| | | （2）法定代表人（负责人）、负责关务的高级管理人员、关务负责人、负责贸易安全的高级管理人员应当每年参加 2 次以上海关法律法规等相关规定的内部培训，及时了解、掌握相关管理规定 | | | | |
| | 2. 内部组织架构 | （1）进出口业务、财务、贸易安全、内部审计等部门（岗位）职责分工明确 | | | | |
| | | （2）指定高级管理人员负责关务 | | | | |

表 6-1 续 1

| 认证标准 | | | 达标情况 | | | |
|---|---|---|---|---|---|---|
| （二）进出口业务控制 | 3. 单证控制 | 建立并执行进出口单证复核或者纠错制度 | | | | |
| | 4. 单证保管 | （1）建立符合海关要求的进出口单证管理制度，确保归档信息的及时性、完整性、准确性与安全性 | | | | |
| | | （2）建立符合海关要求的特殊物品安全管理制度并按照规定留存特殊物品生产、使用、销售记录 | | | | |
| | | （3）妥善管理报关专用印章、海关核发的证书、法律文书等单证 | | | | |
| | | （4）建立企业认证的书面或者电子资料的专门档案 | | | | |
| | 5. 进出口活动 | 建立并执行进出口活动的流程管理制度 | | | | |
| | 6. 准入控制 | 建立安全准入控制制度，对进出口货物是否存在安全准入要求、是否符合安全准入要求进行前置审核，保证货物、产地、生产企业、收发货人等符合中国安全准入要求 | | | | |
| （三）内部审计控制 | 7. 内审制度 | （1）建立并执行对进出口活动的内部审计制度 | | | | |
| | | （2）每年实施 1 次以上的内部审计并建立书面或者电子资料的档案 | | | | |
| | | （3）已成为高级认证企业的，应当每年对是否符合高级认证企业标准实施内部审计 | | | | |
| | 8. 改进机制 | （1）建立并执行对进出口活动中已发现问题的改进机制和违法行为的责任追究机制 | | | | |
| | | （2）对海关要求的改正或者规范改进等事项，应当由法定代表人（负责人）或者负责关务的高级管理人员组织实施 | | | | |

表 6–1 续 2

| 认证标准 | | | 达标情况 | | |
|---|---|---|---|---|---|
| （四）信息系统控制 | 9. 信息系统 | 具有管理企业生产经营活动的信息化系统 | | | |
| | 10. 数据管理 | 建立信息系统的数据管理制度，数据存储 3 年以上 | | | |
| | 11. 信息安全 | （1）建立并执行信息安全管理制度 | | | |
| | | （2）对员工进行信息安全相关的培训 | | | |
| | | （3）对违反信息安全管理制度造成损害的行为应当予以责任追究 | | | |
| 二、财务状况标准 | | | 达标 0 | 不达标 –2 | 不适用— |
| （五）财务状况 | 12. 会计信息 | 企业申请高级认证的，应当提交会计师事务所出具的无保留意见审计报告；高级认证企业复核的，企业应当提交最近一次认证或者复核后每一年度会计师事务所出具的无保留意见审计报告 | | | |
| | 13. 资产负债率 | 无连续 3 年资产负债率超过 95% 情形（资产负债率 = 负债总额 / 资产总额，负债总额、资产总额以审计报告后附的财务报表数据的期末值为准） | | | |
| 三、守法规范标准 | | | 达标 0 | 不达标 –2 | 不适用— |
| （六）遵守法律法规 | 14. 人员守法 | 企业相关人员 2 年内未因故意犯罪受过刑事处罚 | | | |
| | 15. 企业守法 | （1）1 年内被海关列入信用信息异常企业名录次数不超过 1 次，且不超过 30 日 | | | |
| | | （2）1 年内无因进口禁止进境的固体废物违反海关监管规定被海关行政处罚的情形 | | | |
| | | （3）2 年内无成为失信企业的情形 | | | |
| | | （4）企业 2 年内未因犯罪受过刑事处罚 | | | |

表 6-1 续 3

| 认证标准 | | | 达标情况 | | |
|---|---|---|---|---|---|
| （七）进出口业务规范 | 16. 注册信息 | 在海关的注册登记或者备案信息与实际相符 | | | |
| | 17. 进出口记录 | 2 年内有进出口活动或者为进出口活动提供相关服务 | | | |
| | 18. 申报规范 | 见单项标准 | | | |
| | 19. 传输规范 | 见单项标准 | | | |
| | 20. 税款缴纳 | （1）认证期间，没有超过法定缴款期限尚未缴纳罚没款项的情形 | | | |
| | | （2）上年度以及本年度 1 月至上月没有超过法定缴款期限缴纳税款的情形 | | | |
| （八）海关管理要求 | 21. 管理要求 | （1）2 年内无海关责令限期改正，但逾期不改正的情形 | | | |
| | | （2）2 年内无向海关提供虚假情况或者隐瞒事实的情形 | | | |
| | | （3）2 年内无由海关要求承担技术处理、退运、销毁等义务，但逾期不履行的情形 | | | |
| | | （4）2 年内无明知其产品存在风险未主动向海关报告相关信息，或者存在瞒报、漏报的情形 | | | |
| | | （5）2 年内无拒绝、拖延向海关提供账簿、单证或海关归类、价格、原产地、减免税核查所需资料等有关材料的情形 | | | |
| | | （6）2 年内无转移、隐匿、篡改、毁弃报关单证、进出口单证、合同、与进出口业务直接有关的其他资料的情形 | | | |
| | | （7）2 年内无拒不配合海关执法的情形 | | | |

表 6–1 续 4

| 认证标准 | | | 达标情况 | | | |
|---|---|---|---|---|---|---|
| （八）海关管理要求 | 21. 管理要求 | （8）2 年内无未按海关要求办理保金保函的延期、退转手续的情形 | | | | |
| | | （9）2 年内无向海关人员行贿的行为 | | | | |
| | | （10）2 年内无未按规定向海关报告减免税货物使用状况的情形 | | | | |
| | | （11）2 年内未发生因产品安全、卫生、环保、品质、检疫问题或者欺诈行为被国（境）外官方通报或客户退货、索赔造成不良影响，经查实确属企业责任的 | | | | |
| | | （12）上年度商品安全、卫生、健康、环境保护、反欺诈、品质及数重量鉴定等项目指标被海关查验不合格率不超过同年度同类商品不合格率 | | | | |
| | | （13）2 年内出口动植物及其产品检验检疫、风险监控检测合格率 99% 以上 | | | | |
| | | （14）2 年内进口商未列入海关总署进口食品不良记录名单 | | | | |
| （九）外部信用 | 22. 外部信用 | 企业和企业相关人员 2 年内均未被列入国家失信联合惩戒名单 | | | | |
| 四、贸易安全标准 | | | 达标 0 | 基本达标 –1 | 不达标 –2 | 不适用— |
| （十）场所安全控制措施 | 23. 场所安全 | （1）建立并执行企业经营场所安全的管理制度 | | | | |
| | | （2）企业经营场所应当具有相应设施防止未载明货物和未经许可人员进入 | | | | |

表 6-1 续 5

| 认证标准 | | | 达标情况 | | | |
|---|---|---|---|---|---|---|
| （十一）进入安全控制措施 | 24. 进入安全 | （1）建立并执行人员和车辆出入管理制度 | | | | |
| | | （2）对企业员工进行身份识别和出入权限控制，限制未经授权员工进入敏感区域，对员工身份标识的发放和回收进行统一管理。员工的车辆进入企业应当停放在指定区域 | | | | |
| | | （3）实行访客登记管理，登记时必须检查带有照片的身份证件。访客进入企业应当佩戴临时身份标识、进入企业重点敏感区域应当有企业内部人员陪同。访客的车辆进入企业应当登记并停放在指定区域 | | | | |
| | | （4）对未经许可进入、身份不明的人员能够识别并加以处置 | | | | |
| （十二）人员安全控制措施 | 25. 人员安全 | （1）建立并执行员工入职、离职停职等管理制度 | | | | |
| | | （2）实行员工档案管理，具有动态的员工清单 | | | | |
| | | （3）聘用员工前，核实应聘人员的身份、就业经历等信息、对拟聘用人员进行违法记录调查 | | | | |
| | | （4）对离职停职员工及时收回工作证件、设备，并禁止其进入企业经营场所及使用企业信息系统 | | | | |
| （十三）商业伙伴安全控制措施 | 26. 商业伙伴安全 | 建立并执行评估、检查商业伙伴供应链安全的管理制度 | | | | |
| （十四）货物安全控制措施 | 27. 货物、物品安全 | 建立并执行保证进出口货物、进出境物品在运输、装卸和存储过程中的完整性、安全性的管理制度 | | | | |

表 6-1 续 6

| 认证标准 | | | 达标情况 | | | |
|---|---|---|---|---|---|---|
| （十五）集装箱安全控制措施 | 28. 集装箱安全 | 建立并执行保证集装箱完整性、安全性的管理制度 | | | | |
| （十六）运输工具安全控制措施 | 29. 运输工具安全 | 建立并执行保证运输工具的完整性、安全性的管理制度 | | | | |
| （十七）危机管理控制措施 | 30. 危机管理 | 发生的灾害或者紧急情况涉及海关业务的，应当及时向海关报告 | | | | |
| | 31. 安全培训 | （1）建立并执行贸易安全的内部培训机制 | | | | |
| | | （2）定期对员工进行与国际贸易供应链中货物流动相关风险的教育和培训，让员工了解、掌握海关高级认证企业在保证货物安全过程中应做的工作 | | | | |
| | | （3）定期对员工进行危机管理的培训和危机处理模拟演练，让员工了解、掌握在应急处置和异常报告过程中应做的工作 | | | | |
| 五、附加标准 | | | 符合 2 | | 不适用— | |
| （十八）加分标准 | 32. 加分项目 | 有下列情形之一的，经海关确认后可以加分：<br>（1）属于中国外贸出口先导指数样本企业的，1 年内填报问卷及时率在 90% 以上、问卷答案与出口增速的吻合度在 0.3 以上的 | | | | |
| | | （2）属于进口货物使用去向调查样本企业、其他统计专项调查样本企业的，1 年内填报问卷及时率和复核准确率在 90% 以上 | | | | |

2. 电商企业单项标准

（1）跨境电商平台企业。申请适用海关认证企业管理的，应当同时符合《海关高级认证企业标准》中的通用标准、进出口收发货人和跨境电商平台企业单项标准。就进出口收发货人、跨境电商平台企业单项标准而言，其相应高级认证企业标准详见表 6–2、表 6–3。

表 6–2　高级认证企业标准（进出口收发货人）

<table>
<tr><th colspan="3">认证标准</th><th colspan="4">达标情况</th></tr>
<tr><th colspan="3">一、内部控制标准</th><th>达标 0</th><th>基本达标 –1</th><th>不达标 –2</th><th>不适用—</th></tr>
<tr><td rowspan="3">（一）进出口业务控制</td><td rowspan="3">1. 单证控制</td><td>（1）在申报前或者委托申报前有专门部门或者岗位人员对进出口单证中的价格、归类、原产地、数量、品名、规格、境外收发货人、包装种类、货物存放地点、运输路线、储存条件、拆检注意事项、标签标志等内容的真实性、准确性、规范性和完整性进行内部复核</td><td></td><td></td><td></td><td></td></tr>
<tr><td>（2）企业实施许可证管理或者输华官方证书管理的，根据实际进出口情况，对国外品质证书、质量保证书、装运前检验证书、原产地证书、卫生检疫单证、输华食品官方证书、动植物检疫官方证书、动植物检疫许可证、农业转基因生物安全证书等单证的真实性、有效性、完整性、一致性进行内部复核</td><td></td><td></td><td></td><td></td></tr>
<tr><td>（3）企业从事加工贸易以及保税进出口业务的，有专门部门或者岗位人员对记录与加工贸易货物有关的进口、存储、转让、转移、销售、加工、使用、损耗和出口等情况的账簿、报表以及其他有关单证的准确性、一致性进行内部复核</td><td></td><td></td><td></td><td></td></tr>
</table>

表 6-2 续 1

| 认证标准 | | | 达标情况 | | | |
|---|---|---|---|---|---|---|
| （一）进出口业务控制 | 2. 单证保管 | （1）按照及时性、完整性、准确性与安全性等海关要求保管进出口报关单证以及相关资料 | | | | |
| | | （2）企业从事加工贸易、保税进出口的，应当保管与保税货物有关的进口、存储、转让、转移、销售、加工、使用、损耗和出口等情况的单证资料 | | | | |
| | | （3）企业涉及出入境特殊物品的，应当建立特殊物品生产、使用、销售记录，并确保记录的真实性 | | | | |
| | | （4）企业进出境动植物及其产品需要检疫监管的，应当对口岸查验、装卸、调离、运输、隔离、生产、加工、存放、流向、检疫处理等环节建立台账，确保台账的完整性和准确性 | | | | |
| | | （5）企业进出口商品需要检验监管的，应当对日常检验监管情况、生产经营情况、不合格货物的处置、销毁、退运、召回等情况建立台账，并确保台账的完整性和准确性 | | | | |
| | | （6）企业进出口食品的，应当设有专门场所、特定部门和专人对进口和销售记录进行保管 | | | | |
| | 3. 进出口活动 | 进出口业务管理流程设置合理、完备，涉及的货物流、单证流、信息流能够得到有效控制 | | | | |

表 6-2 续 2

| 认证标准 | | | 达标情况 | | | |
|---|---|---|---|---|---|---|
| （二）信息系统控制 | 4. 信息系统 | 建立真实、准确、完整并有效控制企业生产经营、进出口活动、财务数据等的信息系统，在客户管理、合同管理、财务管理、关务管理、物流管理等方面具备可记录、可追溯、可查询、可分析、可预警等功能并有效运行 | | | | |
| | 5. 数据管理 | （1）生产经营数据以及与进出口活动有关的数据及时、准确、完整、规范录入系统。系统数据自进出口货物办结海关手续之日起保存 3 年以上 | | | | |
| | | （2）进出口活动主要环节在系统中能够实现流程检索、跟踪 | | | | |

| 二、守法规范标准 | | | 达标 0 | 不达标 -2 | 不适用— |
|---|---|---|---|---|---|
| （三）遵守法律法规 | 6. 企业守法 | （1）1 年内无违反海关的监管规定被海关行政处罚金额超过 5 万元的行为 | | | |
| | | （2）1 年内违反海关的监管规定被海关行政处罚金额累计不超过 10 万元，且违法次数不超过 5 次或者违法次数不超过上年度报关单、进出境备案清单、进出境运输工具舱单等单证（以下简称“相关单证”）总票数千分之一 | | | |
| | | （3）上年度相关单证票数无法计算的，1 年内因违反海关的监管规定被海关行政处罚金额累计不超过 10 万，且违法次数不超过 5 次 | | | |
| | | （4）连续 4 个季度单季一般行政立案或刑事立案、没收、罚款、销毁、退运（退回）、知识产权保护等类型查获比率不超过同期全国平均水平 | | | |
| | | （5）上年度及本年度 1 月至上月未发现报关单涉税要素申报不规范问题 | | | |

表 6-2 续 3

<table>
<tr><th colspan="3">认证标准</th><th colspan="4">达标情况</th></tr>
<tr><th colspan="3">三、贸易安全标准</th><th>达标 0</th><th>基本达标 -1</th><th>不达标 -2</th><th>不适用—</th></tr>
<tr><td rowspan="7">（四）场所安全控制措施</td><td rowspan="7">7. 场所安全</td><td>海关特殊监管区内的企业，符合海关监管要求的，视为符合场所安全该项标准</td><td colspan="4"></td></tr>
<tr><td>（1）出入口：车辆、人员进出企业的出入口配备人员驻守</td><td rowspan="6"></td><td rowspan="6"></td><td rowspan="6"></td><td rowspan="6"></td></tr>
<tr><td>（2）建筑结构：建筑物的建造方式能够防止非法闯入。定期对建筑物进行检查和修缮，保证其完整性、安全性</td></tr>
<tr><td>（3）照明：企业经营场所配备充足的照明，包括以下区域：出入口，货物、物品装卸和仓储区，围墙周边及停车场/停车区域等</td></tr>
<tr><td>（4）视频监控：装配视频监控设备，监测以下区域：出入口，货物、物品装卸和仓储区，围墙周边及停车场/停车区域，防止未经许可进入货物、物品装卸和仓储区</td></tr>
<tr><td>（5）仓储区域：具有仓储设施，货物分类存放；设有隔离设施，防止任何未经许可的人员进入</td></tr>
<tr><td>（6）锁闭装置及钥匙保管：所有内外窗户、大门都设有足够数量的锁闭装置，实行钥匙发放、回收登记管理</td></tr>
<tr><td rowspan="4">（五）商业伙伴安全控制</td><td rowspan="4">8. 商业伙伴安全</td><td>商业伙伴系海关高级认证企业的，企业可以免于对该商业伙伴执行本项标准</td><td colspan="4"></td></tr>
<tr><td>（1）全面评估：在筛选商业伙伴时，根据本认证标准对商业伙伴进行全面评估，重点评估守法合规、贸易安全和供货资质，并有书面制度和程序</td><td rowspan="3"></td><td rowspan="3"></td><td rowspan="3"></td><td rowspan="3"></td></tr>
<tr><td>（2）书面文件：在合同、协议或者其他书面资料中要求商业伙伴按照本认证标准优化和完善贸易安全管理</td></tr>
<tr><td>（3）监控检查：定期监控或者检查商业伙伴遵守贸易安全要求的情况，并有书面制度和程序</td></tr>
</table>

表 6-2 续 4

| 认证标准 | | | 达标情况 | | | |
|---|---|---|---|---|---|---|
| （六）货物、物品安全控制 | 9. 货物、物品安全 | （1）装运和接收货物、物品：运抵的货物、物品要与货物、物品单证的信息相符，核实货物、物品的重量、标签、件数或者箱数。离岸的货物、物品要与购货订单或者装运订单上的内容进行核实。在货物、物品关键交接环节有签名、盖章等保护制度 | | | | |
| | | （2）出口安全：生产型企业对出口货物、物品实施专人监装并保存相关记录；非生产型企业要求建立管理制度确保出口货物、物品安全装运 | | | | |
| | | （3）货物、物品差异：在出现货物、物品溢、短装，法检商品安全、卫生、环保等指标不合格或者其他异常现象时要及时报告或者采取其他应对措施，并有书面制度和程序 | | | | |
| （七）集装箱安全控制措施 | 10. 集装箱安全 | 只做单纯的国际贸易业务的非生产型企业，延伸认证其 1 家有委托关系的主要物流运输企业 | | | | |
| | | （1）集装箱检查：在装货前检查集装箱结构的物理完整性和可靠性，包括门的锁闭系统的可靠性，并做好相关登记。检查采取“七点检查法”（即对集装箱按照以下部位进行检查：前壁、左侧、右侧、地板、顶部、内/外门、外部/起落架） | | | | |
| | | （2）集装箱封条：已装货集装箱要施加高安全度的封条，所有封条都要符合或者超出现行 PAS ISO 17712 对高度安全封条的标准，封条有专人管理、登记。要建立施加和检验封条的书面制度和程序，以及封条异常的报告机制。进出境厢式货车应全程施加封条，确保安全 | | | | |
| | | （3）集装箱存储：集装箱要保存在安全的区域，以防止未经许可的进入或者改装，有报告和解决未经许可擅自进入集装箱或者集装箱存储区域的程序 | | | | |

表 6-2 续 5

| 认证标准 | | | 达标情况 | | | |
|---|---|---|---|---|---|---|
| （八）运输工具安全控制措施 | 11. 运输工具安全 | 只做单纯的国际贸易业务的非生产型企业，延伸认证其 1 家有委托关系的主要物流运输企业 | | | | |
| | | （1）运输工具检查：对所有运输进出口货物、物品的运输工具进行检查，防止藏匿可疑货物、物品，并有书面制度和程序。对运输工具需要进行清洁、消毒等特殊处理的，应有书面制度和程序 | | | | |
| | | （2）运输工具存储：运输工具要停放在安全的区域，以防止未经许可的进入或者其他损害，有报告和解决未经许可擅自进入或者损害的程序 | | | | |
| | | （3）司机身份核实：在货物被装运或者接收前，应对装运或者接收货物运输工具的司机进行身份核实 | | | | |

表 6-3 高级认证企业标准（跨境电商平台企业）

| 认证标准 | | | 达标情况 | | | |
|---|---|---|---|---|---|---|
| 一、内部控制标准 | | | 达标 0 | 基本达标 -1 | 不达标 -2 | 不适用— |
| （一）组织机构控制 | 1. 海关业务培训 | 建立并执行面向跨境电子商务企业、跨境电子商务企业境内代理人（以下简称“电商企业及其境内代理人”）的海关法律法规等相关规定的常态化培训制度，建立培训效果评估机制 | | | | |
| | 2. 内部组织架构 | （1）设置专门业务风险管理部门，重点围绕商品合规、质量安全、生物安全、虚假交易、二次销售、知识产权等开展风险评估与日常监控，部门职责分工明确 | | | | |
| | | （2）设置专门客户服务部门，重点围绕交易规则评估、交易安全保障、消费者权益保护、不良信息处理等开展日常监控和服务，部门职责分工明确 | | | | |

表 6-3 续 1

| 认证标准 | | | 达标情况 | | | |
|---|---|---|---|---|---|---|
| （二）进出口业务控制 | 3. 单证控制 | （1）建立并执行交易电子信息复核制度 | | | | |
| | | （2）设置专门部门或岗位人员，对向海关传输的电子信息真实性、完整性和有效性进行合理审查 | | | | |
| | | （3）利用跨境电子商务平台运营所积累的数据对商品价格、归类等税收要素、产品质量和交易真实性进行监控 | | | | |
| | 4. 单证保管 | 按照及时性、完整性、准确性与安全性等海关要求，保存与跨境电子商务有关的合作合同（协议）、委托代理协议等资料，以及向海关传输的电子信息，保存时限不低于 3 年 | | | | |
| （三）内部审计控制 | 5. 质量管理 | 建立消费者权益保障制度，履行对消费者的提醒告知义务 | | | | |
| （四）信息系统控制 | 6. 信息系统 | （1）建立真实、准确、完整并有效控制跨境电子商务经营活动的信息系统，在资质审核、财务管理、进出口申报、业务风险管理等方面具备可记录、可追溯、可查询、可分析、可预警等功能并有效运行 | | | | |
| | | （2）具备与海关即时对接的条件，向海关开放相关系统查询使用权限，满足海关定期开展交易真实性验证需求 | | | | |
| | | （3）具备境内订购人身份信息真实性校验功能并有效运行 | | | | |
| | | （4）完整记录用户注册、浏览、购买、支付等在网站上开展各类操作活动的时间、账号、IP 地址等详细信息 | | | | |
| | 7. 数据管理 | 建立知识产权库、价格数据库、历史交易库和企业信息库等后台业务风险管理数据库。应海关要求提供有关风险防控方面的信息和数据 | | | | |

表 6-3 续 2

| 认证标准 | | | 达标情况 | | | |
|---|---|---|---|---|---|---|
| 二、贸易安全标准 | | | 达标 0 | 基本达标 -1 | 不达标 -2 | 不适用— |
| （五）商业伙伴安全控制 | 8. 商业伙伴安全 | （1）建立并执行电商企业及其境内代理人和其他商业合作伙伴的资质准入制度 | | | | |
| | | （2）与电商企业及其境内代理人和其他商业合作伙伴签订规范的跨境电子商务合同（协议），在合同、协议或者其他书面资料中要求电商企业及其境内代理人和其他商业合作伙伴，按照海关认证标准优化和完善贸易安全管理 | | | | |
| | | （3）根据风险评估结果、违法违规记录等建立电商企业及其境内代理人分级管理制度，对有违法违规记录的电商企业及其境内代理人进行责任回溯，并采取相应管控措施，不得为被列入联合惩戒对象的企业提供平台服务 | | | | |
| | | （4）建立对电商企业及其境内代理人交易行为的监控制度，能够有效识别非正常交易行为并采取相应的处置措施 | | | | |

（2）进出境快件运营人。申请适用海关认证企业管理的，应当同时符合《海关高级认证企业标准》中的通用标准、报关企业和进出境快件运营人单项标准。就报关企业、进出境快件运营人单项标准而言，其相应高级认证企业标准详见表 6-4、表 6-5。

表 6-4 高级认证企业标准（报关企业）

| 认证标准 | | | 达标情况 | | | |
|---|---|---|---|---|---|---|
| 一、内部控制标准 | | | 达标 0 | 基本达标 -1 | 不达标 -2 | 不适用— |
| （一）组织机构控制 | 1. 海关业务培训 | 建立并执行面向客户的海关法律法规等相关规定的培训制度，每年对客户开展海关业务专业培训 | | | | |
| （二）进出口业务控制 | 2. 单证控制 | （1）代理申报前，有专门部门对进出口单证及相关信息、监管证件、商业单据等资料的真实性、完整性和有效性进行合理审查并复核纠错 | | | | |
| | | （2）被代理企业实施许可证管理或者输华官方证书管理的，代理申报前，根据企业进出口实际情况对被代理企业的国外品质证书、质量保证书、装运前检验证书、原产地证书、卫生检疫单证、输华食品官方证书、动植物检疫官方证书、动植物检疫许可证、农业转基因生物安全证书等单证的有效性、完整性、一致性进行内部复核 | | | | |
| | 3. 单证保管 | 按照及时性、完整性、准确性与安全性等海关要求保管进出口报关单证以及相关资料 | | | | |
| | 4. 进出口活动 | 企业代理报关及相关活动管理流程设置合理、完备，涉及的货物流、单证流、信息流能够得到有效控制 | | | | |
| （三）信息系统控制 | 5. 信息系统 | 建立真实、准确、完整并有效控制企业日常经营、代理进出口活动、财务数据的信息系统，在客户管理、合同管理、财务管理、关务管理、物流管理等方面具备可记录、可追溯、可查询、可分析、可预警等功能并有效运行 | | | | |
| | 6. 数据管理 | 代理报关活动的有关数据及时、准确、完整、规范录入系统。系统数据自进出口货物办结海关手续之日起保存 3 年以上 | | | | |

表 6-4 续 1

<table>
<tr><th colspan="3">认证标准</th><th colspan="4">达标情况</th></tr>
<tr><td colspan="3">二、守法规范标准</td><td>达标 0</td><td>不达标 -2</td><td colspan="2">不适用—</td></tr>
<tr><td rowspan="3">（四）遵守法律法规</td><td rowspan="3">7. 企业守法</td><td>（1）1 年内无违反海关的监管规定被海关行政处罚金额超过 1 万元的行为</td><td></td><td></td><td colspan="2"></td></tr>
<tr><td>（2）1 年内违反海关的监管规定被海关行政处罚的次数不超过上年度报关单、进出境备案清单、进出境运输工具舱单等单证（以下简称“相关单证”）总票数万分之一，且被海关行政处罚金额累计不超过 3 万元</td><td></td><td></td><td colspan="2"></td></tr>
<tr><td>（3）上年度相关单证票数无法计算的，1 年内无因违反海关的监管规定被海关行政处罚的行为</td><td></td><td></td><td colspan="2"></td></tr>
<tr><td colspan="3">三、贸易安全标准</td><td>达标 0</td><td>基本达标 -1</td><td>不达标 -2</td><td>不适用—</td></tr>
<tr><td rowspan="5">（五）场所安全控制措施</td><td rowspan="5">8. 场所安全</td><td>（1）出入口：车辆、人员进出企业的出入口配备人员驻守</td><td></td><td></td><td></td><td></td></tr>
<tr><td>（2）建筑结构：建筑物的建造方式能够防止非法闯入。定期对建筑物进行检查和修缮，确保其完整性、安全性</td><td></td><td></td><td></td><td></td></tr>
<tr><td>（3）照明：企业经营场所配备充足的照明</td><td></td><td></td><td></td><td></td></tr>
<tr><td>（4）视频监控：装配视频监控，监测以下区域：出入口、单证存放区域，防止未经许可进入</td><td></td><td></td><td></td><td></td></tr>
<tr><td>（5）锁闭装置及钥匙保管：所有内外窗户、大门都设有足够数量的锁闭装置，实行钥匙发放、回收登记管理</td><td></td><td></td><td></td><td></td></tr>
</table>

表 6-4 续 2

| 认证标准 | | | 达标情况 | | | |
|---|---|---|---|---|---|---|
| （六）商业伙伴安全控制措施 | 9. 商业伙伴安全 | 商业伙伴系海关高级认证企业的，企业可以免于对该商业伙伴执行本项标准 | | | | |
| | | （1）全面评估：在筛选商业伙伴时根据本认证标准对商业伙伴进行全面评估，重点评估守法合规和贸易安全，并有书面制度和程序 | | | | |
| | | （2）书面文件：在合同、协议或者其他书面资料中要求商业伙伴按照本认证标准优化和完善贸易安全管理 | | | | |
| | | （3）监控检查：定期监控或者检查商业伙伴遵守贸易安全要求的情况，并有书面制度和程序 | | | | |
| （七）货物安全控制措施 | 10. 货物、物品安全 | 只做单纯的报关业务的企业，延伸认证其 1 家有委托关系的被代理企业或者主要物流运输企业 | | | | |
| | | （1）装运和接收货物、物品：运抵的货物、物品要与货物、物品单证的信息相符，核实货物、物品的重量、标签、件数或者箱数。离岸的货物、物品要与购货订单或者装运订单上的内容进行核实。在货物、物品关键交接环节有签名、盖章等保护制度 | | | | |
| | | （2）货物、物品差异：在出现货物、物品溢、短装，法检商品安全、卫生、环保等指标不合格或者其他异常现象时要及时报告或者采取其他应对措施，并有书面制度和程序 | | | | |

表 6-4 续 3

| 认证标准 | | | 达标情况 | | | |
|---|---|---|---|---|---|---|
| （八）集装箱安全控制措施 | 11. 集装箱安全 | 只做单纯的报关业务的企业，延伸认证其1家有委托关系的被代理企业或者主要物流运输企业 | | | | |
| | | （1）集装箱检查：在装货前检查集装箱结构的物理完整性和可靠性，包括门的锁闭系统的可靠性，并做好相关登记。检查采取“七点检查法”（即对集装箱按照以下部位进行检查：前壁、左侧、右侧、地板、顶部、内/外门、外部/起落架） | | | | |
| | | （2）集装箱封条：已装货集装箱要施加高安全度的封条，所有封条都要符合或者超出现行 PAS ISO 17712 对高度安全封条的标准。封条有专人管理、登记。要建立施加和检验封条的书面制度和程序，以及封条异常的报告机制。进出境厢式货车应全程施加封条，确保安全 | | | | |
| | | （3）集装箱存储：集装箱要保存在安全的区域，以防止未经许可的进入或者改装，有报告和解决未经许可擅自进入集装箱或者集装箱存储区域的程序 | | | | |
| （九）运输工具安全控制措施 | 12. 运输工具安全 | 只做单纯的报关业务的企业，延伸认证其1家有委托关系的被代理企业或者主要物流运输企业 | | | | |
| | | （1）运输工具检查：对所有运输进出口货物、物品的运输工具进行检查，防止藏匿可疑货物、物品，并有书面制度和程序 | | | | |
| | | （2）运输工具存储：运输工具要停放在安全的区域，以防止未经许可的进入或者其他损害，有报告和解决未经许可擅自进入或者损害的程序 | | | | |
| | | （3）司机身份核实：在货物被装运或者接收前，应对装运或者接收货物运输工具的司机进行身份核实 | | | | |

表 6–5　高级认证企业标准（进出境快件运营人）

| 认证标准 | | | 达标情况 | | | |
|---|---|---|---|---|---|---|
| 一、内部控制标准 | | | 达标 0 | 基本达标 –1 | 不达标 –2 | 不适用— |
| （一）进出口业务控制 | 1. 单证控制 | 设置专门部门或岗位人员，在申报前对委托人提供的进出口随附单据、有关证明文件、收发件人信息等资料的真实性、规范性和完整性进行审查 | | | | |
| | 2. 单证保管 | 按照完整性、准确性与安全性等海关要求，保存快件报关单证、随附单据、有关证明文件等 | | | | |
| （二）信息系统控制 | 3. 信息系统 | （1）具备全程实时快件物流信息跟踪功能，实现对揽收快件物流状态的实时查询；对境内交由其他物流企业派送的包裹，可提供实时物流和妥投数据 | | | | |
| | | （2）具备风险控制功能，对客户和快件进行风险识别、分析、筛查、处置并实施分级管理 | | | | |
| | | （3）具备快件仓储管理功能，能够对快件在海关监管作业场所内的物流状态实施跟踪、查询、控制等 | | | | |
| | | （4）具备与海关即时对接的条件，向海关开放业务数据、物流信息和妥投信息等相关系统查询使用权限，满足海关管理需求 | | | | |
| | 4. 数据管理 | 信息系统的数据及时、准确、完整、规范，全程物流信息、风险管理信息等系统数据，自办结海关手续之日起保存 3 年以上 | | | | |
| 二、贸易安全标准 | | | 达标 0 | 基本达标 –1 | 不达标 –2 | 不适用— |
| （三）商业伙伴安全控制措施 | 5. 商业伙伴安全 | 建立境内和境外合作者的风险分级管理制度，结合海关监管情况及企业内部掌握情况对合作者进行动态评估，要求合作者按照海关认证标准优化和完善贸易安全管理 | | | | |

表 6-5 续

| 认证标准 | | | 达标情况 | | | |
|---|---|---|---|---|---|---|
| （四）货物安全控制措施 | 6. 货物、物品安全 | （1）建立并执行符合法律法规要求的揽收快件验视、复核制度，对限制类快件应当要求客户提供有关证明文件，对不符合法律法规要求的快件不得揽收承运 | | | | |
| | | （2）要求境外合作者建立符合法律法规要求的快件揽收验视、复核制度，并检查评估其执行落实情况，每年度不少于 1 次 | | | | |
| | | （3）建立并执行快件装卸、分拣、存储、运输全程（关境内）监控制度，应海关要求提供相关信息 | | | | |
| | | （4）建立对有违法嫌疑或高风险快件处置制度，发现上述情况及时采取处置措施并向海关报告 | | | | |

## 延伸阅读

### 《海关高级认证企业标准》说明

**一、关于认证标准的分类**

海关高级认证企业标准包括通用标准和针对不同企业类型和经营范围制定的单项标准，具体包括内部控制、财务状况、守法规范、贸易安全和附加标准 5 大类标准。

**二、关于认证标准的赋分规则**

（一）基础标准赋分规则。

赋分选项分为两种，一是“达标”“不达标”，对应分值为“0”“-2”；二是“达标”“基本达标”“不达标”，对应分值为“0”“–1”“–2”。

达标：企业实际情况符合该项标准。该项标准中有分项标准［用（1）、（2）、（3）等表示］的，也应当符合每个分项标准。

基本达标：企业实际情况基本符合该项标准。该项标准中有分项标准［用（1）、（2）、（3）等表示］的，也应当符合或者基本符合每个分项标准。

不达标：企业实际情况不符合该项标准。该项标准的分项标准［用（1）、（2）、（3）等表示］中如有不达标情形的，该项标准即为不达标。

不适用：相关标准不适用于该类型和经营范围企业的，海关不再对该项标准进行认证。

（二）附加标准赋分规则。

设定“符合”和“不适用”选项，对应分值为“2”和“0”。附加标准分值最高为“2”，不重复记分。

**三、关于认证标准的通过条件**

企业同时符合下列3个条件并经海关认定的，通过认证：

（一）所有赋分标准项均没有不达标（–2分）情形；

（二）内部控制、贸易安全两类标准中没有单一标准项（用1、2、3表示）基本达标（–1分）超过3项的情形；

（三）认证标准总分在95分（含本数）以上。

认证标准总分=100+（所有赋分项目得分总和）。

**四、关于时间计算**

“1年内”，指连续的12个月。

企业信用等级向上调整为高级认证企业的，自海关接受企业申请之日起倒推计算。

企业信用等级向下调整的，以最近一次海关行政处罚决定作出之日起倒推计算；其中，已成为高级认证企业的，海关最近一次接受企业申请之日倒推12个月前的行政处罚决定不参与计算。

## 四、企业在海关管理中的级别认定、调整及监管差异

根据《信用办法》，海关根据企业信用状况将企业认定为高级认证企业、失信企业和一般企业。

（一）海关管理中企业级别的认定

1. 失信企业

（1）认定标准

企业有下列情形之一的，海关认定为失信企业：

①被海关侦查走私犯罪公安机构立案侦查并由司法机关依法追究刑事责任的；

②构成走私行为被海关行政处罚的；

③非报关企业 1 年内违反海关的监管规定被海关行政处罚的次数超过上年度报关单、进出境备案清单、进出境运输工具舱单等单证（以下简称“相关单证”）总票数千分之一且被海关行政处罚金额累计超过 100 万元的；报关企业 1 年内违反海关的监管规定被海关行政处罚的次数超过上年度相关单证总票数万分之五且被海关行政处罚金额累计超过 30 万元的；上年度相关单证票数无法计算的，1 年内因违反海关的监管规定被海关行政处罚，非报关企业处罚金额累计超过 100 万元、报关企业处罚金额累计超过 30 万元的；

④自缴纳期限届满之日起超过 3 个月仍未缴纳税款的；

⑤自缴纳期限届满之日起超过 6 个月仍未缴纳罚款、没收的违法所得和追缴的走私货物、物品等值价款，并且超过 1 万元的；

⑥抗拒、阻碍海关工作人员依法执行职务，被依法处罚的；

⑦向海关工作人员行贿，被处以罚款或者被依法追究刑事责任的；

⑧法律、行政法规、海关规章规定的其他情形。

此外，失信企业存在下列情形的，海关依照法律、行政法规等有关规定实施联合惩戒，将其列入严重失信主体名单：

①违反进出口食品安全管理规定、进出口化妆品监督管理规定或者走私固体废物被依法追究刑事责任的；

②非法进口固体废物被海关行政处罚金额超过 250 万元的。

（2）认定程序

海关在作出认定失信企业决定前，应当书面告知企业拟作出决定的事由、依据和依法享有的陈述、申辩权利。特别是海关拟将企业列入严重失信主体名单的，还应当告知企业列入的惩戒措施提示、移出条件、移出程序及救济措施。

企业对海关拟认定失信企业决定或者列入严重失信主体名单决定提出陈述、申辩的，应当在收到书面告知之日起 5 个工作日内向海关书面提出。

海关应当在 20 日内进行核实，企业提出的理由成立的，海关应当采纳。

2. 企业认证

企业申请成为高级认证企业的，应当向海关提交书面申请，并按照海关要求提交相关资料。海关依据高级认证企业通用标准和相应的单项标准，对企业提交的申请和有关资料进行审查，并赴企业进行实地认证。

海关应当自收到申请及相关资料之日起 90 日内进行认证并作出决定。特殊情形下，海关的认证时限可以延长 30 日。

经认证，符合高级认证企业标准的企业，海关制发高级认证企业证书；不符合高级认证企业标准的企业，海关制发未通过认证决定书。高级认证企业证书、未通过认证决定书应当送达申请人，并且自送达之日起生效。

海关对高级认证企业每 5 年复核一次。企业信用状况发生异常情况的，海关可以不定期开展复核。经复核，不再符合高级认证企业标准的，海关应当制发未通过复核决定书，并收回高级认证企业证书。

此外，海关可以委托社会中介机构就高级认证企业认证、复核相关问题出具专业结论。企业委托社会中介机构就高级认证企业认证、复核相关问题出具的专业结论，可以作为海关认证、复核的参考依据。

特别需要指出的是，企业有下列情形之一的，1 年内不得提出高级认证企业认证申请：①未通过高级认证企业认证或者复核的；②放弃高级认证企业管理的；③撤回高级认证企业认证申请的；④高级认证企业被海关下调信用等级的；⑤失信企业被海关上调信用等级的。

3. 信用修复

未被列入严重失信主体名单的失信企业纠正失信行为，消除不良影响，并且符合下列条件的，可以向海关书面申请信用修复并提交相关证明材料：

（1）因存在构成走私行为被海关行政处罚的，抗拒、阻碍海关工作人员依法执行职务被依法处罚的等情形被认定为失信企业满 1 年的；

（2）因存在非报关企业 1 年内违反海关的监管规定被海关行政处罚的次数超过上年度报关单、进出境备案清单、进出境运输工具舱单等单证（以下简称“相关单证”）总票数千分之一且被海关行政处罚金额累计超过 100 万元的；报关企业 1 年内违反海关的监管规定被海关行政处罚的次数超过上年度相关单证总票数万分之五且被海关行政处罚金额累计超过 30 万元的；上年度相关单证票数无法计算的，1 年内因违反海关的监管规定被海关行政处罚，非报关企业处罚金额累计超过 100 万元、报关企业处罚金额累计超过 30 万元的等情形被认定为失信企业满 6 个月的；

（3）因存在自缴纳期限届满之日起超过 3 个月仍未缴纳税款的；自缴纳期限届满之日起超过 6 个月仍未缴纳罚款，没收的违法所得和追缴的走私货物、物品等值价款，并且超过 1 万元的等情形被认定为失信企业满 3 个月的。

经审核符合信用修复条件的，海关应当自收到企业信用修复申请之日起 20 日内作出准予信用修复决定。

失信企业连续 2 年未发生失信认定情形的（详见本节失信企业认定标准），海关应当对失信企业作出信用修复决定。

特别需要指出的是，法律、行政法规和党中央、国务院政策文件明确规定不可修复的，海关不予信用修复。

（二）海关管理中企业级别的监管差异

海关对不同级别的企业实施不同的监管措施，对一般企业适用常规管理措施，对高级认证企业实施一定的优惠措施（详见本章第二节）。失信企业在通关、加工贸易和后续监管实施严格的监管措施。

高级认证企业适用的管理措施在前面“三、信用管理”的“（二）AEO 待遇”中已有介绍，此处不再赘述。

1. 高级认证企业适用的管理措施

其中第（8）项措施中，企业协调员是由直属海关选定，专门负责协调海关与企业涉及海关业务相关事宜的海关工作人员，为企业提供下列服务事项：提供海关政策、法律法规咨询服务；听取并反映企业合理诉求；协调解决企业办理海关业务疑难问题；征询对海关管理工作的意见与建议；指导企业规范改进，开展诚信守法宣传；指导企业配合海关管理工作；负责关企合作的其他事宜。此外，企业也应当指定分管关务的高级管理人员作为联系人，负责与海关沟通联系。

2. 失信企业适用的管理措施

失信企业适用下列管理措施：

（1）进出口货物平均查验率在80%以上；

（2）不予免除查验没有问题企业的吊装、移位、仓储等费用；

（3）不适用汇总征税制度；

（4）经营加工贸易业务的，全额提供担保；

（5）提高对企业稽查、核查频次；

（6）国家有关部门实施的失信联合惩戒措施；

（7）海关总署规定的其他管理措施。

（三）高级别调整关务筹划

企业级别在某种程度上来说是在于企业管理水平，尤其是关务管理水平。以下是企业取得更高级别的筹划途径和方式。

1. 定期评估，及时申报

现行的管理办法，上调级别是一项应企业申请的审批行政行为，不是自动适用的，因此，如果企业具备资格应主动向海关申请。

（1）定期评估：检查过去各项记录和指标，尤其是量化的指标，如进出口量、守法记录等是否达到要求。

（2）准备资料：准备《高级认证企业申请书》。

（3）及时申请：经过评估后，应积极向海关申请高级认证企业资格。

2. 保证业务的合规性

（1）杜绝走私和违规，及时办理各种备案、注册和申请审批等海关手续，加强关务内部控制，减少报关差错率。

（2）申报前，做自我检查。如果在自我检查中，发现过去确实存在违规、漏税等情事，可以通过主动披露的形式，争取不立案、不罚款，以补税的方式处理。

（3）对已经立案调查和处理的案件，积极配合调查，一方面以主动的态度争取认罪认罚，另一方面可以加快案件的处理进度，以降低对生产的影响。

（4）对历史遗留的违规或走私事件，积极与海关沟通，争取加快解决。因为如果有未审结走私或者违规案件，不能申请更高企业级别。

3. 协调其他部门一起完善内部控制和货物安全管理制度

（1）建立完整的关务内部控制和管理制度。

（2）向管理层、内部审计部门、财务部门和安保部门传达海关的管理要求，企业信用管理实际上是对企业守法历史和综合管理能力的考核，是企业综合能力的反映。

（3）申报前，对内部控制作一次完整的自我评估，在海关认证前，及时提升和改进内部控制的缺陷和薄弱点。

# 第七章

# 关务筹划与税收征管

税收征管是货物和物品在进出境时所涉及的重要环节，跨境电商更是如此。根据国家关于跨境电商零售进口税收政策，相关商品按照货物征收关税和进口环节增值税、消费税，关税税率暂设为0，进口环节增值税、消费税取消免征税额，暂按法定应纳税额的70%征收。超过单次限值、累加后超过个人年度限值的单次交易，以及完税价格超过限值的单个不可分割商品，均按照一般贸易方式全额征税。限值内免税、减税，限值外全额征税——跨境电商零售进口商品所适用的税制，从诞生之日起，就与众不同，参照行邮税的构成和称谓，故而业内称其为电商税。电商税之所以存在，从特殊性来看有其历史渊源和现实考量，从普遍性来看其亦符合税收征管的基本要素和普遍规律。

## 一、电商税

2016年3月24日，财政部、海关总署、国家税务总局联合发布了财关税〔2016〕18号《关于跨境电子商务零售进口税收政策的通知》，也简称“4·8新政”，规定自2016年4月8日起对跨境电商零售进口业务，在限值以内的进口商品，关税税率暂设为0；进口环节增值税、消费税取消免征税额，暂按法定应纳税额的70%征收；超过单次限值、累加后超过个人年度限值的单次交易，均按照一般贸易方式全额征税。适用该项税收政策的货物需符合《跨境电子商务零售进口商品清单》管理，且能实现交易、支付、物流电子信息“三单”比对。2018年11月29日，财政部、海关总署、国家税务总局联合发布了财关税〔2018〕49号《关于完善跨境电子商务零售进口税收政策的通知》，将单次交易限值由人民币2000元提高至5000元，年度交易限值由人民币20000元提高至26000元。

（一）税种

“4·8新政”前，在税收征管方面，跨境电商零售进口商品按照个人物品征税，即行邮税，故存在50元免税额度。行邮税是行李和邮递物品进口税的简称，是海关对入境旅客行李物品和个人邮递物品征收的进口税，其实质是关税、增值税、消费税融合的产物。行邮税是关税政策中的简易征收办法。行邮税的课税对象是进境旅客、运输工具服务人员携带的行李物品、个人邮递物品、馈赠物品以及以其他方式入境的非贸易性质的个人物品等。为了鼓励跨境电商行业发展，海关在全国范围内对跨境电商进行试点。政策规定适用行邮税的情形为，商品入境时已有订单信息且收货人为个人。该阶段，行邮税的适用情况包括网购保税进口、直购进口、邮件快件渠道等。

“4·8 新政”后，在税收征管方面，跨境电商零售进口商品征收电商税，在限值以内的进口商品，关税税率暂设为 0%；进口环节增值税、消费税取消免征税额，暂按法定应纳税额的 70% 征收；超过单次限值、累加后超过个人年度限值的单次交易，均按照一般贸易方式全额征税。

（二）征税对象

跨境电子商务零售进口税收政策适用于从其他国家或地区进口的、《跨境电子商务零售进口商品清单》范围内的以下商品：一是所有通过与海关联网的电商交易平台交易，能够实现交易、支付、物流电子信息“三单”比对的跨境电子商务零售进口商品；二是未通过与海关联网的电商交易平台交易，但进出境快件运营人、邮政企业能够提供交易、支付等电子信息，并承诺承担相应法律责任进境的跨境电商零售进口商品。

不属于跨境电商零售进口的个人物品以及无法提供交易、支付、物流等电子信息的跨境电商零售进口商品，按现行规定执行，即征收行邮税或一般贸易全额征税。

（三）完税价格

按照货物征税，其完税价格 = 货物价格 + 运费 + 保险费。

按照跨境电商零售进口征税，其完税价格源于货物价格 + 运费 + 保险费的逻辑，更基于“三单”比对来确定完税价格。因为通过海关跨境电商管理平台，对接电商平台企业、支付企业和物流企业，将收集的对应订单、支付单和物流单即“三单”与企业申报清单进行信息比对，通过多个独立主体间数据的相互比对、印证，确保了交易的真实性。通过“三单”比对的订单，其成交价格被认定为完税价格，作为税款征收的税基。

（四）汇总征税

海关对符合监管规定的跨境电商零售进口商品按时段汇总计征税款，代收代缴义务人应当依法向海关提交足额有效的税款担保。海关放行后 30 日内未发生退货或修撤单的，代收代缴义务人在放行后第 31 日至第 45 日内向海关办理纳税手续。通过系统以企业为单元，汇总相应时间段内未出现退货等情况的进境应征税款总额后，自动返还对应税款保证金账户中已扣减税款数额。这样的税款征收操作，符合企业、消费者对通关时效的要求，符合市场需求，提升了贸易便利化水平，同时也保障了进境环节税款的应收尽收。

（五）纳税义务人

跨境电商零售进口商品消费者（订购人）为纳税义务人。

（六）代收代缴义务人

在海关注册登记的跨境电商平台企业、物流企业或申报企业作为税款的代收代缴义务人，代为履行纳税义务，并承担相应的补税义务及相关法律责任。代收代缴义务人应当如实、准确向海关申报跨境电商零售进口商品的商品名称、规格型号、税则号列、实际交易价格及相关费用等税收征管要素。

为审核确定跨境电商零售进口商品的归类、完税价格等，海关可以要求代收代缴义务人按照有关规定进行补充申报。

（七）清单管理

纳入《跨境电子商务零售进口商品清单》商品方可适用电商税。目前适用的《跨境电子商务零售进口商品清单（2022 版）》已于 2022 年 3 月 1 日起实施，共涉及 1476 个八位税号商品。

（八）电商税发展历程暨政策沿革

1. 行邮税阶段（2012—2016 年）

2016 年“4・8 新政”前，境内消费者通过跨境电商平台购买的个人自用进口商品，单个订单内有多个商品、订单金额在 1000 元以内的，海关按照行邮税率征收商品税款，订单金额超过 1000 元的，则需按一般贸易征收税款并按货物办理进出口通关手续；单个订单内为 1 件不可分割的商品，则商品价值不受 1000 元的限制，仍可按行邮税率征收商品税款。按照商品的不同种类，当时的行邮税率分为 15%、30% 和 60% 三档，订单应征税款额不足 50 元的，税款予以免征。

2. 电商税过渡期（2016—2018 年年底）

2016 年，财政部、海关总署、国家税务总局三部委发布财关税〔2016〕18 号《关于跨境电子商务零售进口税收政策的通知》，从当年 4 月 8 日起对跨境电子商务零售进口商品实施新的税收政策。在新政策下，跨境电商零售商品不再按行邮税征收税款，而是改为征收电商税。电商税主要由关税、增值税和消费税构成，目前暂免征关税，增值税和消费税按法定纳税额的70%征收，并取消了免征税额。同时，新政策也对交易限值进行了调整，调整后跨境电商商品的单次交易限额为2000元，每年每个境内消费者可购买的跨境电商商品额度为20000元，超出单次或年度限额的，不论是否是单件不可分割商品，均需要按一般贸易征收税款，并按货物办理进出口通关手续。

新政策的实行，一是取消了税款免征，实现了单单征税，降低了通过主观拆单分报方式偷逃税款的动力；二是整体上降低了进口税负，按照当时一般贸易17%的增值税税率计算，大多数商品的跨境电商税率为11.9%，低于各档行邮税平均税率，让国内消费者通过阳光渠道购买海外商品的价格更低、接受度更高；三是提高了单个订单限额的同时设定了年度个人消费额度，兼顾境内消费升级需求的同时，通过设定门槛的方式避免对一般贸易的冲击，取得了较好的效果。

3. 电商税成熟期（2018年年底至今）

2018年年底，伴随着跨境电商过渡期后有关监管安排的明确，财政部、海关总署、国家税务总局发布财关税〔2018〕49号《关于完善跨境电子商务零售进口税收政策的通知》，宣布自2019年开始对跨境电商税款征收政策进行再次调整。此次政策调整将跨境电商进口商品的单次交易限额提高至5000元，每个消费者年度交易限额提高至26000元。当订单内仅有1件商品时，若商品完税价格超过5000元且未达消费者26000元年度交易限额时，商品可通过跨境电商渠道进口，但需按货物税率全额征收关税和进口环节增值税、消费税，且交易额计入年度交易总额；若超过消费者26000元年度交易限额，则需要按货物办理进出口通关手续。此次税收政策调高了消费限额，进一步刺激饰品、轻奢品、家用电器等高价值品类商品的进口量。

## 二、税收管理

归类、价格、原产地共同构成了征税的三大要件。通过商品归类的确定、完税价格的审定及货物原产地的确定，就可以得到计算税款的前提条件：海关完税价格及税率。就跨境电商零售进口而言，归类正确与否决定其是否纳入清单管理；完税价格基于“三单”比对后确定其税负高低；原产地尽管没有在电商新政中单独作出规定，但是，“超过单次限值、累加后超过个人年度限值的单次交易，以及完税价格超过2000元限值的单个不可分割商品，均按照一般贸易方式全额征税”，而按照一般贸易方式征税时原产地的不同将影响到适用税率的不同，同样应予以关注。本部分从关税、增值税、消费税、完税价格、归类、原产地等方面介绍跨境电商零售进口税收征管的具体内容。

（一）进口环节税计征

1. 关税

关税是一国对进出关境的货物物品征收的一种流转税。由于跨境电商零售进口关税税率暂定为0，故仅作背景介绍。

根据《关税条例》的规定，进口关税设置最惠国税率、协定税率、特惠税率、普通税率、关税配额税率等税率，出口关税设置出口税率。对进出口货物在一定期限内可以实行暂定税率。

2. 增值税

增值税是对在我国境内销售货物或者提供加工、修理修配劳务，以及进口货物的单位和个人，就其取得的货物或应税劳务的销售额，以及进口货物的金额计算税款，并实行税款抵扣的一种流转税，属于进口环节海关代征税。

海关进口环节增值税的纳税义务人，主要指进口货物的单位和个人，征收范围主要是进口货物，税率有13%和9%两档税率，具体商品的具体税率与该项商品的国内增值税税率一致。

3. 消费税

消费税是以消费品或消费行为的流转额作为课税对象的一种税，属于流转税的范围。

消费税的征税范围主要是根据我国社会经济发展现状和消费政策、居民的消费结构及财政需要，并借鉴国际上的经验和通行做法确定的，目前仅选择少数消费品征收。征税的消费品大体可分为以下4种类型：

（1）烟、酒、酒精、鞭炮、焰火等一些过度消费会对人的身体健康、社会秩序、生态环境等方面造成危害的特殊消费品。

（2）贵重首饰及珠宝玉石、化妆品及护肤护发品等奢侈品、非生活必需品。

（3）小轿车、摩托车、汽车轮胎等高能耗的高档消费品。

（4）汽油、柴油等不可再生和替代的资源类消费品。

4. 进口环节税款计征

跨境电子商务零售进口商品的税款计征以限值为界，可能存在两种税额计算结果：

第一，在限值人民币 5000 元以内并且不超过个人年度交易限值人民币 26000 元。

应征关税 = 关税 ×0

应征消费税 = 消费税 ×0.7

= 完税价格 /（1– 消费税税率）× 消费税税率 ×0.7

应征增值税 = 增值税 ×0.7

=[ 完税价格 + 完税价格 /（1– 消费税税率）× 消费税税率 ] × 增值税税率 ×0.7

电商税 = 应征关税 + 应征消费税 + 应征增值税

= 关税 ×0+（消费税 + 增值税）×0.7

电商税率 =［（消费税税率 + 增值税税率）/（1– 消费税税率）］×0.7

第二，单次交易完税价格超过 5000 元限值但低于 26000 元年度交易限值，且订单下仅一件商品的，可以通过跨境电商零售进口，并按照一般贸易模式征税。

应征关税 = 关税 ×100%

= 完税价格 × 关税税率

应征消费税 = 消费税 ×100%

=（完税价格 + 关税）/（1– 消费税税率）× 消费税税率

应征增值税 =（完税价格 + 应征关税 + 应征消费税）× 消费税税率

一般贸易进口税 = 应征关税 + 应征消费税 + 应征增值税

= 关税 ×100%+ 消费税 ×100%+ 增值税 ×100%

一般贸易进口综合税率 =（关税税率 + 消费税税率 + 增值税税率 + 关税 × 增值税税率）/（1– 消费税税率）

**案例 5**

## 限额调整前后单件不可分割物品跨境电商零售进口征税比较

限额调整前：

3000 元的手包是单件不可分割物品且超过 2000 元，应按照一般贸易方式全额征税，关税：3000×10%=300 元人民币，增值税：（3000+300）×13%=429 元人民币，消费税为 0，总税款：300+429=729 元。

限额调整后：

3000 元的手包不超过 5000 元，适用电商税，关税为 0，增值税、消费税打 7 折，增值税 3000×13%×0.7=273 元人民币，相比调整前节省 456 元。

### （二）价格、归类、原产地

#### 1. 完税价格的确定

根据《海关法》第五十五条规定，进出口货物的完税价格，由海关以该货物的成交价格为基础审查确定。成交价格不能确定时，完税价格由海关依法估定。进出境物品的完税价格，由海关依法确定。

进口货物的完税价格由货物的货价、货物运抵中华人民共和国境内输入地点起卸前的运输及其相关费用、保险费等组成；出口货物的完税价格由货物的货价、货物运至中华人民共和国境内输出地点装载前的运输及其相关费用、保险费，扣除其中包含的出口关税税额后组成。

进出口货物的成交价格是海关确定完税价格的最主要基础。根据《关税条例》的规定，进口货物的成交价格，是指境内买方为进口该货物向卖方实付、应付的，并按照该条例规定调整后的价款总额，包括直接支付的价款和间接支付的价款；出口货物的成交价格，是指该货物出口时卖方为出口该货物应当向买方直接收取和间接收取的价款总额。

跨境电商零售进口的完税价格源于货物价格＋运费＋保险费的逻辑，更基于“三单”比对来确定完税价格。通过“三单”比对的订单，其成交价格被认定为完税价格，作为税款征收的税基，即完税价格。

2. 商品归类

商品归类是指根据确定的规则，通过对不同商品的用途、构造等因素进行分析，确定其对应的税则号。不同的税则号对应国家对进出口贸易的管制和调节，同时也会对应进出口时应当适用的关税税率和关税优惠政策。我国对商品归类的主要法律依据是国务院制定的《中华人民共和国进出口税则》《进境物品进口税率表》《关税条例》。国务院关税税则委员会报经国务院批准，涉及《中华人民共和国进出口税则》和《中华人民共和国进境物品进口税税率表》的税目、税则号列和税率的调整和解释，也属于确定商品归类的重要依据。

海关负责决定商品进出口过程中适用税则中何种归类。海关部门现行的商品归类制度的基础是《商品名称及编码协调制度的国际公约》，并根据法律法规以及海关总署发布的关于商品归类的行政裁定、商品归类决定的要求，确定进出口货物商品编码。

海关在审核收发货人或者其代理人申报的商品归类事项时，可以依照《海关法》和《关税条例》的规定，查阅、复制有关单证资料，查验必要的样品及相关商品资料，组织对进出口货物实施化验、检验。

为有效地提高海关归类的准确性和时效性，加速货物通关，海关总署先后于2000年发布《中华人民共和国海关进出口商品预归类暂行办法》（目前已废止）、2007年发布《中华人民共和国海关进出口货物商品归类管理规定》、2017年发布《中华人民共和国海关预裁定管理暂行办法》。

根据海关总署公告2018年第138号《海关总署关于海关预归类决定后续有关事项的公告》的规定，自2019年1月1日起，各直属海关以往制发的《中华人民共和国海关商品预归类决定书》停止使用，企业需要申请海关商品归类预裁定的，可按《中华人民共和国海关预裁定管理暂行办法》和海关总署公告2018年第14号《关于实施〈中华人民共和国海关预裁定管理暂行办法〉有关事项的公告》的有关规定办理。

现行关于进口商品在实际进口之前的预归类包括两种类型，分别是：

第一类：行政裁定。根据《海关法》《中华人民共和国海关预裁定管理暂行办法》，在货物进口或出口之前，对外贸易经营者可书面申请预先作出商品归类的行政裁定；该类行政裁定由海关总署或总署授权机构作出，具有普遍约束力并且与海关规章具有同等效力。因此，如果海关对某一类商品作出了归类的行政裁定，则任何申请者以外的对外贸易经营者都可以引用该裁定作为进出口商品归类的依据。

第二类：归类预裁定。从 2018 年 2 月 1 日开始，海关应申请人的申请，在一定期限内在申请人与海关之间有效。

3. 原产地

原产地在国际贸易中是指商品来源的国家或者独立的关税地区。国际贸易里对原产地的认定会对商品进出口时适用的海关税则、不同的市场准入条件和贸易管制措施、统计措施等方面产生影响。比如在中美贸易战中，中国要对部分来自美国的商品加征 25% 的关税，首先需要识别这些进口的商品是否原产于美国。

在关税中原产地的概念与知识产权中认定地理标志时的“原产地”并不完全一致，按照《关于简化和协调海关业务制度的国际公约》的定义，原产地规则“指按照国家法令或国际协定确立的原则所发展的，并由一国实施以确定货物原产地的特别规则”。简而言之，就是为确定商品来源的原产地而制定的标准即原产地规则的国家应是该商品被从其完整地获得的国家，或当不止一个国家与该商品的生产有关时，是实现最后实质性变化的国家。因此“完全获得”规则和 “实质性改变”是确定原产地的基本标准，而“实质性改变”的标准主要是税则归类发生变化。

我国的《中华人民共和国进出口货物原产地条例》也基本上全面采纳了世界贸易组织以“完全获得”规则和“实质性改变”作为确定原产地标准的原则。该条例第四条规定了可以被认定为“完全在一个国家（地区）获得的货物”的具体类别，包括天然生成的物品，如出生并饲养的活的动物以及从该动物获得的未经加工的物品、收获的植物和植物产品等，也包括在收集的不能修复或者修理的物品，或者从该物品中回收的零件或者材料，等等。

根据海关总署 2018 年修订的《关于非优惠原产地规则中实质性改变标准的规定》，其中“实质性改变”的具体标准，和世界贸易组织的《原产地规则协定》

（Agreement on Rules of Origin）中给的认定标准是一致的，具体包括：

（1）基本标准——税则归类改变：是指在该国家或地区对来源于其他国家或地区的原产材料进行制造、加工后，所得货物在《中华人民共和国进出口税则》中的四位数级税目归类发生了变化；

（2）补充标准之一——“制造、加工工序”标准：是指在该国家或地区进行的赋予制造、加工后所得货物基本特征的主要工序；

（3）补充标准之二——“从价百分比”标准：是指在该国家或地区对非该国家或地区的原产材料进行制造、加工后的增值部分超过了所得货物价值的 30%。

值得注意的是，并非所有的货物都可以使用补充标准。仅在《适用制造或者加工工序及从价百分比标准的货物清单》中列明的货物可以适用以制造、加工工序和从价百分比的补充标准，并且应该按照该清单中列明的条件判断是否发生了“实质性改变”。例如对《中华人民共和国进出口税则》第 43 章 43.04 的人造毛皮制品，在判断“实质性改变”时可以采用制造、加工工序的补充标准，并以“裁剪、缝制”作为该标准的判断条件。

我国目前的优惠原产地规则主要依照我国缔结或者参加的国际条约、协定的有关规定另行制定，包括《内地与香港关于建立更紧密经贸关系的安排》《内地与澳门关于建立更紧密经贸关系的安排》《中华人民共和国与东南亚国家联盟全面经济合作框架协议》等。优惠原产地规则根据我国与其他国家和地区之间的贸易协定安排的变化而更新。例如 2018 年 12 月 14 日，内地和香港、澳门分别签署了《〈内地与香港关于建立更紧密经贸关系的安排〉货物贸易协议》《〈内地与澳门关于建立更紧密经贸关系的安排〉货物贸易协议》，连同之前已经签署的 CEPA 项下的《服贸协议》《投资协议》《经济技术合作协议》共同构成具有“一国两制”特色、符合世界贸易组织规则、全面涵盖内地分别与两地经贸合作的高水平自由贸易协议。《〈内地与香港关于建立更紧密经贸关系的安排〉货物贸易协议》和《〈内地与澳门关于建立更紧密经贸关系的安排〉货物贸易协议》规定，双方对原产于对方的所有进口货物全面实施零关税，并且对原产地认定进行了详细规定。

## 三、企业税收筹划注意事项

价格、原产地、归类共同构成了征税的三大要件。价格方面，由于跨境电商“三单”比对的特殊制度，只要是消费者真实意愿表达并实际支付货款，其下单支付价格即为该项商品的实付应付价格（如证实其为“三单”造假，则该价格就不成为成交价格，此类属于走私犯罪，不属于筹划范畴）。原产地方面，清单管理中没有单独针对原产国作出规定，而在疫区和重大质量安全商品启动应急处置涉及原产地亦不属于筹划范畴。而归类作为一门关税技术，决定了电商商品是否属于清单管理范畴，并且不同的归类可能带来三方面的影响：一是直接关系到商品是否可以归入《跨境电子商务零售进口商品清单》，如实际不可归入而伪报成清单项下商品，将视情况作为走私违规处理；二是涉及《跨境电子商务零售进口商品清单》列明商品的特别排除规定，比如配额商品、特殊食品、有毒化学品、密码产品等被排除在外；三是关系到适用税率不同，影响征收税款的多少。因此，本节税收筹划以商品归类的合规管理进行阐述。

商品的归类并不是简单根据商品名称在《中华人民共和国进出口税则》上找到与其名称接近或者相符编码的过程，而是需要在一定的归类技能基础上进行信息管理和风险管理的过程。

（一）获取完整和准确的商品信息

掌握充分的商品信息是商品归类的首要基础，这些信息包括海关要求申报的商品信息和辅助信息。

1. 海关要求申报的商品信息

海关对不同商品的申报会有不同的填制规范要求，如品名、规格、型号、用途和功能、成分和含量、形状，金属制品的材质、化学产品的分子式、食品的加工制作方法、机器设备的功率，等等。这些信息是确定商品归类的基本信息。

2. 归类辅助信息

出口国（地区）的商品编码、商品原名及其翻译，中国海关和其他国家海关正式发布的归类裁定、行业内相同产品的申报编码等，都是商品归类的辅助信息。

（二）充分利用商品预裁定规则

《海关法》第四十三条规定，海关可以应当事人申请对拟进出口货物预先作出预归类的行政裁定。进出口企业可以在货物实际进出口前向海关申报并确定商品编码，便利进出口货物经营单位或其代理人办理海关手续，方便合法进出口，加速货物通关。

（三）充分使用事先验货权

《海关法》第二十七条规定，允许当事人向海关申报前事先查看货物、提取货样。这个条款是2000年《海关法》修订后新增加的内容，是按照《京都公约》的要求所作的相应调整，既有完善海关监管的考虑，也是对当事人通关权益的保障。其法律意义在于：当事人需对进口货物与申报内容的符合程度（单货相符、证货相符、单证相符）有充分的掌握，如果有疑问，有权通过事先查看货物、提取货样、申请预归类等来弥补。如果当事人放弃这些权利，应视为对申报真实的确信，如果最终出现申报不实，当事人应承担相应责任。所以，企业在货物进出口报关以前，一定要对货物本身有一个清晰的认识和评价。

（四）化验、申报和补充申报

企业应当按照法律、行政法规的规定以及海关的要求，如实、准确地申报其进出口货物的商品名称、规格、型号等，并且对其申报的进出口货物进行商品归类。

如有需要，提供样品给海关化验部门或者其他专业化验部门确定商品的构成、成分和功能。化验结论关系着申报品名和税则号列是否构成申报不实，不同包装内的货物、不同的机构、不同的时间、不同的技术条件等都有可能会产生不同的化验结论。如果企业对化验结论有异议的，可以申请重新化验。

由于报关单本身可填写的申报内容有限，因此，对一些较为复杂、需要较多资料说明才能满足归类需要的商品，必要时可通过补充申报的方式来确保归类申报的完整性和准确性。企业已经在一定程度上尽到了审慎义务而产生的归类错误，虽然仍需补缴税款，但海关一般会认定其为申报差错而免予处罚。

（五）归类的复核、自查

进出口申报之后，关务部门、其他内部审计和检查部门或者独立的第三方可以对申报的商品编码进行复核和自查。比如，通过交叉对比的方法，复核不同时期相同商品进口的编码是否发生变化，不同口岸相同进口商品的编码是否一致，与同行业公司相同进口商品的编码是否一致，等等。

如果企业发生误归类通过主动披露，则可争取免予处罚或者从轻减轻处罚。不同的定位需要不同的事实、证据和法理上的着力点。例如不予处罚和免予处罚，两者都是不处罚，但理由大相径庭。前者是当事人不构成违法或构成违法但有法定不予处罚情节（如过了两年追究时效）而不罚；后者是构成违法但因危害轻微或有其他法定免罚情节而在量罚上给予的不罚。

（六）第三方专业机构的辅助认定和代理申报

商品归类工作社会化已然开展，在具有专业资质的中介机构对申报前的商品归类进行专业认定的同时，一些会计师事务所、律师事务所、行业认证机构，甚至咨询公司的专业人员也能够提供商品归类方面的咨询、认定和申报。

近年来，我国的报关队伍有了很大的发展，一些高学历、高素质，既熟悉法律又精通国际贸易规则的人士加入进来，整体水平有了比较大的提高。但总的来看，报关人员队伍依旧存在着良莠不齐的现象。如果企业仅仅看重对方专业的身份，忽视其实际能力，将报关事务全权委托过去，一旦出现申报不实，最终的责任还是要落到企业自己头上，因此应审慎选择报关代理人。

（七）转移归类风险

签订货物进口合同和报关委托协议时，可增加申报不实责任分担条款，以此来转移归类风险。如因为外方发货原因导致单货不符，或者因报关代理人失误导致的申报不实，在合同中可特别注明由谁来承担损失。需要说明的是：合同中这些约定并不会对海关的行政处罚产生任何影响，进出口货物的收发货人仍然是行政处罚的当事人，民事上的约定不会对海关的行政处理产生约束力。但在海关处罚后，企业可持“处罚决定书”及罚款收据通过民事手段向责任方索赔，以弥补在经济上受到的损失。

对于确定商品编码的义务，海关法规已经明确规定，纳税义务人具有自行确定进出口商品货物的商品编码并正确申报的义务，而海关在商品归类工作中所负的职责是对纳税义务人申报有关商品归类的信息进行审核，即申报和确定商品编码的义务在进出口企业，而不是海关。关于归类的责任，企业往往存在以下错误观点。

错误观点之一：企业只需按照海关的要求真实完整填报报关单以及提交资料，确定商品编码是海关的工作。

错误观点之二：现场申报的商品归类能够通过海关审核，即表示海关接受，应该就不再会有什么后续的风险。其实，海关在通关环节审核之后还有后续审核，如果后续审核中发现归类错误仍然会追补税款。

对企业而言，商品归类方面的规划主要目的是减少归类过程中的不确定性，从而控制进口商品的成本，减少通关环节因归类争议造成通关滞延或者通关之后的追补税款。

第八章

# 关务筹划与通关监管

跨境电商零售进口的海关监管，除了传统的场所、物流、查验、检疫等海关监管外，其最大的特征就是“三单”比对，并由此衍生的数据管理、清单管理、身份验核、退货管理、促销报备等监管要素。

## 一、通关管理

（一）监管模式

对适用“网购保税进口”（监管方式代码 1210）及“直购进口”（监管方式代码 9610）进口政策的商品，按照个人自用进境物品监管，不执行有关商品首次进口许可批件、注册或备案要求。但对相关部门明令暂停进口的疫区商品和对出现重大质量安全风险的商品启动风险应急处置时除外。而适用“网购保税进口 A”（监管方式代码 1239）进口政策的商品，则按《跨境电子商务零售进口商品清单（2022 版）》尾注中的监管要求执行：依法需要执行首次进口许可批件、注册或备案要求的化妆品、婴幼儿配方奶粉、药品、医疗器械、特殊食品（包括保健食品、特殊医学用途配方食品等）等，按照国家相关法律法规的规定执行。

因“1210” 模式比“1239”模式更具有政策优势，且试点城市发展迅猛、电商巨头在全国布局成熟，故“1210”模式较为普遍。郑州、宁波、杭州、广州等发展较好的跨境电商试点城市均采用“1210”模式。因此，“网购保税进口”（监管方式代码 1210）及“直购进口”（监管方式代码 9610）构成跨境电商零售进口主要模式。

“网购保税进口”（监管方式代码 1210）”及“直购进口”（监管方式代码 9610）都是跨境电商零售进口，适用相同的税收政策、消费额度、清单管理，但在商品选择、物流时间及成本等方面则各有优势。商品选择方面，网购保税模式下，商品仅限于在库保税仓储商品；直购进口模式下企业直接从境外供应商或海外仓发货，可充分利用离岸货源优势，提供更多的商品选择，尤其是新上市商品，可以第一时间进行跨境销售。物流时间方面，网购保税模式下境内消费者下单后，商品即从海关特殊监管区域内发货，相对于直购进口模式下从境外发货，节约了大量物流时间。物流成本方面，网购保税模式下其一线进境体现为批量运输，单位商品物流成本较低，而直购进口模式下则采用邮件、快件等单独包装运输，单位商品的物流成本相对较高。

（二）“三单”信息比对

跨境电商零售进口商品申报前，跨境电商平台企业或跨境电商企业境内代理人、支付企业、物流企业应当分别通过国际贸易“单一窗口”或跨境电子商务通关服务平台向海关传输交易、支付、物流等电子信息，并对数据真实性承担相应责任。

较之网购保税模式，直购进口模式具有代为推单的特点，即邮政企业、进出境快件运营人可以接受跨境电商平台企业或跨境电商企业境内代理人、支付企业的委托，在承诺承担相应法律责任的前提下，向海关传输交易、支付等电子信息。

（三）数据管理

“三单”数据作为反映跨境交易状况的证明，是跨境电商海关监管的基础，在确保交易、数据安全性、可靠性方面，海关先后采取了以下监管手段：

一是采用单证数字签名技术。企业须对其向海关所申报进口申报清单及传输的交易、支付、物流等的电子单证数据承担法律责任，并使用数字签名技术避免信息被篡改及被抵赖。

二是获取原始支付数据。2019 年开始，海关要求参与跨境电商零售进口业务的跨境电子商务平台企业向其开放包括订单号、商品名称、交易金额、币制、收款人相关信息、商品展示链接地址、支付交易流水号、验核机构、交易成功时间等支付相关的原始数据。海关认为有必要时，可将这些数据发给中国银联或中国网联等机构进行验核，并作为审核交易真实性的依据。

（四）“正面清单”管理

国家相关部委根据跨境电商发展实际，结合消费者需求，清单商品涉及 1476 个税目商品，明确了跨境电商零售进口商品的“正面清单”。同时，在清单尾注中注明商品首次进口许可批件、注册或备案等监管要求。

（五）“负面清单”管理

具体包括《中华人民共和国进出境动植物检疫法》规定的禁止进境物、未获得检验检疫准入的动植物及动植物源性品、法律法规禁止进境的其他产品和原国家质检总局公告禁止进境的产品等。

（六）备案管理

根据原国家质检总局公告 2015 年第 137 号《跨境电子商务经营主体和商品备案管理工作规范》规定，跨境电子商务商品经营者在商品首次上架销售前，应当向检验检疫机构提供商品备案信息。原国家质检总局建设的统一的跨境电子商务检验检疫监管系统管理备案信息，跨境电子商务经营主体和商品备案信息实施一地备案、全国共享管理。

（七）“个人自用”

根据海关总署公告 2018 年第 194 号《关于跨境电子商务零售进出口商品有关监管事宜的公告》，明确“对跨境电子商务直购进口商品及适用‘网购保税进口’（监管方式代码 1210）进口政策的商品，按照个人自用进境物品监管，不执行有关商品首次进口许可批件、注册或备案要求。但对相关部门明令暂停进口的疫区商品和对出现重大质量安全风险的商品启动风险应急处置时除外”。

（八）提示预警召回

根据商财发〔2018〕486 号《关于完善跨境电子商务零售进口监管有关工作的通知》，明确跨境电子商务企业承担商品质量安全主体责任，需履行对消费者关于质量、安全、卫生等提醒告知义务。要求海关对跨境电商零售进口商品实施质量安全风险监测，在商品销售前按照法律法规实施必要的检疫，并视情况发布风险警示；要求市场监管部门加大跨境电商零售进口商品召回监管力度，督促跨境电商企业和跨境电商平台消除已销售商品安全隐患，依法实施召回，海关责令相关企业对不合格或存在质量安全问题的商品采取风险消减措施，对尚未销售的按货物实施监管，并依法追究相关经营主体责任。

（九）清单申报

跨境电商零售商品进口时，跨境电商企业境内代理人或其委托的报关企业应提交《申报清单》，采取“清单核放”方式办理报关手续。《申报清单》与“中华人民共和国海关进（出）口货物报关单”具有同等法律效力。

（十）身份审核

开展跨境电商零售进口业务的跨境电子商务平台企业、跨境电商企业境内代理人应对交易真实性和消费者（订购人）身份信息真实性进行审核，并承担相应责任；身份信息未经国家主管部门或其授权的机构认证的，订购人与支付人应当为同一人。

（十一）场所管理

跨境电商零售进出口商品监管作业场所必须符合海关相关规定。跨境电商监管作业场所经营人、仓储企业应当建立符合海关监管要求的计算机管理系统，并按照海关要求交换电子数据。其中，开展跨境电商直购进口或一般出口业务的监管作业场所应按照快递类或者邮递类海关监管作业场所规范设置。跨境电商网购保税进口业务应当在海关特殊监管区域或保税物流中心（B 型）内开展。

（十二）口岸检疫

对需在进境口岸实施的检疫及检疫处理工作，应在完成后方可运至跨境电商监管作业场所。

（十三）监管查验

跨境电商零售进口商品适用网购保税模式时，一线入区时以报关单方式进行申报，海关可以采取视频监控、联网核查、实地巡查、库存核对等方式加强对网购保税进口商品的实货监管。

海关实施查验时，跨境电商企业或其代理人、跨境电商监管作业场所经营人、仓储企业应当按照有关规定提供便利，配合海关查验。

（十四）物流管理

跨境电商零售进口商品可采用“跨境电商”模式进行转关。其中，跨境电商综合试验区所在地海关可将转关商品品名以总运单形式录入“跨境电商商品一批”，并需随附转关商品详细电子清单。

网购保税进口商品可在海关特殊监管区域或保税物流中心（B 型）间流转，按有关规定办理流转手续。以“网购保税进口”（监管方式代码 1210）海关监管方式进境的商品，不得转入适用“网购保税进口 A”（监管方式代码 1239）的城市继续开展跨境电商零售进口业务。网购保税进口商品可在同一区域（中心）内的企业间进行流转。

（十五）退货管理

在跨境电商零售进口模式下，允许跨境电商企业境内代理人或其委托的报关企业申请退货，应在《申报清单》放行之日起 30 日内申请退货，并在《申报清单》放行之日起 45 日内将商品运抵原海关监管区。

对超过保质期或有效期、商品或包装损毁、不符合我国有关监管政策等不适合境内销售的跨境电商零售进口商品，以及海关责令退运的跨境电商零售进口商品，按照有关规定退运出境或销毁。

（十六）促销报备

跨境电商企业在促销前应向海关提交促销报备，就促销商品种类、数量、价格、折扣力度、促销时间、预计单量等进行说明，临期商品需特别注明保质期，同时提供促销商品路径供现场海关验核。在促销活动申请中应承诺促销价格的认定遵守公平、公开原则，优惠促销适用于所有消费者，不针对特定对象或特定人群。促销结束后，跨境电商企业应向主管海关反馈促销期间的商品销售情况，就促销报备商品的实际销售时间、数量、价格等进行反馈。

相关优惠促销价格应符合以下原则：1. 按照实际交易价格原则，以订单价格为基础确定完税价格，订单原则上不能为零；2. 对直接打折、满减等优惠促销价格的认定应遵守公平、公开原则；3. 在订单支付中使用代金券、优惠券、积分等虚拟货币形式支付的“优惠减免金额”，不应在完税价格中扣除。

## 二、监管实践

（一）监管现状

1. 跨境电商规模不断扩大

商务部在 2022 年 1 月商务运行情况新闻发布会上通报，2021 年跨境电商进出口规模为 1.98 万亿元，增长 15%，海外仓数量超过 2000 个；2022 年将进一步发挥好跨境电商、海外仓等新业态、新模式带动作用，建设好全球贸易数字化领航区，促进绿色贸易健康发展。纵观跨境电商近十年历程，其正以肉眼看得见的速度迅速发展。

2. 国家政策趋于稳定

经试点、过渡期，国家政策目前呈稳步推进态势。自 2019 年 1 月 1 日起，继续延续前期政策，不执行首次进口许可证件、注册或备案要求，明确按照个人自用物品监管，在限制内按照货物征收进口环节税（关税暂定为 0，增值税、消费税按照应纳税额 70% 计征）；适用范围由原来杭州、广州等试点城市，扩大到新设的跨境电商综合试验区；享受税收优惠的商品范围进一步扩大，2022 年增至 1476 个税目商品；限值得到提升，单次交易限值由 2000 元提高到 5000 元，年度交易限值由每人每年 2 万元提高到 2.6 万元。

3. 法律体系不断完善

《电商法》的实施为跨境电商海关监管提供了上位法的保障，其中第二十六条、第七十一条、第七十二条、第七十三条涉及跨境电子商务，为下一步跨境电商监管指明了方向。目前，跨境电商领域在执行文件 17 个，其中部委联合发文 3 个、署级公告 6 个、规范性文件 8 个。

4. 监管模式日趋完善

目前，以个人自用为核心、保税直购为渠道、“三单”比对为抓手的监管格局稳步发展。

5. 分类监管业已实施

随着企业主体被细分为跨境电商企业、跨境电商企业境内代理人、跨境电商平台企业、支付企业、物流企业，跨境电商平台企业、进出境快件运营人适用海关认证企业管理，其相关主体业已被纳入分类监管、诚信建设之中。

（二）监管难点

由于受全球性、虚拟性、无形性、匿名性、即时性、无纸化、多变性等属性影响，跨境电商零售进口的监管难点集中在以下几点。

1. 普惠时代下信用缺口增大的负面影响

跨境电商是分属不同关境的主体通过电商平台达成交易、电子结算支付、跨境物流商品送达来完成交易的国际商务活动，因其符合贸易全球化的趋势，能够高效、快速、优质、价廉地提供商品而日渐成为国内居民追求高质量生活、享受全球普惠的手段。同时，网络或电子的虚拟性、无形性、即时性、匿名性等特点使得主体信用危机无限放大并难以追溯，且交易主体的小微化也会扩大普惠时代的信用危机，带来监管和税收的风险和难度。此外，跨境电商也对国家产业结构调整和外贸发展产生影响，冲击传统模式下的税收政策和货物监管模式，带来贸易门槛的改变和政策的调整。

2. 贸易碎片化呈现和对零售业的强大冲击

按照跨境电商零售进口管理规定，我国跨境电商进口具有对象覆盖面广、商品琐碎复杂、交易信息量大等特征，且因面对最终消费群体和零售性质呈现出碎片化特点，表现为：一是卖家依托平台对消费者进行直接交易，直接与零售实体相竞争，表现出主体碎片化；二是商品来源的全球化和消费群体的小微化使得商品交易在全球范围内点到点的网状分布，呈现出商品碎片化；三是物流的全球化流动和平台数据的多样化采集使得信息链条碎片化，数据分析和贸易管理的难度加大。

3. 虚拟网络加剧海关监管的困难

网络带来了交易的虚拟化，使得跨境电商独具特性。一是无形性和匿名性加大了监督和惩处的难度，导致利润驱动下的假冒伪劣产品长期存在和正规品牌的品质下降。二是主体的小微性和产业链的全球化加剧了质控和售后的困难，切断了消费者对商品的感知，而虚拟世界的开放性会无限放大网络暴力、道德谴责、信任攻击等，影响交易的公平性和海关的监管难度。三是全球化转移税收的管辖权，无形性和即时性改变征税主体，虚拟性和匿名性降低偷逃税的成本，无纸化和多变性加大了法律证据的掌握难度，进而增加了跨境电商进口的税收征管难度，冲击传统贸易模式下的税收征管制度。

（三）监管实践措施

基于“源头管控”“联合管理”“消费端监控”“分类监管”“精准监管”等监管思路，海关跨境电商监管部门开展了积极有效的防控实践，以广州海关为例，具体如下。

1. 建立电商平台核查机制，加强源头管控

伪造的电商平台普遍存在电商平台无法登录、无法注册、无法购买商品、购买商品不发货、通关商品不在电商平台销售、电商平台流量与通关商品数量不符、国内电商平台不符合国家运营资质要求等一个或多个问题。2018 年 1 月至 10 月，广州海关通过电商平台核查，共发现异常电商平台近 300 家，要求企业限期整改 291 次，关闭未在期限内完成整改的电商平台传输通道 116 家，有效打击了伪造电商平台的行为，从源头上净化了跨境电商通关环境。主要做法：一是明确电商平台核查标准，以问题为导向设立逐一对应的电商平台核查项目，量化核查要求，使电商平台核查有章可循；二是明确核查处置要求，根据不同核查结果量化处置要求，采取约谈、限期整改、提高查验力度、关停数据传输通道等进行；三是建

立定期核查、定期处置、定期通报的电商平台核查机制，强化电商平台核查效果。

2. 建立支付企业主管部门联系配合办法，实施联合管理

伪造电商平台往往伴随着伪造交易电子单证行为。广州海关对核查存在异常情况的电商平台进行分析，发现与此类电商企业合作的支付企业集中于少数几家小型支付企业。其中有 43 家均与某支付企业合作，存在涉嫌虚假交易、伪造电子支付单的行为。海关具备挖掘跨境电商领域支付异常线索的能力，中国人民银行作为支付企业主管部门，具备支付企业支付结算核查手段及管理权限，建立海关与中国人民银行联系配合办法，有利于共享双方资源、强化对支付企业管理。一是建立信息共享机制，双方建立定期交换支付企业在本领域的运营情况及惩处记录等。二是建立支付企业线索通报及反馈机制，海关发现支付企业伪造电子支付单线索，可以及时提交中国人民银行跟进处置。中国人民银行核实后，向海关反馈核实情况及处理情况。

3. 依托科技创新，加强消费终端监控

伪造电商平台、伪造电商交易，通常伴随着冒用个人身份信息的违法违规行为。如何避免个人身份信息在通关环节被冒用、个人跨境电商零售进口额度被盗用，保护消费者合法权益，既是跨境电商的难点，也是强化监管的突破点。海关以订购人作为切入点，通过强化订购人实名认证管理、派送信息核查等手段辅助监管。一是建立与大型互联网企业的联系配合管理办法，依托企业的实名认证技术及平台，建立订购人实名认证及交易确认反馈机制。二是建立与物流企业的联系配合办法，开发跨境电商商品派送信息核查功能，利用快递企业查询端口、公共物流查询平台，实现申报数据与包裹签收信息的自动核对。

4. 建立企业精准画像模型，实施企业分类监管

2018 年，广州海关探索改变跨境电子商务人工审单及查验随机中的粗放做法，对企业分类设置人工审单率和查验率，对业务现场分类设置查验上限。一是建立企业精准画像模型，结合电商平台核查结果，以及企业历年来的业务规模、发展水平、通关情况以及消费者的认可度等要素，开展企业的精准分析及定量评估。二是建立企业定期评级机制及突发调整机制，根据企业画像成果，定期对企业进行分类，允许发生突发事件可根据需要即时调整。三是按照诚信守法便利、失信违法惩戒原则，按企业类别实施相应的管理措施，并根据实施效果进行调整，

通过不同的审单、过机、查验比率，以及交易真实性验核要求，实现对跨境电商企业的精准管控。

5. 建立跨境电商风险防控模型，实施精准监管

立足跨境电商风险类型，结合跨境电商“交易链条”完整、数据来源丰富的特点，综合运用“电商平台核查”“联合管理”“消费端监控”“企业画像”等成果，建立跨境电商风险防控模型。一是建立跨境电商风险防控数据库。数据库涵盖监管数据及监管外部数据。监管数据包括申报清单数据，电子订单、电子物流单、电子支付单等“三单”数据，以及查验、查获数据等；监管外部数据包括电商平台核查情况、联合管理情况、消费端监控情况、企业画像相关数据等。二是立足跨境电商风险，提炼风险特征，建立风险防控模型。三是运用风险防控模型实时监控跨境电商风险防控数据库，将预警转化为布控指令作用于通关系统，或转化为案件线索移交稽查缉私部门跟进处理。

## 三、企业合规经营

网购保税涉及批量运输、保税仓储、拆装打包、包裹寄递等诸多环节，直购进口以单件包裹形式进行全流程门对门的物流服务，因此合规经营方面，二者各有侧重。

### （一）网购保税合规经营

1. 保税仓储

海关对网购保税商品在区域（中心）内保税仓储及卡口实施账册管理，其显著特征就是保税备货。不管是哪种保税仓库，其管理的对象都是货物，反映在会计科目上，都应划入“材料物资”或“库存商品”，但保税仓库具有自身的特殊性（缓办纳税），与其他仓库有所不同，根据海关监管要求，要求保税仓库设置“账”“卡”，实行“三账一卡”与“两账一卡”的制度。

（1）“三账一卡”：适用于公用型保税仓库

公用型保税仓库因其货主多、数量多，必须建立严密、完整的库房财务管理制度。“三账”是指财务部门设置一套较详细的商品明细分类账，科目为“材料物资”或“库存商品”，进行数量、金额的核算；业务部门设置一套商品调拨账，

只记数量即商品的收、付、存，不记金额，记录进出库商品的流向与构成；保管部门设置一套商品保管账，记录商品收、付、存的数量和金额，掌握进出库商品的实际动态，即进出商品的原始记录。月底，仓库保管员根据出入单编制“领用材料明细表”，与财务、业务部门对账。

“一卡”是指仓库保管员根据货物出入库的实际记录填制的卡片，记录库存商品的增减变化情况，由仓库保管员保管。

（2）“两账一卡”：适用于专用保税仓库

“两账”是指财务部门和保管部门各做一账，可以互相监督、制约，同时又能了解进出库商品的全面（数量、金额）情况。财务部门直接在“材料物资”或“库存商品”借贷方反映库存商品保管账，但只记数量即商品的收、付、存，不记金额。月底，对出入库次数较多的，仓库保管员根据出入库单编制“领用材料明细表”，与财务对账。“一卡”即根据货物入库单，对入库商品按品名、规格、型号逐项记录入卡，形成卡片档案，再根据出库单登记出库情况。这是构成仓库保管部门最初的原始记录，也是最真实的。

对其合规审核的侧重点：

①审核重点敏感商品进出库报关单和进出库报表、出库单等有关单据材料是否齐全有效，审批手续是否合法。

②审核是否存在超范围经营、其他贸易方式货物假借跨境电商名义入库等情况。通过将入库单与“材料物资”或“库存商品”账户核对，核对货物品名便可发现此类情况。

③审核是否存在未办手续擅自出库情况。可以盘库清点实物，查阅“材料物资”或“库存商品”账发现问题。

④核查只在账面作业而无实际出库情况。通过核实出库单、入库单及保管员手中的卡片可以查明。

⑤核查重点敏感商品的出库流向。将海关核准的出库单与仓库保管员实际开出的出库单或卡片及“材料物资”或“库存商品”账进行核对，核查实际领料单位。

⑥核查有无超期货物。将入库单上的日期与“材料物资”或“库存商品”账上的库存数相对比，再盘点实物即可查明。

**案例 6**

## 网购保税商品盘亏

跨境仓储企业 A 公司，海关对其开展稽查后，经盘点当事人仓库全部库存，并比对理论库存和实际库存，发现 42 类商品盘亏，共 909 件，当事人无法说明上述保税货物短少的理由。经海关计核，上述涉案保税货物涉及完税价格共计 55737.3 元，漏缴税款共计 19082.29 元，并处罚款 5200 元。

2. 一线进境

网购保税商品一线进境入区通关管理与一线进境普通保税货物通关管理一致，需要保税核注清单、申报报关单（备案清单）、核放单。

（1）保税核注清单。系网购保税商品底账核注的专用单证，属于办理网购保税进口业务的单证。

（2）报关单（备案清单）。系网购保税商品办理一线进境商品通关手续单证。经审核保税核注清单后，企业申报一线进境报关单（备案清单），申报数据可以由保税核注清单归并生成。

（3）核放单。系网购保税商品进出区域（中心）的相关单证。保税核注清单、报关单（备案清单）放行后，区内企业根据网购保税进口商品运输情况申报核放单，凭核放单进出区域（中心），核增底账数据。

3. 二线出区

（1）传输“三单”信息。即交易信息、支付信息、物流信息。数据传输按照“谁传输谁负责”的原则，对信息数据真实性承担相应责任。

（2）申报进口清单。“三单”信息传输完成后，提交《申报清单》，采取“清单核放”方式办理报关手续。《申报清单》和报关单具有同等法律效力。

（3）办理出区手续。凭核放单运输包裹出区域（中心），核减底账数据。

（4）缴纳税款。进口清单海关放行后30日内未发生退货或修撤单的，代收代缴人在放行后31日至第45日内办理纳税手续。

4. 区间流转

网购保税商品可以在区域（中心）间流转，流转时无须申报报关单（备案清单），只需申报保税核注清单、核放单。转入企业先申报进口保税核注清单，转出企业再申报出口保税核注清单，两份保税核注清单关联对应。特别需要注意的是，以“1210”监管方式进境的网购保税商品不得转入适用“1239”监管方式的城市继续开展跨境电商零售进口业务。

5. 区内流转和状态互转

网购保税商品在同一区域（中心）内的企业间进行流转，与区域（中心）间流转方式一致。

存储在区域（中心）内从境外进口的保税货物，满足跨境电商零售进口商品监管要求的，可以通过账册间数据互转，实现保税货和网购保税商品的状态互转，通关手续与区内流转一致。

6. 海关查验

网购保税商品一线入区后纳入账册管理，海关查验前，跨境电商平台生成跨境交易后，电商企业或者其代理人、物流企业、支付企业向海关传输相关“三单”数据。海关实施查验中，查验未见异常，做放行处理，商品由物流企业运输至境内消费者手中；查验异常的，按照相关规定进行后续处置。

（二）直购进口合规经营

1. 主体责任

海关总署公告2014年第12号确定“9610”监管代码，并规定按照海关要求传输相关电子数据。直购进口模式下，邮政企业、进出境快件运营人可以接受相关企业委托，在承诺承担相应法律责任的前提下，向海关传输交易、支付等电子信息。

2. 监管要求

海关总署公告2018年第194号对直购进口商品首次明确了按照个人自用进境物品监管原则，并明确不执行有关商品首次进口许可证、注册或备案要求，但对相关部门明令暂停进口的疫区商品和对出现重大质量安全风险的商品启动风险应急处置时除外。

3. 业务流程

境内消费者完成跨境采购、交易后，境外商品经邮件、快件等物流运输方式进口至符合跨境电商监管要求的监管场所，相关企业分别向海关传输交易、支付、物流电子数据，提交《申报清单》，海关按照跨境电商零售进口商品征收税款。

4. 海关查验

海关实施查验前，跨境电商平台已生成跨境交易，境外商品从口岸进境，运输至海关跨境电商监管场所，跨境电商场所经营人按要求向海关传输相关“三单”数据。海关实施查验中，查验未见异常，做放行处理，商品由物流企业运输至境内消费者手中；查验异常的，按照相关规定进行后续处置。

第九章

# 关务筹划与风险管理

跨境电商因其小批量、高频次的特点，给监管带来了前所未有的挑战和压力。因各地监管力度不一、监管体系有待完善、信息系统和平台建设不够成熟，跨境电商零售进口风险日益突出，如何在新形势下实施有效监管成为亟待解决的问题。

## 一、风险现状

### （一）风险类别

1. 税负不同带来的税收风险

跨境电商零售进口适用电商税，与一般贸易进口适用的关税、增值税以及消费税等税负总额相比，电商商品享受较低水平的优惠税率。这表明，国外电商企业拥有着隐形的优惠待遇，从而形成价格上的竞争优势，由税负不平衡带来的竞争不平衡将会对国内的电商企业以及实体企业产生很大的冲击效应，进而税往低处走，导致税收压力。

2. 配套措施匮乏带来的监管风险

电子化、无纸化是跨境电商的典型标志，网上电子交易记录成为获取信息的唯一途径，从而为海关的跨境监管造成极大的阻力。一方面，电子形式的记录存在被人肆意篡改的风险，并且缺乏时效性，使得监管缺乏真实、充分的监管依据；另一方面，电子信息极易遭到破坏，缺少参照的相关副本，一旦发生被病毒入侵等事故，则使得海关监管部门缺乏了监管的数据依据，从而无法准确地确定完税价格。

3. “刷单”等新型手法出现带来的走私风险

跨境电商享受税收优惠，并允许“免于向海关提交许可证件”，与一般贸易通关渠道形成政策落差。部分违法企业为谋求高额利润，利用跨境电商优惠政策盗用他人身份，采取“刷单”等新型手法实施走私行为，带来了打私压力。

4. 电商商品特性带来的质量风险

跨境电商零售进口商品按照个人自用进境物品监管，不执行首次进口许可证件、注册或备案要求，意味着该类商品在一定程度上存在国标豁免；加之跨境电商零售进口商品多以日常消费品为主，潜在的安全风险较多，如保质期、辐射、化妆品理化、婴幼儿服装理化型性能等。

5. 夹藏违禁品带来的安全准入风险

跨境电商通关，依据“来源可追溯、去向可查证、风险可控制、责任可追究”的特点，设计基于电子订单、电子物流单、电子支付单与申报清单比对的“三单”比对模式，具有极高的通关效率。据统计，平均通关时间属于秒放级别。为规避快件的严格监管，并享受上述优惠税收政策，部分违法企业将快件转运货物伪报跨境电商进口。近年来，各地海关在跨境电商渠道陆续查发了旧衣服、旧手袋甚至枪支弹药等违禁品。快件转运货物伪报跨境电商进口的现象在直购进口业务中并不罕见。

6. 海量的消费者导致舆情风险

跨境电商零售进口的受众不是企业而是海量的消费者，额度盗用、通关延迟、假冒伪劣等情事，一旦被以万、十万、百万为单位的消费者放大，海关公信力则会大打折扣，面临巨大的舆情压力。

（二）风险表现

1. 将一般贸易货物通过跨境电商渠道“化整为零”走私进境高发

从表现形式上看，主要是传输虚假“三单”数据。同时，还存在一种物流真实但集中收货“二次销售”的情况，如 1 个收货电话 2 个月时间内，通过不同订购人在一家电商企业购买的澳大利亚某品牌睡眠片就达到了 40 万片，远超个人合理自用数量。

从造假方式上看，明显特征就是盗用、冒用或虚假使用身份信息。近年来，盗用额度曾引起社会和媒体广泛关注，海关 12360 热线也接到一些投诉。随着海关管控力度加大，一号（电话号码）多名（姓名、身份证）现象有所减少。但同时发现一些企业或“跨境黄牛”采取更为隐蔽的手法进行数据“拟真”，其网上交易由专门刷单公司组织雇用大批人员通过人工甚至是刷单软件“刷单”形成，货款由企业或“黄牛”统一支付，在某起查获的跨境电商走私案件中一人一年支付了 650 余万元。

从走私目的上看，除偷逃税款外，逃证风险也不容小觑。例如，砂糖类商品一般贸易进口受配额管理，跨境电商渠道也有每人每年 2 千克的购买限制。如某个电商企业所售红糖大量卖往山东的一个村子，看起来每个订购人都只购买了 2 千克，但该收货地址在短时间内共收了 13 吨的糖。

2. 将网上实际交易商品以低报价格方式走私进境频发

一些电商企业为了降低成本提高利润，通过“阴阳网站”（国内平台订单引流至跨境电商平台，申报价格低于实际成交价格）或“洗单”（直接将在跨境电商平台完成交易的订单数据进行清洗）方式向海关提交虚假的交易价格信息。

其核心是低报价格，交易和物流均真实存在，但传输伪造的订单数据，在第三方支付公司配合下传输虚假支付数据。如某电商走私案件中，电商企业将在境内售出的6000元左右一件的加拿大鹅牌羽绒服，通过跨境电商平台以600元的单价进行申报。

3. 将海外代购商品等借由跨境电商渠道走私风险凸显

一些转运公司以“包税”的形式，揽收海外代购商品或国际快件后，由电商企业在跨境电商平台上申报。该方式下，跨境电商平台上并未发生实际交易，海关看到的订单、支付单均是虚假生成的，只有物流单是真实的。其物流过程实质上与快件、邮递物品一样，背后体现的是选择性通关。

4. 安全准入风险在跨境电商渠道开始凸现

一方面，随着关检融合的深入推进，禁止进境动植物及其产品、辐射地区食品等方面的风险纳入重点防控，相关查获数量大幅增加，涉检（检验检疫）查发情事已占到安全准入查发总数的七成以上。另一方面，跨境电商直购进口因其物流形态与邮件、快件类似，安全准入风险相对高于网购保税进口（其安全准入风险防控主要在一线进境），因电商企业只扮演了配合清关角色，并未对境外揽收包裹进行验视。另外，还存在通过伪瞒报进口正面清单外商品的可能性，以达到逃检逃证目的。如将本属于药品的美国某品牌胃药，申报成保健品进境。

5. 其他伪瞒报风险也不容忽视

从侦办案件和现场查发来看，还存在其他风险，如入区时少报多进，出区时夹藏或与物流企业合谋，重复粘贴物流单蒙骗等；网购保税进口在库实物监管中，出现盘库后盘亏数或盘盈数均较大的情况。

此外，还发现存在伪报税号偷逃消费税的情况。如未将面膜归入品目33.04（符合价格条件的高档面膜需征收消费税）而是归入无须征收消费税的品目33.07（芳香制品）项下。

## 二、安全准入

跨境电商风险概括来讲包括税收风险和安全准入风险两个方面，特别是与公众和国家安全有关的安全准入风险。跨境电商以小额交易为主，商品品牌、种类繁多，准入门槛低，交易商品通过邮政、快递方式寄送，呈现零散化、碎片化、多而杂的特征，因此，安全准入风险凸显。根据海关总署公告2018年第194号规定，“电子商务企业不得进出口涉及危害口岸卫生安全、生物安全、进出口食品和商品安全、侵犯知识产权的商品以及其他禁限商品”。

（一）列入禁止进出境物品表的商品

凡列入禁止进出境物品表的商品，不得通过任何渠道进口。具体清单如下：

1. 各种武器、仿真武器、弹药及爆炸物品；

2. 伪造的货币及伪造的有价证券；

3. 对中国政治、经济、文化、道德有害的印刷品、胶卷、照片、唱片、影片、录音带、录像带、激光视盘、计算机存储介质及其制品；

4. 各种烈性毒药；

5. 鸦片、吗啡、海洛因、大麻以及其他能使人成瘾的麻醉品、精神药品；

6. 带有危险性病菌、害虫及其他有害生物的动物、植物及其产品；

7. 有碍人畜健康的、来自疫区的以及其他能传播疾病的食品、药品或其他物品。

（二）列入《禁止寄递物品指导目录》的商品

跨境电商零售进口均涉及快递配送，需符合寄递相关规定。根据国邮发〔2016〕107号《国家邮政局、公安部、国家安全部关于发布〈禁止寄递物品管理规定〉的通告》所附《禁止寄递物品指导目录》规定，枪支（含仿制品、主要零部件），弹药，管制器具，爆炸物品，压缩和液化气体及其容器，易燃液体，易燃固体、自燃物质、遇水易燃物质，氧化剂和过氧化物，毒性物质，生化制品、传染性、感染性物质，放射性物质，腐蚀性物质，毒品及吸毒工具、非正当用途麻醉药品和精神药品，非正当用途的易制毒化学品，非法出版物、印刷品、音像制品等宣传品，间谍专用器材，非法伪造物品，侵犯知识产权和假冒伪劣物品，濒危野生动物及其制品，禁止进出境物品，其他物品等 19 类商品不能从跨境寄递渠道进出境。

（三）正面清单控制商品

《跨境电子商务零售进口商品清单》（即正面清单）规定了可以通过跨境电商零售进口渠道进口的商品种类，目前 2022 版包含 1476 个 8 位税号的商品种类，只有归类属于这 1476 个税号的商品才可以通过跨境电商渠道进境。需要注意的是，即使一项商品属于正面清单税号，也不一定可以从电商渠道进口。因为，一方面正面清单内商品是一类商品的统称，在实际监管中这些商品可能存在不符合其他进境规定的情况；另一方面正面清单中部分商品有备注限制要求，商品进境还须同时符合备注有关要求。

关于正面清单的备注要求，大致分为四类控制条件：一是排除控制，如列入两用物项清单的商品，或含有濒危动植物成分的商品，不能通过电商渠道进口；二是贸易方式控制，部分商品仅能通过网购保税方式进口，不能通过直购渠道进口，如海鲜类；三是品名控制，一个税号通常对应多个商品，只有其中几种特定商品才能进口，如税号 32151900（其他印刷油墨）仅限家用打印机墨水才能进口；四是重量控制，只有低于规定重量的才能进口，如砂糖每人每年限重 2 千克以下，长粒米每人每年限重 20 千克以下等。

（四）侵犯知识产权物品

海关保护知识产权的执法模式分为依职权保护和依申请保护两种，鉴于通常知识产权权利人难以及时了解其他企业的进出口商品信息，海关依职权查处侵权是当前知识产权海关保护的主要途径。

根据《中华人民共和国知识产权海关保护条例》的规定，企业进行知识产权备案是海关采取主动保护措施的前提条件。因此，要想依靠海关的力量为企业把好知识产权这道关，企业应当尽早对自己享有的知识产权进行海关备案。同时，备案可以对企图进行侵权的其他企业产生震慑作用，可以迫使已经在生产、销售侵权货物的企业停止侵权，还可以使非恶意侵权的企业避免“误打误撞”的侵权。对于处于备案期内的知识产权，海关依职权进行保护。一般而言，海关在查验时发现涉嫌侵犯已在海关总署备案的知识产权货物、物品进境时，会暂停办理通关手续并联系知识产权权利人确权。对于权利人确认为涉嫌侵权货物物品，提交采取知识产权海关保护申请并提交担保的，海关将依法实施扣留，并按规定处置。

从跨境电商商品的侵权特点来看，商标侵权占跨境电商知识产权侵权总量的98% 以上，而《中华人民共和国商标法》是海关进行知识产权海关保护的重要依据，但海关对商标权的保护与《中华人民共和国商标法》的规定并不能直接画等号，其中差异根源来自知识产权的私权属性与海关知识产权保护的公权力属性的区别。

根据《中华人民共和国商标法》第五十七条的规定，以下三种行为均属于侵犯商标专用权的行为：（1）未经商标注册人的许可，在同一种商品上使用与其注册商标相同的商标；（2）未经商标注册人的许可，在同一种商品上使用与其注册商标近似的商标；（3）在类似商品上使用与其注册商标相同或者近似的商标，容易导致混淆的。

但并不是所有的商标侵权行为都属于海关实施知识产权保护的范围。因为知识产权属于私权，私权可以放弃，在当事人向海关进行备案时，海关可以将当事人未进行备案的近似商标理解为放弃寻求海关保护。

根据《2021 年中国海关知识产权保护状况》披露，随着互联网新业态的发展，跨境电商渠道已逐步成为知识产权执法重点，2021 年全年共查扣跨境电商侵权嫌疑货物 1.78 万批、199.57 万件，扣留批次和数量在非货运渠道执法的占比，分别由 2020 年的 11.69% 和 9.93% 提升到 2021 年的 23.25% 和 18.11%。

## 案例7

## 电商渠道查获禁止类宠物食品

近年来，海关连续从进境跨境电子商务直购进口包裹中截获包括宠物膳食营养补充剂、宠物零食和狗咬胶等动物源性饲料17批次、139件、41千克，与以往截获中常见的膨化颗粒状猫狗饲料不同，这些截获的宠物饲料是将生的鸡、鸭、兔肉及内脏细磨制成的冻干猫犬零食，海关关员现场开箱查验可闻到明显的生肉腥味。其产品包装标注为生肉制品，可能含有对人体有害的病毒和细菌，须远离免疫系统受损的儿童，并与人类食物隔开存放。我国进出口饲料和饲料添加剂风险级别及检验检疫监管方式规定，宠物食品和咬胶属Ⅱ级风险产品，以国际快递或邮寄方式进境的该类跨境电子商务产品，还应符合《中华人民共和国禁止携带、寄递进境的动植物及其产品和其他检疫物名录》要求。（生或熟）肉类（含脏器类）及其制品，动物源性饲料，存在传播疫病疫情风险，属于禁止寄递进境的物品。

## 案例8

## 电商渠道查获禁止类涉核辐射商品

2019年1月，海关连续从跨境电商直购进口商品中查获日本核辐射污染地区食品，共计2121起，申报总值约96万元人民币。该批商品主要为奶粉和速溶咖啡，制造地涉及茨城县、琦玉县、东京都、枥木县、群马县等。2011年，日本福岛发生的核泄漏事故造成了福岛周边地区大范围污染。为避免核辐射通过食品渠道对中国民众身体健康造成危害，中国海关禁止进口日本福岛县、群马县、枥木县、茨城县、宫城县、新潟县、长野县、琦玉县、东京都、千叶县10个都县所产的食品。

## 三、企业防控实践

在电商风险防控实践中，各地海关因地制宜采取了各种有效措施，总体而言建立了事前、事中、事后、内联、外合等五位一体的防控体系。

（一）监管难点

网购保税进口业务具有企业角色环节多、监管链条长、信息碎片化、单货验放快、数据规模大等特点，在正面清单内商品免予备案、免关税和“增值税＋消费税”按70%征收的优惠政策环境下，安全准入风险和非安全准入风险更加突出，对海关加强风险防控和实际监管提出了更高的要求。现场海关在网购保税进口业务实际监管中经常遇到分析难、查证难、规范难、共管难等问题。一是分析难。对于数以千万计的海量清单、物流单、运单、支付单等，现场海关未能掌握上述海量的基础数据，缺乏实用的批量分析工具，核实数据和发现问题、挖掘线索手段有限。二是查证难。由于网购保税进口业务链条中角色关系复杂、线索链条长、信息碎片化、单票货值小，稽查和缉私部门查证网购保税进口业务相关情况的难度大。三是规范难。网购保税进口业务的多数业务环节仅有“大而化之”的宏观规范，具体的现场监管操作指引较为欠缺，且信息系统有待完善，现场海关规范管理的难度大。四是共管难。网购保税进口业务链条涉及公安、市场监管、金融等多个部门，商业服务方面涉及平台企业、支付企业和物流企业等不同主体，数据终端直接面对千家万户。但各部门和海关内部尚未形成跨境电商全链条和多方位的监管体系，货物流、资金流、信息流仍相对分裂和隔离。

（二）做法措施

1. 事前以准入为重点

在跨境电商业务开办前，对企业准入、商品准入、企业经营情况、作业场所、促销行为等进行摸底核查和风险评估，评估企业的风险等级，从源头上确保跨境电商活动主体的真实性、合规性。在企业准入管理方面，对跨境电商企业进行核查，验核相关主管部门发放资质的真实性和有效性；在商品准入管理方面，通过建立商品备案库，实现归类初核并不定期开展核查，对照跨境零售进口商品正面清单对网购商品进行比对筛查，严格管控禁限类商品入境，以降低商品准入风险；

在经营管理方面，针对新申请或未进行风险初核的企业，开展供应链流程和物流轨迹、备案网站运行能力、跨境进口商品包裹状态记录等事项进行摸底核查，确定初设风险等级；在参数动态管理方面，参照跨境电商企业历史违规记录、重点商品特定时期监管要求、消费者交易行为匹配分析等实行动态调整；在促销行为管理方面，加强对电商企业促销活动的报备审核、交易监控和后续随机核查，及时掌握商品价格、数量等要素，防止低报价格导致的税款流失。

2. 事中以核查为重点

“三单”比对是事中监管的核心内容，也是后续系列措施建立的基础，通过核查手段随机核查进口电商报关数据，加强对跨境电商企业通关过程的单证审核、税收管理、物流监控、账册管理等，进而切实保障交易真实合规，并堵塞税收流失漏洞，全面管控进境商品，确保账实相符。风险点核查分别为：核查单证主要以验核“三单真实性”为核心，通过对各类单证的全面复核，有效防范虚假交易行为等各类风险；核查税收“三要素”，通过对跨境电商企业及商品是否规范申报、是否归类正确、是否价格比对合理，避免税款流失风险；核查保税物流场所，加强对“网购保税进口”商品进、出海关特殊监管区域以及保税场所的实货监管，对卡口、仓储、转关等物流环节严格管理，以防范夹带、夹藏等风险；核查企业注册信息，完善账册管理，对网购保税进口模式下的商品，通过账册实施“进、出、转、存”等痕迹化管理。

3. 事后以稽查为重点

利用大数据手段，通过多元化智能监控，汇总整合事前、事中各个环节发现的风险线索，构建以“神秘买家”“风险画像”“资质验核管理”为核心的风险控制与管理创新链，提高查获率。开展网上巡查分析，验核电商企业交易的真实性；引入中介机构开展盘库管理，结合海关抽核，对在库商品实施稽查比对；运用大数据分析对企业精准画像，将企业在事前审核、事中监控和事后核查发现的风险问题进行集中归纳，评定企业的风险等级；根据企业画像结果，对企业差别化管理，按照不同风险等级实施分类管理；在后续处置中依托风险级别及画像结果，给予企业相应处置。按照相关规定及时调整走私违法电商企业的信用等级，推动落实通关各环节对失信电商企业的严密监管措施以及国家相关部门的联合惩戒措施。

4. 内联以挖潜为重点

在监管方面，从涉税风险、安全准入风险、企业风险、物流风险四个方面总结违法行为特征，构建了跨境电商企业违法行为智能化甄别模型；在税收方面，构建了跨境电商进口价格分析的基础数据库，有针对性地开展专项商品和税收多维度分析，适时开展稽核查；在打击方面，建立了企业风险档案，定期开展商品或主体的案例分析研讨机制，着力提高移交线索成案率。

5. 外合以借力为重点

加大与税务、外汇等部门信息系统的数据交换力度，共享电商企业、物流企业、支付企业等跨境交易情况数据，特别是加大对盗用个人身份信息刷单、传输虚假支付数据、低报价格等走私违法行为的综合管控，开展资金异常流动的监控与协查，做到信息互通、资源共享、联防联控，形成跨境电子商务协同监管体系。探索与物流企业签订合作协议，合作打击违法违规行为，对于资信度高的物流企业予以便捷监管措施。

**案例 9**

## 广州海关所属南沙海关跨境电商“四度”分析法

一是活跃度分析。每季度通过百度流量统计等工具，对开展网购保税进口业务相关电商平台网站的访问量、点击率、更新频率、用户数量等进行实时监控，分析跨境电商平台的活跃度。将活跃度分析结果与网购保税进口业务数据进行比对，筛选出高风险电商平台企业。

二是集中度分析。依托职能部门构建的大数据分析平台，整合网购保税进口业务全链条的订单、物流单、支付单、申报清单等数据，对订购人、支付人、订购人电话、送货地区、销售品类等数据进行集中度分析。对订购人、支付人、订购人电话等高度集中且异常的数据进行筛选，形成一批风险线索进行后续处置。

三是可信度分析。按照跨境电商“三单比对”检控要求，对订单、支付单、物流单中出现的“支付人同号（身份证号）不同名”“订购人同号（身份证号）不同名”“收货同号（电话号码）不同人”“收货同人不同地”等数据进行比对分析，研判企业申报数据的可信度。对分析异常的结果列为可信度较差的企业和平台，为风险研判和加强实际监管提供支撑。

四是关联度分析。以海量清单、订单、物流单、支付信息等数据为基础，通过分组统计，将散落于其中的不同业务角色（区内仓储、电商平台、电商企业、支付、担保、物流快递等）的关联关系展示出来。经风险防控发现和后续稽核查确认的违法线索，可通过关联度分析筛选出与涉嫌违法违规企业的业务关联企业，“顺藤摸瓜”锁定和查处相关联的其他企业。

# 第十章

# 关务筹划与海关稽查核查

海关稽查核查，实际上就是海关稽查和海关核查两种行为的统称，在实践中，此两项职权由稽查部门统一行使。跨境电商零售进口企业在享受优惠税率、便捷通关的同时，也和其他进出口企业一样需要无差别地接受海关稽查，此外，在保税网购进口模式中，存在一个保税集货环节，其仓储企业是海关特殊监管区域或者保税物流中心（B型）内企业，属于海关核查的范畴。

## 一、解读《海关稽查条例》

海关稽查是国际通行的海关监管制度，是指海关在进出口货物通关后一定期限内，对与进出口货物直接有关的企业、单位的账簿、单证等有关资料和进出口货物进行核查，以监督其进出口活动的真实性和合法性的制度。海关稽查改变了传统的口岸监管模式，将海关管理延伸到企业内部和货物通关放行之后，是海关正面监管的重要手段，极大地丰富和完善了海关监管体系。多年来，海关稽查在强化海关实际监管提升海关监管效能，监督和规范企业的进出口活动维护正常进出口秩序，查发企业各类问题保障国家税收等方面发挥了重要作用。

### （一）《海关稽查条例》修订

《海关稽查条例》于1997年实施，先后经历2011年、2016年、2022年三次修订，其中2022年第三次修订仅对部分条款进行修改，即第三十条、第三十一条中的“撤销其报关注册登记”修改为“禁止其从事报关活动”。因此，本部分内容主要围绕2016年修订版《海关稽查条例》进行解读。

2016年版《海关稽查条例》（以下简称“新《海关稽查条例》”）的修订，主要体现在明确稽查定位、完善稽查职权、降低企业成本和促进社会共治四个方面。

一是明确稽查职能定位。新《海关稽查条例》通过明确稽查定义、界定稽查范围，进一步厘清稽查职权边界；通过确立贸易调查、主动披露、委托专业机构等制度，进一步扩展稽查触角，转变海关职能实现方式，切实强化了海关稽查作为正面监管而非负面评价的职能定位，体现了“有限政府”的管理理念。

二是完善稽查职责权限。新《海关稽查条例》规定了查阅、复制、检查、询问、查询存款账户、限期改正、查封、扣押等稽查职权，加大了对提供虚假情况等违法行为的处罚力度，同时对稽查领域行政裁量权给予有效规制，进一步强化了海关稽查在加强事中、事后监管方面的职能作用。

三是降低企业经营成本。新《海关稽查条例》以为被稽查人“降本减负”为出发点，通过对使用计算机记账、核算的有关企业、单位，一般情况下不再要求将会计记录打印成书面记录保管，不再要求被稽查人向海关报送进出口货物购买、销售、加工、使用、损耗和库存等情况资料，简化海关手续，减轻企业负担，进一步降低制度性交易成本。

四是促进社会共管共治。新《海关稽查条例》注重从政府行政管控转向开放合作治理，通过确立企业主动披露、委托专业机构出具专业结论，以及将被稽查人未按照规定编制或隐匿、篡改账簿有关情况通报所在地财政部门等制度，创新了海关管理模式，充分发挥其他部门、行业组织和企业共管共治的作用，推动建立海关、社会力量以及企业三方协同治理机制。

（二）稽查职权

《海关稽查条例》的修订较好地实现了与《海关法》《中华人民共和国行政强制法》等上位法的衔接，明确了海关稽查的定位，厘清了稽查职权的边界。根据新《海关稽查条例》的规定，海关实施稽查时，可以行使查阅、复制被稽查人的账簿、单证等有关资料；检查与进出口活动有关的生产经营情况和货物；询问被稽查人的法定代表人、主要负责人员和其他有关人员与进出口活动有关的情况和问题；查询被稽查人在商业银行或者其他金融机构的存款账户；查封、扣押其账簿、单证等有关资料以及相关电子数据存储介质，查封、扣押有关进出口货物等职权。

（三）稽查程序

完善的稽查执法程序，是新《海关稽查条例》《〈海关稽查条例〉实施办法》的重要亮点。新《海关稽查条例》《〈海关稽查条例〉实施办法》通过科学的程序设计，可有效防止执法人员不作为、乱作为。主要程序包括：一是完善稽查告知制度。新《海关稽查条例》《〈海关稽查条例〉实施办法》规定的告知内容包括告知稽查的实施、告知被稽查人的权利、告知稽查结论，同时还特别规定发现被稽查人涉嫌违法或者少征、漏征税款的，应当书面征求被稽查人意见，充分保障了被稽查人的知情权、陈述权、申辩权以及寻求法律救济等权利。二是明确回避制度。新《海关稽查条例》规定，海关进行稽查时，海关工作人员与被稽查人有直接利害关系，应当回避；新《〈海关稽查条例〉实施办法》对回避制度进行细化规定，确保回避制度落到实处。三是强化监督制约机制。新《海关稽查条例》明晰了内部层级核批制度，将海关行使重大稽查职权的内部核批由“经海关关长批准”明确规定为“经直属海关关长或者其授权的隶属海关关长批准”，同时还进一步完善了海关稽查执法资格制度和双人作业制度等，规范执法行为，强化监督制约。

（四）贸易调查

海关收集特定商品、行业与进出口活动有关的信息是海关稽查部门为了解进出口贸易情况，印证商品、行业进出口贸易风险状况，对商品、行业进出口贸易及有关信息，进行收集、整理、分析而开展的贸易调查工作。海关稽查部门通过贸易调查及时掌握和总结商品、行业基本经营状况、贸易运作模式，通过风险分析和预警，在服务国家宏观经济决策、提高海关监管执法效能等方面发挥了重要作用。新《海关稽查条例》是第一部对贸易调查作出制度安排的海关行政法规，明确了海关贸易调查的对象、范围和内容，以及相关单位负有配合的义务，将进一步强化贸易调查制度的应有功效。

（五）引入专业机构协助稽查

委托社会专业机构出具专业结论是新《海关稽查条例》的一大亮点，出台后很多社会专业机构对该项制度都非常关注。社会专业机构作为独立的第三方，具有专业性强、客观公正等优势，引入社会专业机构提供专业服务已成为各国政府以及国内税务、证券监管等部门所普遍采用的做法。

早在 2008 年，海关便启动了委托社会专业机构提供专业服务的试点工作，在海关向社会力量购买服务方面进行了有益的探索和尝试。2013 年 9 月，国务院办公厅印发了《关于政府向社会力量购买服务的指导意见》，对海关相关工作起到了重要的推动作用。为了保证此项工作的持续有效开展，新《海关稽查条例》对委托社会专业机构作出规定，并在新《〈海关稽查条例〉实施办法》中对相关具体事宜予以明确和细化，对于充分发挥该项制度在创新海关管理方式、提高海关管理效能、促进社会共同治理等方面的积极作用具有重要意义。

此外，根据《〈海关稽查条例〉实施办法》规定，会计师事务所、税务师事务所或者其他具备会计、税务等相关资质和能力的专业机构均可接受海关委托。海关引入专业机构坚持公平、公正和公开的原则，根据专业机构的征信情况、执业水平以及具体稽查事项的要求选择符合条件的专业机构进行委托。

（六）主动披露制度

进出口企业、单位主动向海关如实报告海关尚未掌握的其违反海关监管规定的行为并接受海关处理的，海关可以认定有关企业、单位主动披露。主动披露制度的主要目的是引导和鼓励企业加强自我管理和自我检查，形成企业自律、主动报告、主动纠错的诚信驱动机制，将海关与企业由过去单纯的管理与被管理的关系转变为合作共赢关系，促进企业守法经营，提升海关执法效能。

实施主动披露：一是企业实现自我纠错的有效途径。主动披露制度框架下，海关引导鼓励企业通过自查主动发现并报告问题，这为出现问题的企业提供了一个主动纠错的机会，将有效提升企业自律管理能力，促进企业规范管理，提高企业竞争力。二是从轻、减轻或不予行政处罚。对主动披露的进出口企业、单位，违反海关监管规定的，海关应当从轻或减轻行政处罚；违法行为轻微并及时纠正，没有造成危害后果的，不予行政处罚。三是减免税款滞纳金。对主动披露并补缴税款的进出口企业、单位，海关可以减免滞纳金。以此鼓励广大进出口企业、单位积极开展主动披露，切实享受到该制度带来的政策红利。

（七）被稽查人义务

接受并配合海关稽查是进出口企业、单位的法定义务。根据新《海关稽查条例》及其《〈海关稽查条例〉实施办法》规定，被稽查人应承担如下义务：一是依法接受海关稽查，如实反映情况，提供账簿、单证等有关资料。二是依法设置、编制会计资料，真实、准确、完整地记录和反映进出口业务的有关情况，并按照规定期限保管有关资料。三是配合海关工作，并提供必要的工作条件和协助。需要特别强调的是，如果被稽查人不配合海关稽查工作，海关有权予以行政处罚，此次新《海关稽查条例》及其《〈海关稽查条例〉实施办法》还加大了相关的处罚力度。

## 延伸阅读

表 10-1 《海关稽查条例》修改对照表

| 修订前 | 修订后[①] |
| --- | --- |
| **第一章 总则** | **第一章 总则** |
| 第一条 为了建立、健全海关稽查制度，加强海关监督管理，维护正常的进出口秩序和当事人的合法权益，保障国家税收收入，促进对外贸易的发展，制定本条例 | 第一条 为了建立、健全海关稽查制度，加强海关监督管理，维护正常的进出口秩序和当事人的合法权益，保障国家税收收入，促进对外贸易的发展，根据《中华人民共和国海关法》（以下简称海关法），制定本条例 |
| 第二条 本条例所称海关稽查，是指海关自进出口货物放行之日起 3 年内或者在保税货物、减免税进口货物的海关监管期限内，对被稽查人的会计账簿、会计凭证、报关单证以及其他有关资料（以下统称账簿、单证等有关资料）和有关进出口货物进行核查，监督被稽查人进出口活动的真实性和合法性 | 第二条 本条例所称海关稽查，是指海关自进出口货物放行之日起 3 年内或者在保税货物、减免税进口货物的海关监管期限内及其后的 3 年内，对与进出口货物直接有关的企业、单位的会计账簿、会计凭证、报关单证以及其他有关资料（以下统称账簿、单证等有关资料）和有关进出口货物进行核查，监督其进出口活动的真实性和合法性 |
| 第三条 海关对下列与进出口活动直接有关的企业、单位实施海关稽查：<br>（一）从事对外贸易的企业、单位；<br>（二）从事对外加工贸易的企业；<br>（三）经营保税业务的企业；<br>（四）使用或者经营减免税进口货物的企业、单位；<br>（五）从事报关业务的企业；<br>（六）海关总署规定的从事与进出口活动直接有关的其他企业、单位 | 第三条 海关对下列与进出口货物直接有关的企业、单位实施海关稽查：<br>（一）从事对外贸易的企业、单位；<br>（二）从事对外加工贸易的企业；<br>（三）经营保税业务的企业；<br>（四）使用或者经营减免税进口货物的企业、单位；<br>（五）从事报关业务的企业；<br>（六）海关总署规定的与进出口货物直接有关的其他企业、单位 |

① “修订前”为 1997 年版；“修订后”为 2016 年修订版。

表 10-1 续 1

| 修订前 | 修订后 |
| --- | --- |
|  | 第四条　海关根据稽查工作需要，可以向有关行业协会、政府部门和相关企业等收集特定商品、行业与进出口活动有关的信息。收集的信息涉及商业秘密的，海关应当予以保密 |
| 第四条　海关和海关工作人员执行海关稽查职务，应当客观公正，实事求是，廉洁奉公，保守被稽查人的商业秘密，不得侵犯被稽查人的合法权益 | 第五条　海关和海关工作人员执行海关稽查职务，应当客观公正，实事求是，廉洁奉公，保守被稽查人的商业秘密，不得侵犯被稽查人的合法权益 |
| **第二章　账簿、单证等有关资料的管理** | **第二章　账簿、单证等有关资料的管理** |
| 第五条　与进出口活动直接有关的企业、单位所设置、编制的会计账簿、会计凭证、会计报表和其他会计资料，应当真实、准确、完整地记录和反映进出口业务的有关情况 | 第六条　与进出口货物直接有关的企业、单位所设置、编制的会计账簿、会计凭证、会计报表和其他会计资料，应当真实、准确、完整地记录和反映进出口业务的有关情况 |
| 第六条　与进出口活动直接有关的企业、单位应当依照有关法律、行政法规规定的保管期限，保管会计账簿、会计凭证、会计报表和其他会计资料。<br>报关单证、进出口单证、合同以及与进出口业务直接有关的其他资料，应当自进出口货物放行之日起保管 3 年 | 第七条　与进出口货物直接有关的企业、单位应当依照有关法律、行政法规规定的保管期限，保管会计账簿、会计凭证、会计报表和其他会计资料。<br>报关单证、进出口单证、合同以及与进出口业务直接有关的其他资料，应当在本条例第二条规定的期限内保管 |
| 第七条　与进出口活动直接有关的企业、单位会计制度健全，能够通过计算机正确、完整地记账、核算的，其计算机储存和输出的会计记录视同会计资料，但是应当打印成书面记录并依照本条例的规定完整保管 | 第八条　与进出口货物直接有关的企业、单位会计制度健全，能够通过计算机正确、完整地记账、核算的，其计算机储存和输出的会计记录视同会计资料 |

表 10-1 续 2

| 修订前 | 修订后 |
|---|---|
| 第八条　与进出口活动直接有关的企业、单位应当按照海关要求，报送有关进出口货物的购买、销售、加工、使用、损耗和库存情况的资料 | |
| **第三章　海关稽查的实施** | **第三章　海关稽查的实施** |
| 第九条　海关应当按照海关监管的要求，根据进出口企业、单位和进出口货物的具体情况，确定海关稽查重点，制定年度海关稽查工作计划 | 第九条　海关应当按照海关监管的要求，根据与进出口货物直接有关的企业、单位的进出口信用状况和风险状况以及进出口货物的具体情况，确定海关稽查重点 |
| 第十条　海关进行稽查时，应当在实施稽查的 3 日前，书面通知被稽查企业、单位（以下简称被稽查人）。在特殊情况下，经海关关长批准，海关可以不经事先通知进行稽查 | 第十条　海关进行稽查时，应当在实施稽查的 3 日前，书面通知被稽查人。在被稽查人有重大违法嫌疑，其账簿、单证等有关资料以及进出口货物可能被转移、隐匿、毁弃等紧急情况下，经直属海关关长或者其授权的隶属海关关长批准，海关可以不经事先通知进行稽查 |
| 第十一条　海关进行稽查时，应当组成稽查组。稽查组的组成人员不得少于 2 人 | 第十一条　海关进行稽查时，应当组成稽查组。稽查组的组成人员不得少于 2 人 |
| 第十二条　海关进行稽查时，海关工作人员应当出示海关稽查证。<br>海关稽查证，由海关总署统一制发 | 第十二条　海关进行稽查时，海关工作人员应当出示海关稽查证。<br>海关稽查证，由海关总署统一制发 |
| 第十三条　海关进行稽查时，海关工作人员与被稽查人有直接利害关系的，应当回避 | 第十三条　海关进行稽查时，海关工作人员与被稽查人有直接利害关系的，应当回避 |

表 10-1 续 3

| 修订前 | 修订后 |
| --- | --- |
| 第十四条　海关进行稽查时，可以行使下列职权：<br>（一）查阅、复制被稽查人的账簿、单证等有关资料；<br>（二）进入被稽查人的生产经营场所、货物存放场所，检查与进出口活动有关的生产经营情况和货物；<br>（三）询问被稽查人的法定代表人、主要负责人员和其他有关人员与进出口活动有关的情况和问题；<br>（四）经海关关长批准，查询被稽查人在商业银行或者其他金融机构的存款账户 | 第十四条　海关进行稽查时，可以行使下列职权：<br>（一）查阅、复制被稽查人的账簿、单证等有关资料；<br>（二）进入被稽查人的生产经营场所、货物存放场所，检查与进出口活动有关的生产经营情况和货物；<br>（三）询问被稽查人的法定代表人、主要负责人员和其他有关人员与进出口活动有关的情况和问题；<br>（四）经直属海关关长或者其授权的隶属海关关长批准，查询被稽查人在商业银行或者其他金融机构的存款账户 |
| 第十五条　海关进行稽查时，发现被稽查人有可能转移、隐匿、篡改、毁弃账簿、单证等有关资料的，经海关关长批准，可以暂时封存其账簿、单证等有关资料。采取该项措施时，不得妨碍被稽查人正常的生产经营活动。<br>海关对有关情况经查明或者取证后，应当立即解除对账簿、单证等有关资料的封存 | 第十五条　海关进行稽查时，发现被稽查人有可能转移、隐匿、篡改、毁弃账簿、单证等有关资料的，经直属海关关长或者其授权的隶属海关关长批准，可以查封、扣押其账簿、单证等有关资料以及相关电子数据存储介质。采取该项措施时，不得妨碍被稽查人正常的生产经营活动。<br>海关对有关情况查明或者取证后，应当立即解除对账簿、单证等有关资料以及相关电子数据存储介质的查封、扣押 |
| 第十六条　海关进行稽查时，发现被稽查人的进出口货物有违反海关法和其他有关法律、行政法规规定的嫌疑的，经海关关长批准，可以封存有关进出口货物 | 第十六条　海关进行稽查时，发现被稽查人的进出口货物有违反海关法和其他有关法律、行政法规规定的嫌疑的，经直属海关关长或者其授权的隶属海关关长批准，可以查封、扣押有关进出口货物 |
| 第十七条　被稽查人应当配合海关稽查工作，并提供必要的工作条件 | 第十七条　被稽查人应当配合海关稽查工作，并提供必要的工作条件 |

表 10-1 续 4

| 修订前 | 修订后 |
| --- | --- |
| 第十八条　被稽查人应当接受海关稽查，如实反映情况，提供账簿、单证等有关资料，不得拒绝、拖延、隐瞒。<br>被稽查人使用计算机记账的，应当向海关提供记账软件、使用说明书及有关资料 | 第十八条　被稽查人应当接受海关稽查，如实反映情况，提供账簿、单证等有关资料，不得拒绝、拖延、隐瞒。<br>被稽查人使用计算机记账的，应当向海关提供记账软件、使用说明书及有关资料 |
| 第十九条　海关查阅、复制被稽查人的账簿、单证等有关资料或者进入被稽查人的生产经营场所、货物存放场所检查时，被稽查人的法定代表人或者主要负责人员或其指定的代表应当到场，并按照海关的要求清点账簿、打开货物存放场所、搬移货物或者开启货物包装 | 第十九条　海关查阅、复制被稽查人的账簿、单证等有关资料或者进入被稽查人的生产经营场所、货物存放场所检查时，被稽查人的法定代表人或者主要负责人员或者其指定的代表应当到场，并按照海关的要求清点账簿、打开货物存放场所、搬移货物或者开启货物包装 |
| 第二十条　海关进行稽查时，与被稽查人有财务往来或者其他商务往来的企业、单位应当向海关如实反映被稽查人的有关情况，提供有关资料和证明材料 | 第二十条　海关进行稽查时，与被稽查人有财务往来或者其他商务往来的企业、单位应当向海关如实反映被稽查人的有关情况，提供有关资料和证明材料 |
|  | 第二十一条　海关进行稽查时，可以委托会计、税务等方面的专业机构就相关问题作出专业结论。<br>被稽查人委托会计、税务等方面的专业机构作出的专业结论，可以作为海关稽查的参考依据 |
| 第二十一条　海关稽查组实施稽查后，应当向海关提出稽查报告。稽查报告报送海关前，应当征求被稽查人的意见。<br>被稽查人应当自收到稽查报告之日起 7 日内，将其书面意见送交海关 | 第二十二条　海关稽查组实施稽查后，应当向海关报送稽查报告。稽查报告认定被稽查人涉嫌违法的，在报送海关前应当就稽查报告认定的事实征求被稽查人的意见，被稽查人应当自收到相关材料之日起 7 日内，将其书面意见送交海关 |

表 10-1 续 5

| 修订前 | 修订后 |
| --- | --- |
| 第二十二条　海关应当自收到稽查报告之日起 30 日内，作出海关稽查结论并送达被稽查人 | 第二十三条　海关应当自收到稽查报告之日起 30 日内，作出海关稽查结论并送达被稽查人。<br>海关应当在稽查结论中说明作出结论的理由，并告知被稽查人的权利 |
| **第四章　海关稽查的处理** | **第四章　海关稽查的处理** |
| 第二十三条　经海关稽查，发现关税或者其他进口环节的税收少征或者漏征的，由海关依照海关法和有关税收法律、行政法规的规定向被稽查人补征；因被稽查人违反规定而造成少征或者漏征的，由海关依照海关法和有关税收法律、行政法规的规定追征。<br>被稽查人在海关规定的期限内仍未缴纳税款的，海关可以依照海关法第六十条第一款、第二款的规定采取强制执行措施 | 第二十四条　经海关稽查，发现关税或者其他进口环节的税收少征或者漏征的，由海关依照海关法和有关税收法律、行政法规的规定向被稽查人补征；因被稽查人违反规定而造成少征或者漏征的，由海关依照海关法和有关税收法律、行政法规的规定追征。<br>被稽查人在海关规定的期限内仍未缴纳税款的，海关可以依照海关法第六十条第一款、第二款的规定采取强制执行措施 |
| 第二十四条　依照本条例第十六条的规定封存的有关进出口货物，经海关稽查排除违法嫌疑的，海关应当立即解除封存；经海关稽查认定违法的，由海关依照海关法和海关行政处罚实施条例的规定处理 | 第二十五条　依照本条例第十六条的规定查封、扣押的有关进出口货物，经海关稽查排除违法嫌疑的，海关应当立即解除查封、扣押；经海关稽查认定违法的，由海关依照海关法和海关行政处罚实施条例的规定处理 |
| 第二十五条　经海关稽查，认定被稽查人有违反海关监管的行为的，由海关依照海关法和海关行政处罚实施条例的规定处理 | 第二十六条　经海关稽查，认定被稽查人有违反海关监管规定的行为的，由海关依照海关法和海关行政处罚实施条例的规定处理。<br>与进出口货物直接有关的企业、单位主动向海关报告其违反海关监管规定的行为，并接受海关处理的，应当从轻或者减轻行政处罚 |

表 10-1 续 6

| 修订前 | 修订后 |
|---|---|
| 第二十六条　经海关稽查，发现被稽查人有走私行为，构成犯罪的，依法追究刑事责任；尚不构成犯罪的，由海关依照海关法和海关行政处罚实施条例的规定处理 | 第二十七条　经海关稽查，发现被稽查人有走私行为，构成犯罪的，依法追究刑事责任；尚不构成犯罪的，由海关依照海关法和海关行政处罚实施条例的规定处理 |
| 第二十七条　海关通过稽查决定补征或者追征的税款、没收的走私货物和违法所得以及收缴的罚款，全部上缴国库 | 第二十八条　海关通过稽查决定补征或者追征的税款、没收的走私货物和违法所得以及收缴的罚款，全部上缴国库 |
| 第二十八条　被稽查人同海关发生纳税争议的，依照海关法第六十四条的规定办理 | 第二十九条　被稽查人同海关发生纳税争议的，依照海关法第六十四条的规定办理 |
| **第五章　法律责任** | **第五章　法律责任** |
| 第二十九条　被稽查人有下列行为之一的，由海关责令限期改正，逾期不改正的，处 1 万元以上 3 万元以下的罚款；情节严重的，取消其报关资格；对负有直接责任的主管人员和其他直接责任人员处 1000 元以上 5000 元以下的罚款：<br>（一）向海关提供虚假情况或者隐瞒重要事实的；<br>（二）拒绝、拖延向海关提供账簿、单证等有关资料的；<br>（三）转移、隐匿、篡改、毁弃账簿、单证等有关资料的 | 第三十条　被稽查人有下列行为之一的，由海关责令限期改正，逾期不改正的，处 2 万元以上 10 万元以下的罚款；情节严重的，撤销其报关注册登记[①]；对负有直接责任的主管人员和其他直接责任人员处 5000 元以上 5 万元以下的罚款；构成犯罪的，依法追究刑事责任：<br>（一）向海关提供虚假情况或者隐瞒重要事实；<br>（二）拒绝、拖延向海关提供账簿、单证等有关资料以及相关电子数据存储介质；<br>（三）转移、隐匿、篡改、毁弃报关单证、进出口单证、合同、与进出口业务直接有关的其他资料以及相关电子数据存储介质 |

① 在 2022 年修订的《海关稽查条例》中，此句修改为“情节严重的，禁止其从事报关活动”。

表 10-1 续 7

| 修订前 | 修订后 |
|---|---|
| 第三十条　被稽查人未按照规定设置或者编制账簿、单证等有关资料的，由海关责令限期改正，逾期不改正的，处 1 万元以上 5 万元以下的罚款；情节严重的，取消其报关资格；对负有直接责任的主管人员和其他直接责任人员处 1000 元以上 5000 元以下的罚款 | 第三十一条　被稽查人未按照规定编制或者保管报关单证、进出口单证、合同以及与进出口业务直接有关的其他资料的，由海关责令限期改正，逾期不改正的，处 1 万元以上 5 万元以下的罚款；情节严重的，撤销其报关注册登记[①]；对负有直接责任的主管人员和其他直接责任人员处 1000 元以上 5000 元以下的罚款 |
| | 第三十二条　被稽查人未按照规定设置或者编制账簿的，或者转移、隐匿、篡改、毁弃账簿的，依照会计法的有关规定追究法律责任 |
| 第三十一条　海关工作人员在稽查中玩忽职守、徇私舞弊、滥用职权，或者利用职务上的便利，收受、索取被稽查人的财物，构成犯罪的，依法追究刑事责任；尚不构成犯罪的，依法给予行政处分 | 第三十三条　海关工作人员在稽查中玩忽职守、徇私舞弊、滥用职权，或者利用职务上的便利，收受、索取被稽查人的财物，构成犯罪的，依法追究刑事责任；尚不构成犯罪的，依法给予处分 |
| **第六章　附则** | **第六章　附则** |
| 第三十二条　本条例由海关总署组织实施 | |
| 第三十三条　本条例自发布之日起施行 | 第三十四条　本条例自发布之日起施行 |

① 在 2022 年修订的《海关稽查条例》中，此句修改为“情节严重的，禁止其从事报关活动”。

## 二、稽查

海关自进出口货物放行之日起3年内或者在保税货物、减免税进口货物的海关监管期限内及其后的3年内，对与进出口货物直接有关的企业、单位的会计账簿、会计凭证、报关单证以及其他有关资料（以下统称账簿、单证等有关资料）和有关进出口货物进行核查，监督其进出口活动的真实性和合法性。海关对下列与进出口货物直接有关的企业、单位实施海关稽查，包括：从事对外贸易的企业、单位，从事对外加工贸易的企业，经营保税业务的企业，使用或者经营减免税进口货物的企业、单位，从事报关业务的企业，以及海关总署规定的与进出口货物直接有关的其他企业、单位。海关根据稽查工作需要，可以向有关行业协会、政府部门和相关企业等收集特定商品、行业与进出口活动有关的信息。收集的信息涉及商业秘密的，海关应当予以保密。

### （一）稽查实施

稽查实施是海关向被稽查人制发《中华人民共和国海关稽查通知书》（以下简称《稽查通知书》）后，通过对被稽查人的进出口货物、账簿、记账凭证、报关单证、报表及有关资料等进行稽核，审查被稽查人有无违法、违规行为。它是整个稽查程序中最为关键的阶段。

实施是整个海关稽查工作中最主要、最关键的阶段，也是海关稽查程序中内容较多、较复杂的部分，这些程序主要有以下几个方面。

#### 1. 送达海关稽查通知书

《稽查通知书》是海关在实施稽查前通知被稽查人有关事项的正式法律文书，《稽查通知书》的送达，标志着海关实施稽查程序的开始。

海关实施稽查3日前，稽查组应当将《稽查通知书》送达被稽查人代表。在送达《稽查通知书》时，可以以书面形式告知被稽查人代表应提前准备好相关的账簿、单证等有关资料以及相关数据资料。《稽查通知书》的正本交被稽查人，副本加盖被稽查人印章并由被稽查人代表签名后交回海关留存。

对与被稽查人有业务关系的企业、单位实施稽查时，稽查组也应当向有关企业、单位送达《稽查通知书》，适用海关稽查的一般程序。但稽查组仅是到与被稽查人有业务关系的企业、单位进行一般性的查询、调取单证和资料，一般不用制作《稽查通知书》，可以直接根据《海关法》的规定，行使检查、查阅、复制等权力。

被稽查人有下列情况之一的，经海关关长或其授权的人员批准后，可不经事先通知径行稽查：

（1）被稽查人有重大违法嫌疑的；

（2）被稽查人的会计账簿、会计凭证、会计报表、会计电算化资料、报关单证等有关资料及进出口货物可能被擅自转移或毁弃的；

（3）情况特殊海关认为有必要的。

海关径行稽查时仍应当制发《稽查通知书》。

2. 表明身份

海关稽查人员开始稽查时，应主动向被稽查企业出示“中华人民共和国海关稽查证”，表明海关稽查人员的执法身份，同时应当说明双方的权利和义务等有关事项。行政执法开始时表明身份，是依法行政在稽查工作中的具体体现，不仅是为了防止他人假冒海关稽查人员，损害被稽查人合法权益，而且还在于体现海关执法的严肃性、权威性，增强稽查人员的责任感。

3. 回避

回避制度是当代行政执法中的一项重要制度，它虽然不是每个稽查程序必经的程序，但如果有符合法定的回避情况，应该依法进行。回避制度可以有效保证稽查公平地实施，取得公正的结果，从而维护国家利益和保障当事人的合法权益。

回避按申请人不同可以分为自动回避和申请回避。自动回避是指进行稽查时，稽查人员发现与被稽查人存在利害关系的，主动向其主管领导提出要求回避的申请，是否同意，由稽查主管领导决定。申请回避是指稽查进行时，被稽查人向海关提出申请，要求稽查人员回避。申请回避是否接受，也由稽查主管领导决定。回避的情况应在稽查报告、稽查其他文书中予以证明。

4. 稽查权力及相关法律文书

这里的稽查是指依法查阅、稽核被稽查人账簿、单证等有关资料，核实被稽查人与进出口有关的活动是否真实、合法。在这一程序中，海关稽查人员可以依法行使相关权力。下面简单介绍一下在这一程序中海关稽查权力的行使及相关法律文书的使用：

（1）复制

稽查组在稽查过程中需复制账簿、单证等有关资料时，应当要求被稽查人代表到场，由其按照稽查组的要求，在复制的资料首页上注明出处、页数、复制时间及“本复印件与原件核对无误”字样，由被稽查人代表签名并逐页加盖被稽查人印章。如复制的材料页数较多时，不必逐页加盖被稽查人印章，可以在首页加盖被稽查人印章后，其他各页材料加盖骑缝章。

需要对被稽查人的计算机文件拷贝的，拷贝后应当由被稽查人代表以书面形式注明储存数据的原计算机的放置地点、型号、文件所在的路径、文件名、字节数、文件最后修改时间（年月日时分）、拷贝时间（年月日时分），由拷贝人和被稽查人代表签名并加盖被稽查人印章。

需要对被稽查人的计算机文件打印的，应当由被稽查人代表将相关的计算机文件以书面形式打印出来，并在打印件上注明该文件的原计算机的放置地点、型号、文件所在的路径、文件名、字节数、文件最后修改时间（年月日时分）、打印时间（年月日时分），由被稽查人代表签名并加盖被稽查人印章。

被稽查人所在地不具备稽查组查阅或者复制账簿、单证等有关资料的工作条件或者因其他原因稽查组需要在其他场所进行查阅、复制的，经稽查组组长批准并征得被稽查人同意后，由稽查组制发“账簿单证调审单”，实施异地查阅或者复制。稽查组实施异地查阅或者复制，应当在30日内完成，特殊情况经稽查业务主管领导批准后可以延长到60日。

“账簿单证调审单”的使用：“账簿单证调审单”经双方清点、核对无误后，被稽查人代表签名并加盖被稽查人印章，同时至少有两名稽查组成员签名。稽查组在完成异地查阅或者复制账簿、单证等有关资料后应当将相关资料完整归还被稽查人。归还后，稽查组应当要求被稽查人代表归还“账簿单证调审单”正本，或者要求被稽查人代表在“账簿单证调审单”正本和副本“归还签收”栏上同时签收并加盖被稽查人印章。

（2）检查

经直属海关关长或者其授权的隶属海关关长批准，稽查组依法进入被稽查人的生产经营场所、货物存放场所检查与进出口活动有关的生产经营情况和货物时，应当要求被稽查人代表到场，由其按照稽查组的要求，打开货物存放场所、搬移货物、开启和重封货物包装，打开生产经营场所、提供反映生产经营情况的文件资料（包括计算机文件资料）等。

《检查记录》的使用：检查结束后，稽查组应当制发《检查记录》，并由双方人员签名并同时加盖海关印章和被稽查人印章。

（3）询问

稽查组询问被稽查人代表和其他有关人员时，事前应当准备好询问提纲，确定询问人、记录人、询问地点、询问对象、询问要点和询问方法。询问多个被询问人应当分别进行；询问聋哑人或者其他语言不通的人员，应当有翻译人员参加。询问时，稽查组应当双人作业。

《询问笔录》的使用：询问时应当制作《询问笔录》。经被询问人同意稽查组可以录音。《询问笔录》制作完毕，应当交被询问人核对，对无阅读能力的被询问人应当向其宣读；《询问笔录》经被询问人核对无误后，应当要求被询问人逐页签名，并在末页注明“以上记录经本人核对无误”字样，如有翻译，翻译也须签名。如被询问人对笔录要求更正、补充的，可在错漏之处进行，也可在笔录末页进行补正。每个更正、补充之处均应当由被询问人签名。《询问笔录》制作完毕，询问人、记录人应当逐页签名，不可相互代签。

（4）封存

海关进行稽查时，发现被稽查人有可能转移、隐匿、篡改、毁弃账簿、单证等有关资料的，可以暂时封存被稽查人的账簿、单证等有关资料；发现被稽查人的进出口货物有违反《海关法》和其他有关法律、行政法规规定嫌疑的，可以封存被稽查人的有关进出口货物。稽查组依法暂时封存被稽查人的账簿、单证等有关资料或者封存其进出口货物时，必须经海关关长批准，并且应当要求被稽查人代表到场协助清点，双方确认后由稽查组对标的物实施封存。海关暂时封存被稽查人的账簿、单证等有关资料的时间一般不超过 30 日，而且在封存被稽查人的账簿、单证等有关资料时不得妨碍被稽查人正常的生产、经营活动。

《封存通知书》及“封存清单”的使用：稽查组对标的物实施封存应加施海关专用封志并制发《封存通知书》及“封存清单”，经双方签名并盖章后正本交被稽查人，副本由海关留存。

（5）解除封存

对于暂时封存的被稽查人的账簿、单证等有关资料，稽查组在查明有关情况或者取证后，经海关关长批准，应当解除封存。对于封存的被稽查人的进出口货物，稽查组在排除被稽查人违法嫌疑后，经海关关长批准，应当解除封存。解除封存时，稽查组应当要求被稽查人代表到场协助清点，双方确认后解除封存。

《解除封存通知书》的使用：解除封存时由稽查组制发《解除封存通知书》，经双方签名并盖章后正本交被稽查人，副本由海关留存。

部分解除封存时，稽查组除按照上款要求制发《解除封存通知书》外，还应在双方的"封存清单"所对应封存物的"备注栏"上注明"已于××××年××月××日解封"字样，并要求被稽查人代表在《解除封存通知书》副本上签名。

（6）查询

稽查组在稽查过程中需了解被稽查人的存款账户和汇款情况时，经直属海关关长或者其授权的隶属海关关长批准，可以到商业银行、邮政企业或者其他金融机构查询被稽查人的存款账户和汇款情况。

稽查组到商业银行、邮政企业或者其他金融机构查询被稽查人的存款账户和汇款情况时，应当开具《协助查询通知书》交协助查询单位。《协助查询通知书》应当加盖海关印章。查询的结果应当由协助查询单位在《协助查询通知书》回执联上填写清楚、盖章确认后交还海关留存。

（7）限期改正

经查，发现被稽查人有下列行为之一的，稽查组经稽查业务主管领导批准后应责令被稽查人限期改正：

①向海关提供虚假情况或者隐瞒重要事实的；

②拒绝、拖延向海关提供账簿、单证等有关资料的；

③转移、隐匿、篡改、毁弃账簿、单证等有关资料的；

④被稽查人未按照规定设置或者编制账簿、单证等有关资料的。

限期改正的期限，应当根据被稽查人存在问题的具体情况确定，一般不超过30日，特殊情况可以延长。

稽查组责令被稽查人限期改正存在的问题时，应当制发《限期改正通知书》并送达被稽查人。送达《限期改正通知书》时应当将正本交被稽查人代表，副本由被稽查人代表签收后交还海关留存。《限期改正通知书》应当加盖海关印章。限期改正到期后，稽查组应当检查被稽查人是否改正，并将检查情况报告稽查业务主管领导，如被稽查人仍未改正，稽查组应当向稽查业务主管领导提出处理建议。

（二）稽查方法

目前我国海关稽查的工作方法以抽查和分析为主，以电子计算机和手工相结合为特征。会计原理、准则是形成稽查方法的基本来源，对企业账务记录、检查是其主要的手段。

1. 海关稽查的方法体系

（1）检查法

检查法是指海关稽查人员通过对被稽查人的会计报表、会计账簿、会计凭证、报关单证以及其他有关资料进行核查，取得反映被稽查人进出口活动真实情况的证据的一种稽查方法。

（2）调查法

调查法是指海关稽查人员通过观察、询问、函证等方式深入实际，对被稽查人账内外的客观事实进行调查研究，取得旁证，证明事实真相或查找新线索的一种稽查方法。

在海关稽查工作中，常常会发现有些问题不能直接根据会计账簿、会计凭证、报关单证以及其他有关资料作出结论或判断，而需实地观察某些财产物资情况，向有关单位和个人了解或征询意见，核实情况。这时就需要以调查的方法来完成任务。通常的调查方法有两种：一是观察法，即海关稽查人员实地察看被稽查人的经营场所、实物资产和有关业务活动及其内部控制的执行情况，以发现其中是否存在问题；二是查询法，即海关稽查人员运用书面或口头询问的方式来获取证据的方法。

（3）盘存法

海关稽查人员在检查被稽查人实物资产及现金等的存在状况时，需要具体地查证核实被稽查人实物资产及现金等的实际结存数量，这就是稽查的盘存方法。海关稽查人员通过这种方法可以了解被稽查人实物资产及现金等保管的基本情况，确定各种被监管的进出口货物是否存在短缺、损坏等现象，是否有违规情事。

盘存的方法又分为直接盘点和会同盘点。所谓直接盘点，是指稽查人员亲自组织现场盘点，并要求被查单位会同执行的盘点。会同盘点，则是先由被查单位于结账时自己组织盘点，并邀请海关人员亲临现场会同检查，通过观察和抽查取得证据的一种盘点方式。

（4）分析法

分析法是指海关稽查人员利用各种分析技术对监管对象的相关情况进行计算、分析、评定的基本方法，大致包括简单的定性、定量分析和复杂的数量分析。具体来说，包括比较分析法、趋势分析法、账户分析法、经验数据分析和其他现代分析技术。

比较分析法一般从两方面入手。一是绝对数的比较，直接将有关账户上的数量、金额等进行比较，比较后揭露的差异，就是海关稽查人员须深入调查并确认的对象。二是相对数的比较，如某企业以前连续几个年度的各类流动资产比例一直保持在 3∶2∶2 左右，在加工无重大变化情况下，各类进口保税货物比例变成 1∶2∶3，则稽查人员可以初步判断企业在进口货物数量与产品实际生产上存在的问题。

账户分析法则是根据某一账户本身的性质及其所反映记载的经济业务，稽查人员可就账面上借贷两方发生额，借贷两方的对应关系，借方或贷方余额的大小以及对应账户的关系等进行判断分析，以发现会计记录中明显差误或经济业务的不正常现象，为进一步深入检查引导出重点和范围。

经验数据分析，是海关稽查人员凭经验所进行的分析。从某种意义来说，海关稽查工作是一种经验性工作，几乎每一次稽查过程，无不需要工作人员依靠其业务技能和对被查单位的了解以及有关经验知识进行经验性的判断和分析。经验数据分析常用于判断某个账户余额的合理性和研究评价企业的财务状况。

2. 财务账册检查方法的具体分类及其内容

由于对财务账册进行检查是海关稽查的主要手段，下面将重点对这一方法展开陈述。财务账册检查方法，按照检查会计资料的记账顺序的不同划分，有顺查法和逆查法；按照检查会计资料的技术内容划分，又有核对法和审阅法；按照检查会计资料的范围的大小划分，则有详查法和抽查法。

（1）顺查法和逆查法

①顺查法。顺查，是按会计记账顺序的相同方向，从会计凭证入手，逐步追查到会计账簿和会计报表。顺查法有以下特点：第一，它从经济业务发生的原始记录开始，从小处着手，由点到面；第二，它注重于账册单证的机械核对；第三，顺查法注重于通过原始凭证的审查来确定被稽查人经营活动的真实性与合法性。其缺点是不从大处着眼，不能把握稽查重点，稽查效率较低。由于会计凭证大多按时序依次编号装订保管，因此，不便于按业务类别深入系统的审查和研究各类业务，不利于稽查人员分工协作。

②逆查法。即按照会计记账顺序的相反方向，由报表入手，揭示被稽查人经营活动中的薄弱环节和反常现象，发现线索，明确重点，再据此追查到总账各账户及其所属的明细分类账，然后核对记账凭证，审查原始凭证，查清其发生的原因和事实。它能从整体上了解企业生产经营的基本情况，迅速地发现问题，把握稽查重点，提高稽查效率。同时，逆查法能按业务、科目系统地进行查账，便于稽查人员的分工负责。

（2）核对法和审阅法

①核对法。核对，包括复核和勾稽两层意思。复核是指对过去的会计记录重新进行验算、验总和验记。勾稽是指对会计的过去记录之间同一数字反映在两个或两个以上方面进行勾对，用以查明各种会计资料之间的平衡关系，以便从中发现差距，揭露出错误和舞弊，证实会计报表所反映的经营成果和财务状况的真实性。实际工作中，通常进行凭证之间、凭证与账簿之间、账簿之间和账簿与会计报表之间的核对。

②审阅法。审阅是指对会计凭证、账簿和报表以及有关资料所做的详细审查和研究，从而初步确定凭证和报表所反映的经营活动有无问题，发现可疑之处，再确定深入检查的重点和方向。

（3）详查法和抽查法

①详查法。其是指通过对被稽查人某一被稽查期内所有的会计资料进行周密而详细的审查，是掌握被稽查人经营情况真实性与合法性的一种方法。

②抽查法。其是指从被稽查单位的某一被稽查期内，选取部分的会计资料进行检查，并以此推断被稽查人部分或全部经营情况真实性与合法性的一种方法。

要利用抽查方法进行稽查，稽查人员就必须认真考虑以下三个问题：抽查的项目、抽查的数量、如何根据抽查获得结论。

抽查方法各种各样，可分为三大类：

A. 任意抽样方法，其抽样的出发点纯粹是为了减少工作量，无一定规律可循。由于抽样是盲目地选取样本，抽查结果缺乏科学性和可靠性，所以这种方法一般不采用。

B. 判断抽样方法，即根据稽查人员的主观判断，确定样本数量、评价抽样结果的一种抽样方法。运用这种方法所抽取的样本能否反映总体中的问题，取决于海关稽查人员的经验和判断能力以及对被查项目总体情况的熟悉程度。这种采取主观判断决定选样的办法，具有重点突出、针对性强、简单易行的优点，但判断抽样不能保证总体各单位有同等机会被选进样本，而且对样本审查结果的可靠性，没有客观的测定方法。

C. 统计抽样方法，即海关稽查人员运用统计抽样的基本原理，从总体中随机选取样本，根据样本特征判断和推算总体特征的一种抽样方法。这类方法有两个显著特点：第一，通过精确的统计计算，可以控制并衡量抽样风险；第二，海关稽查人员按样本推断总体特征时，不是依赖数量估计就是依赖某种特征出现的频率予以估计，即变量和属性。统计抽样方法包括属性抽样、变量抽样等具体技术，属性抽样即按样本某种特征的出现频率（如正确或错误）来推断总体特征的一种统计抽样方法。

（三）其他稽查方法的分类及其内容

除了上述的一些方法外，海关稽查人员还在工作中采用下面的一些方法辅助稽查。

1. 银行调查法

主要是针对被稽查人收付汇单据或国内收付款凭证有涂改或涉嫌伪造的，通过银行调查了解被稽查人收付汇或国内收付款的真实情况。

2. 实地核查流向法

在货物通关后实地察看货物是否已经到达规定的场所。此做法主要针对以手册、减免税等方式进口的货物。

3. 生产能力分析法

主要是通过对被稽查人加工贸易进口量与其实际生产加工能力的比较，分析被稽查人的进出口情况是否正常。

4. 查阅仓库记录法

通过查阅货物每次进出仓库的详细记录，核查进出口货物的使用、流向是否合理。

## 三、核查

海关依照法律、法规和规章的规定，在进出口通关、保税、减免税、动植物检疫、商品检验和食品安全等海关监管领域的后续监管环节对被核查人实施实地或联网方式的验核查证，检查监督其生产经营活动真实性、合法性和规范性。

2018 年，《全国通关一体化关检业务全面融合框架方案》中提出“拓展‘多查合一’，整合后续监管职责”，海关稽查部门统一实施减免税货物核查、保税中后期核查，动植物检疫、商品检验、食品安全核查，价格、归类、原产地、安全准入等税收要素的通关一体化核查。至此，海关核查涵盖了海关后续监管环节中的各项外勤作业。

（一）核查实务

长期以来，“核查”的概念被用于海关内部多个部门，既有业务部门，又包括非业务部门。目前，海关核查的应用领域得到了进一步的扩展。检查具备规范的作业模式和程序，是海关稽查部门在后续监管环节实施的，与稽查程序并行的一种行政执法行为。

1. 目的

核查，作为海关的一项重要工作职能和行政执法活动，其主要目的就是通过实地或联网检查，查证反馈被核查对象是否存在违法违规行为，以及企业现状是否持续符合检验检疫监管要求。核查工作的有效实施，有利于整合海关后续监管职责任务，构建集约化、专业化的后续监管模式，实现前面放开、后面管住的目标要求，建立与“通关一体化”相适应的高效运转机制，提升海关整体监管效能，履行好“依法把关、服务经济”的使命职责。

2. 对象

关检融合后，适用于核查的后续监管事项增多，核查的行政管理对象较稽查更为广泛。被核查人已不仅仅限于和进出口活动直接相关的企业和单位，还包括出口食品原料种植场、出口食品原料养殖场等。总体上，被核查人的范围包含如下：从事对外贸易的企业、单位；从事对外加工贸易的企业；经营保税业务的企业；使用或者经营减免税进口货物的企业、单位；从事报关业务的企业；海关总署规定的与进出口活动有关的其他企业、单位。

3. 内容

核查的内容主要包括企业、单位的会计账簿、会计凭证、报关单证、内部控制文件、生产加工的有关记录以及其他有关资料和有关进出口货物。为验证企业规范性，核查需要对企业管理制度进行审核，包括生产管理制度、原材料（产成品）检验检测制度、员工管理制度、生产场所管理制度、检验检疫操作制度、运输车辆管理制度、质量管理体系等内容。

4. 范围

新海关监管范围涵盖了进出口通关、动植物检疫、商品检验和食品安全等诸多领域，核查属于海关稽查部门实施后续监管的执法行为，其适用情形需从通关时空监管、业务需求类型角度来界定，并涵盖海关监管领域的后续监管环节。

（1）从通关角度看，海关核查适用于进口通关放行后的检查，包括海关因日常管理需要对企业质量、安全、管理体系的持续符合性、合规性发起的检查；不适用于涉及准入类的事前监管环节，不适用在口岸通关环节中的监管场所检查，行邮渠道进出境货物、物品监管等事中监管环节。

（2）从业务需求类型看，海关核查适用于对各监管领域单项业务或其相关环节的行政检查，侧重于海关各部门对各自领域发现的单一风险点提出的作业指令，对企业、单位整体业务的行政检查应更多通过稽查方式开展。

5. 职权

核查作为海关的行政执法行为，是实施、适用行政法律规范的行为，是贯彻、执行国家意志的手段，必然具有国家意志的拘束力和法律规范的执行力。核查职权的有效行使能够有助于海关增强海关执法的公信力与执行力。核查行使的行政权力包含以下六类：

（1）查阅、复制权。海关核查工作中，需要查阅、复制被核查人的合同、发票、账册、单据、记录、文件、业务函电、录音录像制品和其他资料。

（2）检查检验权。进入被核查人的生产经营场所、货物存放场所，检查与进出口活动有关的生产经营情况和货物。

（3）询问权。询问被核查人的法定代表人、主要负责人员和其他有关人员与进出口活动有关的情况和问题。

（4）抽取样、采样权。对进出口货物抽取少量产品提交相关业务职能部门或明确的专业机构进行检验检测，由其提供化验检验结果。

（5）账户查询权。查询被核查人在商业银行或者其他金融机构开立账户的资金往来情况。

（6）查封、扣押权。被核查人有可能转移、隐匿、篡改、毁弃账簿、单证等有关资料的，或进出口货物有违反《海关法》和其他有关法律、法规规定的嫌疑的，可以查封、扣押被核查人账簿、单证等有关资料以及进出口货物，查封存在危害人体健康和生命安全重大隐患的生产经营场所。

6. 期限

（1）根据《中华人民共和国海关保税核查办法》的规定，保税核查期限是在保税货物的海关监管期限内开展核查。基于核查的适用情形，核查的期限有必要进一步扩展，保税货物的核查应在海关监管期限内及其后的 3 年内开展核查。

（2）对减免税货物的核查期限应根据《海关稽查条例》的规定，在减免税货物的海关监管期限内及其后的 3 年内开展核查。

（3）除保税货物、减免税货物外，海关对其他进出口货物的核查期限应参考《关税条例》的有关规定，自进出口货物放行之日起 3 年内开展核查。

（4）鉴于检疫出口退运和国外通报产品需核查生产加工涉及的具体证明性资料，如报关单、实验室检测报告、生产加工记录等，核查时限应以产品生产加工所追溯到的时间段为准。进口商品进入国内市场的抽检核查，均为根据抽检计划对市场在售商品随机抽取，核查期限应视具体情况确定。

（5）对涉及检验检疫业务的企业和单位，应在其获得海关相关资质有效期限内开展核查。

7. 实施方式

（1）实地实施。实地实施是通过实地下厂方式对被核查人的账簿、单证等有关资料和有关进出口货物进行检查。

（2）联网实施。联网实施是借助现代信息技术，开展海关内部系统与被核查人 ERP 系统联网，实现海关文书、被核查人的生产和财务等数据的线上传输。核查联网实施应融合互联网的远程智能办公技术，采用技术化方式突破传统纸质文书、纸质材料传送等传统作业方式，实现“企业跑腿”到“信息跑路”的转变，真正实现核查作业全流程科技信息化、人工干预最小化。

（二）核查程序

1. 一般程序

海关核查一般程序主要围绕实地核查的要求进行设计，通过比对，原海关核查与原检验检疫核查在实地核查程序环节上大体相同，均包含了指令制发、核查准备、核查实施与核查反馈及处置四个基本环节。

（1）指令制发

在具体程序设计上建议考虑以下几点内容：核查指令规范化管理、核查指令分级分类、简化审批层级、明确指令在各流转环节退回的标准和权限。

（2）核查准备

①核查组组成。系统双随机指定，综合考虑人员资质能力，并严格遵守公务回避原则。

②核查方案制作。对于核查指令比较单一、规范、清晰，工作内容比较简单的核查任务直接执行。对于复杂程度较高的需制作核查方案。

③核查通知。为保护行政相对人的合法权益，“核查通知”为必要程序。核查通知的方式可以采取“互联网＋稽查”工作平台通知、书面通知、电话通知、当面口头通知等多种方式。在特殊且必要情况下，经审批后可以不经事先通知直接实施核查。

（3）核查实施

①明确核查职权。核查人员根据工作需要，依法行使查阅或复制被核查人账簿单证资料、检查货物和生产经营情况、询问有关人员与业务有关的情况、查询被核查人存款账户（实施关税核查时）以及抽样送检等职权。涉及检验检疫业务

的还可以实施查封场所或者扣押货物（经本机构负责人批准）等职权。

②规范证据采集。可采取现场拍照、录音录像等电子化取证手段，非必要情形不采取纸质证据采集。对于部分需要后续进行资料整理的核查作业，比如涉及库存盘点、数据统计等的核查事项，参照稽查证据标准采集证据。对不涉及后续数据处理统计的情形，可运用单兵作业装备直接拍照上传。

③引入第三方中介。明确需要且可以引入第三方中介的核查事项范围，通常是对技术要求高、诉讼风险大和难以达成一致意见的核查事项引入第三方中介参与认定。第三方中介认定时间，不计入核查作业时限。

④专业技术支持和专业认定。核查期间需要进行归类、价格、原产地认定以及化验、检验等专业技术支持和专业认定的，核查组可以要求被核查人提供专业认定所需的有关单证和技术资料，必要时，核查组可以对被核查的货物进行取样和送检。专业技术支持和专业认定时间，不计入核查作业时限。

（4）核查反馈及处置

①核查结果反馈。为保证核查工作的闭环管理，核查结果反馈是必备程序。核查结果反馈建议由核查部门反馈指令来源部门。

②核查处置。关检融合后，核查处置的方式更加多样化，包括单独追补税、现场整改、限期整改、退运、销毁、索赔、召回、现场简易处罚移交法制部门实施一般处罚、信用降级、取消资质、风险预警、移交相关部门等一系列措施。

③核查结果告知。一是作出单独追补税和责令整改等处置决定的核查作业采用书面形式或互联网形式告知企业；二是作出处置决定但核查结果符合监管要求的核查作业采用双方在作业记录单上签名确认的形式视同告知企业。

2. 特殊程序

（1）书面核查程序

核查人员无须到现场，仅采用书面形式对企业进行核查。适用于简单的低风险的仅需企业进行确认的核查任务，包括按照规定要求仅需做书面调查的出口退货调查、技术性贸易措施影响调查等核查任务。

（2）联网核查程序

该程序主要采取网络检查的方式实施作业。目前主要是针对联网监管企业、高级认证企业的核查业务。

（3）批量核查程序（归并核查程序）

针对多个核查任务，以批量的形式一次完成核查计划制订、审批和反馈，现场核查也由一个核查组或多个核查组一次完成多个核查任务。适用于工作量集中、重复性强且廉政风险较低的核查任务，比如进口商品进入国内市场抽查检验核查任务等。

（三）核查与其他海关职权的关系

海关稽核查旨在落实“由企及物”理念，立足于以企业为监管单元，结合“事前、事中、事后”监管时空划分标准，明确职责，划分事权，实现错位监管、协同监管。对现场通关监管、行邮渠道进出境货物、物品监管等事中监管环节，海关其他部门行使查验、检查即能达到监管目的，明显带有“以货物为监管单元”特征的，无须再通过实施事后核查去验证。稽查部门的核查与海关其他实施行政检查的部门应加强合作，着重建立行之有效的联系配合机制，以拓宽企业信息的获取渠道，提升海关的监管效能。

1. 核查与稽查的关系

核查与稽查均由海关稽查部门负责实施，都是海关后续监管方式的重要组成部分，工作方式和手段类似，两者之间存在着一定的互补和递进关系，各有侧重和分工。一是依据的上位法范围不同。在关检融合的大背景下，核查依据的上位法有《海关法》《中华人民共和国进出口商品检验法》《中华人民共和国国境卫生检疫法》等诸多法律，核查依据的上位法多于稽查。二是职责范围不同。与稽查单一的进出口通关后续监管职能相比，核查的适用范围涵盖进出口通关、动植物检疫、商品检验和食品安全等海关监管领域的后续监管环节，职责范围、适用对象更广。三是适用的检查事项不同。核查主要是针对海关后续监管环节的某个风险点开展工作，主要适用于海关各部门提出的核查作业指令需求，需求具备程序简易、时效短等特点。稽查则更侧重于整体性的检查，适用于扩大线索和时限范围的全面检查事项。总体来讲，稽查主要定位于对行政管理对象实施的整体业务的行政检查，核查主要定位于对行政管理对象实施的单项业务或其相关环节的行政检查，两者均是海关稽查部门行使行政权力的具体行政行为，通过核查发现的违规线索可以转交开展稽查进行深入挖掘，形成由点及面的监管网络，两者相辅相成。

2. 核查与侦查之间的关系

核查与侦查关系密切，又有质的区别，二者业务上有一定的延续性。海关稽查部门将通过核查发现的涉嫌违规和走私行为，作为线索移交缉私部门。缉私部门在接收到线索后开展案件初查，判别行为的性质是违法行为还是犯罪行为，并对涉嫌犯罪的进行侦查。侦查是为查明案情，收集犯罪证据材料，证实和抓获犯罪嫌疑人，追究刑事嫌疑人刑事责任，依据《刑法》《中华人民共和国刑事诉讼法》的规定采取的一系列专门调查手段和强制措施。从法律属性上看，侦查具有搜查、冻结存款等强制手段，强制力明显强于海关核查。从海关行政执法的角度来看，海关核查属于前期走私违规线索的收集阶段，侦查是对刑事案件开展的特定活动，对象为刑事犯罪案件，是刑事诉讼过程的重要内容和基础环节。

## 四、主动披露

2016 年，随着《海关稽查条例》的第二次修订，海关主动披露制度正式建立，即与进出口货物直接有关的企业、单位主动向海关报告其违反海关监管规定的行为并接受海关处理的，应当从轻或者减轻行政处罚。

（一）定义沿革

企业主动披露制度是指在海关发现之前，与进出口货物有关的企业、单位自查发现其进出口活动存在少缴、漏缴税款或者违反海关规定的情形，海关可以依法从轻、减轻或不予处罚的一种管理方式。

自 2009 年起，我国海关已开始探索实施“自查自报”“企业自律”等企业管理方式，主动披露制度初现雏形。2014 年 5 月，海关总署印发《海关总署关于开展企业自律管理试点及课题研究工作的通知》，为后续引入主动披露制度奠定了基础。2015 年，海关总署稽查司下发通知开展深化主动披露试点及课题研究工作，主动披露制度作为海关总署支持粤津闽新设自贸试验区建设的措施开始试行。2016 年，修订后的《海关稽查条例》《〈海关稽查条例〉实施办法》先后颁布，成为海关主动披露制度的法律渊源，确定了其基本内涵。2019 年 10 月，海关总署发布 2019 年第 161 号公告《关于处理主动披露涉税违规行为有关事项的公告》，对企业主动披露的满足一定条件的涉税违规行为不再予以行政处罚。

2022年6月30日，海关总署发布2022年第54号公告，明确了关于处理主动披露涉税违规行为有关规定（该公告有效期自2022年7月1日起至2023年12月31日。海关总署2019年第161号公告同时废止）。

（二）国际经验

主动披露源自企业社会责任（Corporate social responsibility）制度，起源于20世纪50年代，目的是推动和引导企业更多地承担社会责任。到21世纪，企业履行社会责任已成为普遍认知，成为企业战略的重要组成部分。在国际海关和国际贸易领域，世界海关组织积极倡导“知情守法”“责任共担”“合理关注”“自愿披露”等理念，积极推动海关和企业之间的合作伙伴关系。2014年，世界海关组织在《自愿合规框架》中对主动披露的流程、合规行为、处罚等进行了指引性的规定，明确主动披露涉及关税、增值税及消费税，主动披露行为本身不影响税费的支付，仅会影响行政处罚和滞纳金缴纳。目前，加拿大、日本、新加坡、瑞士和美国等国家在主动披露领域有着较为完整的管理体系。

（三）内涵特点

主动披露是海关为进一步推动通关一体化改革、优化营商环境实行的一项重要配套制度。2016年，随着《海关稽查条例》修订施行，海关主动披露制度正式建立，规定与进出口货物直接有关的企业、单位主动向海关报告其违反海关监管规定的行为并接受海关处理的，应当从轻或者减轻行政处罚。与此同时，《〈海关稽查条例〉实施办法》对主动披露制度进一步细化，明确违法行为轻微并及时纠正、没有造成危害后果的，不予行政处罚。此外，海关总署公告2022年第54号《关于处理主动披露涉税违规行为有关事项的公告》明确了涉税违规行为主动披露的适用规则，即自涉税违规行为发生之日起六个月内向海关主动披露的；自涉税违规行为发生之日起六个月后一年内向海关主动披露，漏缴、少缴税款占应缴纳税款比例30%以下的，或者漏缴、少缴税款在人民币100万元以下的，不予行政处罚。需要指出的是，该公告所涉及主动披露是针对“涉税违规行为”的，“涉税违规行为”是指违反海关监管规定并影响海关税款征收的行为。违反海关监管规定的行为，如果不影响税款征收，不按照该公告规定处理。

主动披露制度是由海关单方面监管模式向关企合作模式转变的有力探索，目前已初步形成了海关监管效能提升、企业守法自律、社会共管良性循环的“三赢”

局面，制度实施工作呈现出“两宽”特点：一是适用时空不断拓宽，主动披露适用场景从进出口货物放行后或保税、减免税进口货物监管期内及其后3年拓展到可适用于海关放行前货物；二是执法部门不断拓宽，主动披露作业接收办理部门由稽查部门延展到现场监管部门，进一步便利企业办理相关业务，提升企业获得感。

（四）容错机制

1. 进出口企业、单位可以通过海关“企业进出口信用管理系统”的“关企合作平台”（网址：http：//jcf.chinaport.gov.cn/jcf）查询本单位的申报差错。

2. 对“提前申报”修改进口日期，以及由于装运、配载等原因造成货物变更运输工具的，不予记录报关差错。

3. 对“自报自缴”企业自行发现并提出修正申请的涉税申报错误，以及综合保税区实行的“自主备案、合理自定核销周期、自主核报、自主补缴税款，海关简化业务核准手续”（以下简称“四自一简”）企业在电子账册备案、报核过程中自行发现并提出修正申请的错误，经海关认定确属主动披露的，不作为案件线索移交。

4. 进出口企业、单位在适用“提前申报”“自报自缴”或“四自一简”业务模式下，主动向海关书面报告其违反海关监管规定的行为并接受海关处理，经海关认定为主动披露的，可从轻、减轻处罚或依法免予处罚。

5. 属于不予记录报关差错情形的，报关单位可以自相关报关差错记录之日起15个工作日内，通过“关企合作平台”向海关申请复核。对申请内容符合上述不予记录报关差错情形的，海关企业管理部门复核后予以更正，不需要报关单位再到现场提交纸本申请和相关说明材料。审核时间由原来的15个工作日减少为3个工作日，符合更正的保管差错记录不作为海关认定企业信用状况的记录。

6. 进出口企业、单位主动披露且被海关处以警告或者100万元以下罚款行政处罚的行为，不列为海关认定企业信用状况的记录。高级认证企业主动披露涉税违规行为的，海关立案调查期间不暂停对该企业适用相应管理措施。

7. 进出口企业、单位主动向海关书面报告其涉税违规行为并接受海关处理，海关认定为主动披露不予行政处罚的，进出口企业、单位可依法向海关申请减免税滞纳金。符合规定的，海关予以减免。

### 案例 10

## 主动披露实操案例

广东某公司于 2020 年 3 月 3 日向海关递交主动披露报告：该公司 2020 年 1 月 9 日以一般贸易方式申报出口货物，其中第二项商品单价 130 美元错误申报为 4680 美元。

海关稽查部门于 2020 年 3 月 3 日签收企业主动披露报告，3 月 4 日于综合业务管理平台填制关于提请核实广东某公司主动披露有关情况的函，征询法规处、自贸区和特殊区域发展处、关税处、口岸监管处、统计分析处、企业管理和稽查处、缉私局、督察内审处、监察室、风险防控中心等部门是否已掌握与所披露事项相关的违法线索，截至反馈期限未收到相关部门掌握与所披露事项相关的违法线索。

稽查人员通过核对企业自查报告、出口报关单、合同、发票、装箱单等资料，认定企业主动披露情况属实，不予处罚。

## 五、稽查实务

下面以 A、B 公司涉嫌伪报贸易方式这一案例进行分析。

（一）案情简介

稽查部门对 A 公司和 B 公司进行了专项稽查。经查，A 公司与 B 公司相互勾结，将本应以一般贸易进口的货物以“刷单”方式伪报为保税电商贸易方式，以适用跨境电商优惠税率，偷逃国家税款。

（二）稽查过程

网购保税进口模式申报单据量大且金额较小，数据信息取证要求十分繁重，且涉及电商平台、电商企业、支付平台、物流企业等多个主体，其中支付平台、物流企业很多都是异地申报，电商企业甚至可能是境外企业，现有监管手段很难落实、印证其申报数据的真实性，大大增加了海关监管难度。

1. 前期分析

稽查部门多次深入关区主要电商现场，实地调研跨境电商监管模式及运营现状，采集关区电商平台数据，加强部门间沟通，共同分析关区商品进口情况。经调研分析，网购保税进口模式最大程度地方便了企业和消费者，其走私风险主要体现在将本应是一般贸易进口的货物伪报为保税电商贸易方式，以适用优惠税率，达到偷逃国家税款的目的。其主要特征是走私分子利用电商平台、支付平台和物流公司，以虚假网购用户信息为基础，构造虚假的购物信息流、资金流和货物流，传输虚假“三单”数据，制造虚假跨境电商贸易链。电商货物进行虚假投递，货物实际由不法分子委托物流企业直接到保税仓提货后交给境内货主。

2. 稽查准备

稽查部门深入选取关区申报数量较大的进口商、平台企业和物流企业，印证风险分析思路。最终选定了辖区内风险较大的A公司和B公司。A公司特点：①兼有电商平台、保税仓库、申报企业多重身份；②关区申报进口数量排名靠前；③有自营的跨境电商销售平台；④自有电商平台界面粗糙、用户体验感差，但申报进口量大。B公司为A公司的主要合作企业，A公司向海关申报进口商品的80%货权属于B公司。

选定企业后，稽查部门分析“三单”申报信息中的物流单信息，发现A公司向海关推送的物流单全部为中国邮政的快递单，于是委托中介机构前往中国邮政逐票核实货物实际收货人及最终流向。经核实，虽然快递单中的收货人、收货地址与海关申报一致，但中国邮政系统显示单号对应的处理说明很多为“测速单”“空包代收”“刷单”等，A公司存在虚拟发货的嫌疑。

与此同时，稽查部门前往第三方支付企业进行调研，实地了解A公司与支付企业之间的合作模式和资金往来。通过调取两家公司的资金明细账发现，A公司电商平台销售的商品并未实际产生交易金额，两家公司之间只有每订单一元的推送服务费。推送服务费指的是第三方支付企业根据A公司提供的订单信息，由系统生成对应的支付单信息推送给海关，而订单信息的真实性其不予审核，由A公司全权负责。由此可见：A公司存在平台销售资金流不明，支付单信息造假嫌疑。

经过前期的调查取证，稽查部门基本判定A公司存在通过保税电商走私进口的风险，决定针对A公司及实际货主单位B公司实施专项稽查。

3. 稽查实施

在实地稽查过程中，稽查人员兵分两路，对A公司和B公司同时出动，稽查人员对各现场重点人员、电脑一对一控制，减少取证干扰。经过搜集整理业务单证、电子数据记录、业务联系人聊天记录等资料，在聊天记录中发现关键证据突破点。A公司业务经理与B公司业务员的微信聊天记录中显示，向海关申报进口的电商平台零售商品根本没有实际的订购人，订购人信息由B公司随机提供，发出的快递包裹也都是空包裹，没有实际货物。

稽查人员第一时间将聊天记录打印，由当事人签字盖章确认，并对当事人做了询问笔录固定证据。

（三）稽查处置

上述证据印证了被稽查人虚拟发货的违法事实，结合前期调查取证资料，闭合了被稽查人伪造“三单”信息，制造虚假跨境电商贸易行为的证据链条。最终查发A公司和B公司相互勾结，利用他人身份信息构造虚假的购物信息流、资金流和货物流，将本应是一般贸易进口的货物伪报为保税电商贸易方式走私进口情事。涉及货物数量103978件/盒，涉案货值319.69万元，偷逃税款35.57万元，移交缉私部门处理。

## 六、合规体系建设

海关稽查核查的目的在于规范进出口企业的经营行为，海关监管要求是进出口企业合规经营的核心要素，因此，电商企业的认证标准构成电商合规体系的主体框架，同时体系建设包括了申报前、中、后环节的合规管理等。

（一）合规体系的核心要素

海关总署公告2021年第88号发布了《海关高级认证企业标准》（跨境电子商务平台企业、进出境快件运营人单项标准），加快推进对跨境电商企业的信用认证。其中，跨境电子商务平台企业是合规体系建设的核心要义、重中之重。

跨境电商平台需要承担的对平台内交易规则维护、消费者权利保护、质量安全风险防范、对虚假交易和二次销售的风险控制等八项责任，也就成为企业合规的核心和海关监管的抓手，归纳起来涉及安全控制、风险管理、数据管理三大方面。

1. 商业伙伴安全控制

“跨境电子商务平台企业海关高级认证标准”中提到，企业应当“建立电商企业及其境内代理人和其他商业合作伙伴的资质准入制度并有效落实；与电商企业及其境内代理人和其他商业合作伙伴签订规范的跨境电子商务合同（协议），在合同、协议或者其他书面资料中要求电商企业及其境内代理人和其他商业合作伙伴，按照海关认证标准优化和完善贸易安全管理；根据风险评估结果、违法违规记录等建立电商企业及其境内代理人分级管理制度，对有违法违规记录的电商企业及其境内代理人进行责任回溯，并采取相应管控措施，不得为被列入联合惩戒对象的企业提供平台服务；建立对电商企业及其境内代理人交易行为的监控制度，能够有效识别非正常交易行为并采取相应的处置措施”。

在业务实际中，电商平台对合作伙伴的审核很多时候存在套用国内店铺的标准的现象，主要基于对方的财务情况、知名度、销量等因素进行考核，而较少考虑到这些合作伙伴大多缺乏相关的进出口常识和海关法律认知，甚至发现部分店铺经营者对伪报价格属于走私行为毫无概念，或者认为把商品低价刷单买出来作为非销售用的职工福利合理合法。因此，要求电商平台企业完善对商业伙伴的法律法规培训，是考核电商平台企业管理能力的重要指标。

电商平台的另一类重要商业伙伴是物流快递企业。部分快递企业对跨境电商领域的集中刷单的走私行为缺少风险意识，随意允许收货人更改收货地址以逃避海关针对收货地址的大数据监控，甚至主动帮助违法商家伪造投递记录。因此，考核电商平台的商业伙伴安全控制体系中必须考虑其对合作的物流快递公司的协议要求，例如更改投递地址必须向海关进行申报单变更申请。

2. 业务风险管理能力

“跨境电子商务平台企业海关高级认证标准”中提到，企业应当“建立真实、准确、完整并有效控制跨境电子商务经营活动的信息系统，在资质审核、财务管理、进出口申报、业务风险管理等方面具备可记录、可追溯、可查询、可分析、可预警等功能并有效运行；具备与海关即时对接的条件，向海关开放相关系统查询使用权限，满足海关定期开展交易真实性验证需求；具备境内订购人身份信息真实性校验功能并有效运行；完整记录用户注册、浏览、购买、支付等在网站上开展各类操作活动的时间、账号、IP 地址等详细信息”。

在业务实际中，部分大型电商平台更多倾向于对基础信息的物理存续、保密性等，未将重点放在可分析、可预警、开展交易真实性验证等方面。因此，电商平台企业进行高级认证辅导、认证、实施等过程中，既要评估实际风险控制现状，也要建立与其业务量相适应的风险控制措施，加大对可分析、可预警、开展交易真实性验证力度，进而带动提升整个跨境电商产业的规范化运营。

3. 数据管理能力

“跨境电子商务平台企业海关高级认证标准”中提到，企业应当“建立知识产权库、价格数据库、历史交易库和企业信息库等后台业务风险管理数据库。应海关要求提供有关风险防控方面的信息和数据”。

在业务实际中，部分电商平台在价格数据库和历史交易库的管理中存在问题。对于价格数据库而言，区分商品的原价、普惠的促销价格、定向的促销价格（例如 VIP 价）并严格按照海关规定读取正确的价格进行申报是平台企业普遍缺乏的能力，验核数据管理能力可以通过系统设置规则和随机抽取实际业务数据进行比对相结合的方式进行。历史交易库数据对于海关和企业内部风控部门对企业销售商品的后续核查有至关重要的作用，企业应当对于销售网页的快照进行保存，对于某个网页地址应当只销售相对固定的产品，该产品不再销售之后，网页应当做下架封存处理。

（二）事前合规管理

1. 备案管理

确认电商平台网站 ICP 与 EDI 证书，确认跨境电商平台和电商企业的交易网址（网站、App、微信小程序）的真实性、交易流程合规性，对相关贸易单证、供应链、销售数据进行穿透性测试；确认支付企业“金融许可证”或“支付业务许可证”等相关证件有效期限；确认物流企业“快递业务经营许可证”等相关证件有效期限。

2. 促销报备

落实促销报备管理制度，企业在促销前应向主管地海关提交促销申请，并加盖印章。就促销商品种类、数量、价格、折扣力度、促销时间、预计单量等进行说明，临期商品需特别注明保质期。

（三）事中合规管理

1. 单证审核

针对不同的税则号列、不同品牌的商品，确定其合理的价格区间段，对显著低于该价格区间的商品制定合理的人工审核比例。平台向海关推送的订单品名（非申报清单品名）往往是直接读取网页字段，因此销售网页的异常可以直接表现在订单品名中。加强对此字段的排查，设置对某些关键敏感词（例如，测试、勿拍、残次等）的自我审核可以有效规范跨境电商平台的销售行为。

2. 实货管理

加强跨境电商账册的盘库，采用定期全面盘库和不定期抽样盘库等形式，按需引入第三方中介机构参与，防范擅自出区货物“账册盲区”。

（四）事后合规管理

根据《海关稽查条例》第二十六条第二款的规定，“与进出口货物直接相关的企业、单位主动向海关报告其违反海关监管规定的行为，并接受海关处理的，应当从轻或者减轻行政处罚”即“企业主动披露”。

海关总署公告 2022 年第 54 号《关于处理主动披露涉税违规行为有关事项的公告》明确了涉税违规行为主动披露的适用规则，即自涉税违规行为发生之日起六个月内向海关主动披露的；自涉税违规行为发生之日起六个月后一年内向海关主动披露，漏缴、少缴税款占应缴纳税款比例 30% 以下的，或者漏缴、少缴税款在人民币 100 万元以下的，不予行政处罚。

# 第十一章

# 关务筹划与海关缉私

海关承担打击走私的重要职能。在原有行政执法职能的基础上，国家赋予海关刑事执法权，设立专门打击走私犯罪的海关缉私部门。在长期的执法实践中，海关缉私警察综合运用刑事和行政两种执法手段，有力打击走私违法活动。

## 一、走私犯罪

（一）走私罪的认定

《刑法》中的走私罪是一个类罪名，包含若干具体罪名，共有 12 个：走私普通货物、物品罪，走私毒品罪，走私制毒物品罪，走私废物罪，走私文物罪，走私武器、弹药罪，走私核材料罪，走私假币罪，走私贵重金属罪，走私珍贵动物、动物制品罪，走私珍稀植物、珍稀植物制品罪，走私淫秽物品罪。

跨境电商零售进口领域主要涉及走私普通货物、物品罪。

（二）走私普通货物、物品罪

走私普通货物、物品罪，是指违反海关法律法规，逃避海关监管，非法运输、携带或邮寄应当缴纳关税和其他进出口环节海关代征税的货物、物品进出境，偷逃应缴税款数额较大、情节严重的行为，以及未经海关许可并且未补缴应缴税款，擅自将保税货物、特定减免税货物在境内销售牟利，数额较大、情节严重的行为。需要强调的是，“走私普通货物、物品罪”是选择性罪名，需视走私犯罪的对象是“货物”还是“物品”的实际情况予以确定“走私普通货物罪”或者“走私普通物品罪”。

货物、物品在民法理论上都属于物的范畴，但在涉及对外贸易的海关法领域，货物、物品则分别有着特定的含义。根据《海关法》《海关行政处罚实施条例》的规定，“物品”，是指个人以运输、携带等方式进出境的行李物品、邮寄进出境的物品，包括货币、金银等。超出自用、合理数量的，视为货物。“自用”，是指旅客或者收件人本人自用、馈赠亲友而非为出售或者出租。“合理数量”，是指海关根据旅客或者收件人的情况、旅行目的和居留时间所确定的正常数量。基于法律法规对“自用”“合理数量”的解释，结合“货物”和“物品”的定义，我们可以得出基本结论：走私普通货物、物品罪中的“货物”无疑应具有可交易性商业性质；而“物品”则通常情况下应无交易性非商业性质，即使有也应以自用、合理数量为限。

（三）跨境电商走私犯罪辨析

1. 认定依据

跨境电商走私的认定并未因其属于新兴业态而有所不同，其本质依然是“逃避海关监管，偷逃应纳税款、逃避国家有关进出境的禁止性或限制性管理”。《刑法》关于走私普通货物、物品罪采取空白立法模式，关于逃避海关监管构成走私行为的表现形式，需要依据《海关法》以及相关的海关行政法规的规定予以认定。因此，司法实践中认定走私必然涉及对跨境电商行政法规的援引，在具体案件办理过程中，还需参考跨境电商规章制度来进行判断认定。

2. 行为模式

走私犯罪的行为模式多种多样，概括起来包括：通关走私、绕关走私、闯关走私、后续走私、间接走私等。其中通关走私，根据《海关行政处罚实施条例》第七条规定，指“经过设立海关的地点，以藏匿、伪装、瞒报、伪报或者其他方式逃避海关监管，运输、携带、邮寄国家禁止或者限制进出境的货物、物品或者依法应当缴纳税款的货物、物品进出境的”。

跨境电商商品进口均需经过设立海关的地点，其走私涉及伪报贸易方式、低报价格、伪报品名、少报多进、多报少出等，即当事人在跨境电商进口通关环节，采用隐瞒真实情况、采取欺骗手段、实施虚假数据传输等方式，伪报贸易方式、品名、价格、数量等申报要素，以逃避海关监管，偷逃应缴税款。因此，跨境电商走私行为属于伪报性通关走私。

3. 构成要件

跨境电商零售进口虽然在商业模式上有别于传统外贸，但在违法或者犯罪的判断标准上仍然以《刑法》《海关法》《海关行政处罚实施条例》等规定的走私构成要件为依据。

（1）客体

走私侵犯的客体是国家的对外贸易管制。具体而言，就是国家对外贸易管制中对普通货物、物品的监管和征收税款的制度。

跨境电商作为新兴贸易业态，具有普惠性、限值性的特点，以税收优惠来提升国内消费结构升级、提高人民群众获得感满足感，以单笔年度限值来统筹各种贸易业态健康均衡发展、保护民族产业、保护国家外贸安全。因此，跨境电商走私所侵害的客体是复合性的，归纳起来就是：海关监管、税款征收、民族产业、外贸秩序。

（2）客观方面

客观方面表现为违反海关法规，逃避海关监管，非法运输、携带或邮寄应当缴纳关税和其他进出口环节海关代征税的货物、物品进出境，偷逃应缴税款数额较大、情节严重的行为。

跨境电商商品以“个人自用、合理数量”为原则，国家对于在个人限值以内的跨境电商商品实施有别于一般贸易、行邮渠道的税收优惠政策，与之对应就是必须符合海关监管要求即“三单”比对。为实现“三单”比对、通关放行，当事人利用虚假的“三单”信息进行申报，或“三单”全盘造假，或订单支付两单造假，都是为了逃避以“三单”比对为核心的海关跨境电商监管，直接表现为伪报贸易方式、低报价格等伪报方式。

（3）主体

主体为一般主体，即任何单位和达到刑事责任年龄并具有刑事责任能力的自然人都可以成为犯罪主体。根据《刑法》及相关司法解释的规定，个人为进行犯罪活动而设立的公司、企业、事业单位实施犯罪的，或者公司、企业、事业单位设立后，以实施犯罪为主要活动的，不以单位犯罪论处。

跨境电商涉及的主体有消费者、跨境电商企业、跨境电商交易平台、仓储企业、物流企业等。普通消费者、仓储企业和那些仅作为第三方交易平台的跨境电商交易平台，其实施参与走私的可能性较小。相比之下，跨境电商企业和直接参与商品进口的平台企业，对跨境电商进口的流程较为熟悉，与仓储、物流、支付等企业的联系较为紧密，其实施参与走私的情况较多。当事人通常作为跨境电商企业或跨境电商交易平台的负责人或其他直接责任人员，利用公司的名义进行走私，若涉嫌犯罪，对这种行为应依照单位走私予以追诉，对其中直接负责的主管人员和其他直接责任人员也应一同予以追诉。对于明知对方通过伪报贸易方式走私跨境电商零售进口商品，且为其提供虚假物流单或其他方便的物流企业、支付企业，应当以走私共犯论处，视情节轻重作不同处理。

（4）主观方面

主观方面表现为故意，包括直接故意和间接故意，亦即行为明知应当缴纳关税和其他进出口环节海关代征税，而希望或放任偷逃应缴税款的危害结果发生的心理状态。

根据《海关法》第八十二条关于“走私”的定义，当事人主观上须具有“逃避海关监管”的故意，才能认定为走私，因此，判断当事人的上述行为究竟属于违反海关监管规定的行为还是走私，仅凭“利用他人身份信息进行刷单”等行为不容易区分，还应结合当事人的其他行为综合判断。一般的通关走私案件，能够体现当事人主观上具有逃避海关监管故意的客观行为主要包括使用伪造、变造的手册、单证、印章、账册、电子数据等其他虚假手段使货物得以顺利通关。跨境电商通关走私案件中，只有进口商品达到“三单”比对一致，海关才予以放行，即平台企业、支付企业、物流企业向海关推送的支付单、订单、物流单要匹配，由此则需要事先与支付、物流等企业通谋，其突出表现即为伪报订单、物流单、支付单信息，传输相应的虚假数据向海关进行申报。

## 二、行政处罚

（一）《海关行政处罚实施条例》

《海关行政处罚实施条例》是海关进行行政处罚的主要依据，行政处罚的行为包括两种，一种是走私行为，另一种是违反海关监管规定行为。根据海关总署公告 2018 年第 194 号，对跨境电商领域涉嫌走私违规的，由海关依法处理。具体由海关缉私部门调查、审理、执行。

1. 对走私行为的处罚

《海关行政处罚实施条例》第九条、第十条、第十一条规定了对走私行为的处罚，具体包括以下几类。

（1）没收走私货物、物品及违法所得。其中违法所得指的是由走私货物、物品直接产生的收益，包括变卖所得的货款、通过走私获得的利润等。

（2）可以并处罚款。指在没收走私货物、物品及违法所得的同时处以罚款处罚。

（3）没收或销毁“作案”工具。对专门用于走私的运输工具或者用于掩护走私的货物、物品，2年内3次以上用于走私的运输工具或者用于掩护走私的货物、物品，应当予以没收；藏匿走私货物、物品的特制设备、夹层、暗格，应当予以没收或者责令拆毁。

（4）取消开展海关业务的资格。对构成走私犯罪或者1年内有2次以上走私行为的海关准予从事海关监管货物的运输、储存、加工、装配、寄售、展示等业务的企业，海关可以撤销其注册登记；报关企业、报关人员有上述情形的，禁止其从事报关活动。

2. 违反海关监管规定行为及其处罚

《海关行政处罚实施条例》第十二条规定：“违反海关法及其他有关法律、行政法规和规章但不构成走私行为的，是违反海关监管规定的行为。”

根据《海关行政处罚实施条例》，跨境电商违反海关监管规定的行为主要有以下几种：一是违反国家管理规定，跨境电商渠道进口国家禁止进口货物、物品；二是违反国家管理规定，跨境电商渠道进口国家限制类进口货物、物品且不能提供许可证件；三是“三单”数据虚假申报或者申报不实；四是报关企业、报关人员未对委托人所提供情况进行合理审查，或者因工作疏忽致使发生关键信息未申报或者申报不实的情况；五是未经海关同意擅自处置跨境电商商品；六是监管区域外擅自存放跨境电商商品；七是经营跨境电商商品仓储过程中，发生商品灭失、数量短少或者记录不真实等情况不能提供正当理由的。

在违规处罚实践中，根据企业具体行为情况和造成的损害程度，海关可以分别对上述行为处以警告、罚款、没收违法所得、撤销注册登记等处罚。

（二）新修订的《中华人民共和国行政处罚法》

2021年1月22日，十三届全国人大常委会第二十五次会议表决通过新修订的《中华人民共和国行政处罚法》（以下简称《行政处罚法》），自2021年7月15日起正式施行。这是《行政处罚法》实施24年来进行的首次全面修改。作为行政执法的基础性法律，此次《行政处罚法》的修改，必然对海关行政执法产生重大影响，值得给予高度关注。

本次《行政处罚法》修改的几大亮点：延长重点领域行政处罚追责期限；新增“首违免罚”“无过错不处罚”制度；主动供述行政机关尚未掌握的违法行为

的，应当从轻或者减轻行政处罚；明确行政处罚办案期限；行政机关可以采用传真、电子邮件等方式，将行政处罚决定书送达当事人等，对海关行政执法均产生较大的影响。

1. 重点领域处罚追责期限延长至 5 年

修改后的《行政处罚法》第三十六条规定："违法行为在二年内未被发现的，不再给予行政处罚；涉及公民生命健康安全、金融安全且有危害后果的，上述期限延长至五年。"该条款对现行二年的行政处罚追责时效加以完善，将涉及公民生命健康安全、金融安全且危害后果的，行政处罚的追责期限延长至五年。

2."首违免罚""无错不处罚"等不予行政处罚规定

修改后的《行政处罚法》第三十三条规定："违法行为轻微并及时改正，没有造成危害后果的，不予行政处罚。初次违法且危害后果轻微并及时改正的，可以不予行政处罚。当事人有证据足以证明没有主观过错的，不予行政处罚。法律、行政法规另有规定的，从其规定。"除了违法行为轻微并及时改正，不予行政处罚外，新增了"首违免罚""无过错不处罚"等制度，目的是突出《行政处罚法》教育功能，通过有条件免除行政处罚的设置，达到促使公民、法人或者其他组织自觉守法、主动矫正违法行为的法治目的。

3. 行政处罚最长办案期限的规定

效率原则是行政执法的基本原则之一。修改后的《行政处罚法》第六十条明确规定："行政机关应当自行政处罚案件立案之日起九十日内作出行政处罚决定。法律、法规、规章另有规定的，从其规定。"此次修订对行政机关的办案时限提出明确要求，表明了对行政机关依法办案、高效办案的效率要求，目的在于迅速救济被侵害人的合法权利，快速恢复稳定的社会秩序。

4."主动供述"规定

修改后的《行政处罚法》第三十二条第三款规定，主动供述行政机关尚未掌握的违法行为的，应当从轻或者减轻行政处罚。并且在行政处罚领域中，首次借鉴刑事执法中"坦白从宽"制度和实践经验，建立"主动自查自纠"可免于行政处罚制度，有利于鼓励违法者自我纠错，迅速恢复正常社会秩序。

5. 传真、电子邮件等方式送达处罚决定书的影响

修改后的《行政处罚法》第六十一条第二款规定，当事人同意并签订确认书

的，行政机关可以采用传真、电子邮件等方式，将行政处罚决定书送达当事人。这在法律上直接地明确在一定条件下行政处罚决定书可以以传真、电子邮件等方式送达当事人，这不仅有利于提高行政机关的执法效率，也利于当事人及时收到并知悉行政执法结果。

## 案例 11

## 跨境电商申报不实行政处罚

2020 年 6 月 5 日，W 供应链管理有限公司以保税电商的贸易方式向海关申报进口雾化器等货物一批。经海关查验发现，项二“BEURER 雾化器”包装印有“medical”的字样，说明书标有符合欧盟医疗产品指令，判定属于医疗器械，应按医疗器械管理。根据财政部等 13 个部门《关于调整扩大跨境电子商务零售进口商品清单的公告》，税号为 90192000，商品为“臭氧治疗器、氧气治疗器等器具”在正面清单中，但备注要求为：按照医疗器械管理的商品除外，所以项二商品不应以保税电商的方式进口。项二商品涉嫌漏缴税款约 3.5 万元。当事单位上述行为，涉嫌影响海关税款征收。

关于上述涉嫌影响海关税款征收情事，W 供应链管理有限公司向海关提供报告，并委托其报关经理接受调查，解释称：W 供应链管理有限公司经营跨境电商货物保税进口仓储业务，该公司业务员对保税电商货物进口业务不熟悉，这次报关项二的商品不应该以保税电商的方式进口的，但公司错误地用保税电商的方式进口该商品，所以造成这次向海关申报不实的情事，W 供应链管理有限公司表示愿意接受海关处罚并保证以后不会出现类似事件。

2020 年 7 月 17 日，当事人主动申请愿意缴纳案件类保证金人民币 4 万元并积极配合海关调查。为了办案需要，根据《海关行政处罚实施条例》第三十九条的规定，缉私部门于 2020 年 8 月 20 日收取当事人案件类保证金人民币 4 万元。

2020 年 8 月 21 日，海关出具“货物、物品税款计核证明书”，证明 W 供应链管理有限公司此次报关漏缴税款为人民币 34969.92 元。当事人对此无异议。

调查过程中未发现该公司在最近一年内有同类情况受过海关行政处罚，未发现其漏缴税款的主观故意证据。主要证据：海关报关单、查验记录、情况说明、“货物、物品税款计核证明书”等。

W 供应链管理有限公司涉嫌影响海关税款征收情事，违反了《海关法》第八十六条第（三）项的规定。根据《海关行政处罚实施条例》第十五条第（四）项的规定，处以 W 供应链管理有限公司罚款人民币 3.5 万元（货物漏缴税款一倍取整）。

## 三、电商走私的类型及特点

（一）主要类型

跨境电商走私作为互联网新型犯罪形式，按照申报项目不同主要表现为以下几种形式。

一是伪报贸易方式，即将一般贸易货物化整为零以跨境电商贸易方式申报进口，以逃避较高税率，突出表现为“三单”造假。二是低报价格，交易中订单真实、物流真实，但企业通过伪造支付单向海关低报价格，以达到逃税的目的，突出表现为“多次推单”“多次销售”。三是伪报品名，通过税号申报不实，将正面清单外的商品以跨境电商方式申报，以逃避正面清单监管，突出表现在禁限类商品。四是进口数量申报不实，利用电商货物查验特点在一线入区，少报多进；二线出区，混装夹带出区。上述四种走私手法或单独出现或组合适用，其中“三单”造假伪报贸易方式的电商走私在目前查发案件中较为普遍，传统旅检渠道的“线下水客”逐渐演变为跨境电商渠道的“线上水客”，特别是引流推单模式日益盛行，应予以高度重视，避免跨境电商“通道型走私”的出现。

从案件侦办实践来看，跨境电商走私手法呈现升级版趋势。如果说在通关环节易于当场查发的伪报税号、少报多进手法是初级版本；那么需要在后续环节三流齐查（订单、支付单、物流单“三单”造假）的伪报贸易方式手法则属于升级版本；目前还出现了国内电商平台揽货、跨境电商平台引流申报的低报价格手法。此外，随着海外电商国内扩张、国内电商海外布局，跨境物流转运商利用其外接内联的居间优势和行业垄断优势，从容选择口岸、逐利选择贸易方式（快件或BC、BBC），以实现货往松处走，税往低处流，至此升级成为伪报贸易方式、低报价格兼有的走私手法。其中订单、支付单、物流单“三单”在造假业内称之为刷单，跨境电商平台引流申报称为推单，海外代购则往往选择快件渠道或BC进口。上述刷单、推单、代购是跨境电商业内人士最为关注点之一，此部分内容将在下一章“关务筹划与刷单、推单、代购”中详细阐述。

（二）案件特点

1. 犯罪行为更为隐蔽

不同于传统走私行为的现场交易，电商走私的犯罪嫌疑人利用网络平台进行虚假交易，通过第三方支付平台完成交易结算，并利用物流、快递公司进行运输传递，犯罪行为更隐蔽。

2. 走私网络更加庞大

互联网技术和现代物流的融合改变了传统走私的时空局限性，网络使得信息大范围散布、层递性传播瞬间实现，电商走私的发展呈现“裂变式繁殖”之势。利用互联网平台，走私者不再局限于人脉关系组成的小圈子中，而是迅速膨胀为半公开的走私网络。在一起保健品电商走私案中，走私者利用国内电商平台零售自营跨境货物，由少数人组成的走私团伙迅速扩大到上百人的庞大走私网络，涉及广东、浙江、江苏等29个省市区，其传播速度之快、范围之广是传统走私所难以匹敌的。

3. 社会危害更加巨大

与一般犯罪相比，电商走私因其侵犯的客体（法益）众多、传播速度快、涉及范围广，因此，社会危害性更显突出。首先，网络覆盖的广阔性使得走私活动的地域被无限放大，致使走私入境货物的流向十分广泛。其次，网络消息传播迅速，受众面广，使得商品交易更为便捷，尤其是正面清单以外的禁限类商品走私进口将给国门安全造成较大影响。最后，电商平台的便捷性使得走私货物的数量剧增，给国家税收造成极大损失，尤其体现在通过电商平台走私的普通货物，通过适用较低的电商优惠税率，引发国家税款大量流失，直接影响新兴业态健康发展，动摇国家“互联网 +”战略的有效推行。

4. 参与主体更加碎片

由于跨境电商具有商品种类分散、个体小、总量大的特点，犯罪分子可将货物分散进口，进而掩盖其真实贸易性质，逃避监管偷逃税款。此类“滴水成渊”的模式所涉及的走私数量、金额、偷逃税亦是相当惊人的。此外，跨境电商走私的参与主体与服务主体呈现多元化特征，电商参与主体有跨境电商、跨境电商境内代理人，电商服务主体有电商平台企业、第三方支付平台、物流仓储企业以及报关企业等，由于多种主体存在且各主体间既有相互配合又有信息保留，造成监管打击难度提高。

（三）原因分析

自 2019 年 1 月 1 日起，国家将跨境电子商务零售进口商品的单次交易限值由人民币 2000 元提高至 5000 元，个人年度交易限值由人民币 20000 元提高至 26000 元。通过跨境电商零售进口的商品，不再按邮递物品征收行邮税，其关税税率为 0，进口环节增值税和消费税按法定普通货物应纳税额的 70% 征收，并明确要求：已经购买的电商进口商品属于消费者个人使用的最终商品，不得进入国内市场再次销售；原则上不允许网购保税进口商品在海关特殊监管区域外开展“网购保税 + 线下自提”模式。国家出台上述优惠政策，是为了增加合理进口，扩大国内消费，促进企业和外贸转型升级。但在不法分子眼中，相比一般贸易方式进口货物，伪报成跨境电子商务零售进口，既可规避部分商品对进口证件资质的要求，还可以逃避关税、部分进口环节增值税和消费税。于是，不法分子为了暴利铤而走险。

（四）走私新动态

1. 口岸漂移

通过缉私部门的有效打击，反哺正面监管、助力合法电商的良性态势初步显现，但部分不法企业也随之出现异动漂移态势。近年来，电商试点城市、综合试验区不断新设，呈遍地开花之势，走私分子改换公司名称及股东架构后，改头换面继续实施走私行为，甚至在享受各项优惠政策和补贴的同时继续实施走私。从太原海关缉私局办理的某起电商走私案来看，涉案团伙电商走私的轨迹，从华南到华北直至东北，均是多块牌子、一套人马，打一枪换一个地方，甚至在广州、深圳开展内部培训，把刷单模式、手法进行传授，把一整套电商走私模式复制到新口岸。

2. 渠道切换

鉴于寄递渠道的特点，走私分子会在跨境电商、快件、邮递、普货之间随时变换走私渠道，形成税往低处走、货往松处流的局面。如广州海关缉私局侦办的“上海某公司涉嫌走私美容仪案”，则是涉案企业将走私标的物通过 B 类快件方式报关进口。

3. 团伙化凸现

专业化的走私清关团伙为了逃避海关监管、偷逃税款，开拓了“多样化”走私渠道，将一般贸易货物、个人邮包等不同形式、不同类型、不同渠道的境外货物、物品“包装”为跨境电商零售商品走私进境，已经将跨境电商渠道走私纳入“专业化”范围，严重冲击海关原有的监管模式，极大地破坏了海关正面监管，此种趋势需要重点关注。

在广州海关缉私局办理的另一起“美国某公司涉嫌走私进口保健品案”中，涉案公司将产品以“包税”的形式交给中国香港某快运公司，由该快运公司通过一般贸易、跨境电商、水上闯关等多渠道走私进口。

4. 支付企业、物流企业参与走私

鉴于跨境电商监管“三单”比对的监管特性，走私行为的实施势必需要支付企业、物流企业的配合。支付单造假对跨境电商正面监管的破坏极大。一是支付单造假将导致电商企业可随意操纵向海关申报的商品价格；二是电商企业打通了支付单这一最“困难”的环节后，即可围绕支付大批量“生产”虚假三单信息，导致此类案件犯罪规模大、涉税高。快递单信息往往为虚假的快递物流信息，通过向快递物流企业购买空白快递单号，伪造虚假的快递物流信息用于向海关推送。在此过程中，快递物流企业并无商品的实际派送，或商品由走私团伙指定其他社会运输车辆，以快递物流企业的名义备案进出保税园区，将电商商品整批运输出保税园区；或采用网络技术手段维护假物流轨迹、置换低值物品投递以留存物流轨迹等扰乱监管的手段。

5. 线上水客激增

在跨境电商走私打击过程中，自然人犯罪数量上升，较之口岸水客，其本质一样，表现不同（线下线上之分），故谓之线上水客。此类犯罪嫌疑人冒用他人身份证信息，在跨境电商网站大量下单购买跨境商品，再通过集中收货、囤积，进行二次销售牟利。此类案件中，电商企业、支付企业均未参与到走私犯罪活动中，甚至不需要买通物流企业，仅需掌握大量的身份证信息即可完成走私过程。此类现象急需关注，因为门槛低、易复制，一旦蔓延，将形成数量庞大的线上水客群体。

## 四、缉私实务

下面以 A 供应链有限公司伪报贸易方式、低报价格走私案为例进行分析。

（一）基本案情

2017 年 1 月至 9 月，A 供应链有限公司进口奶粉并存放于广州南沙保税仓，同时通过线上平台、线下门店收集境内客户订单信息，包括购买人姓名、身份证号、电话号码、收货地址、购买商品信息。A 公司将价格修改为原价的 70% 后，编辑整理成表格，通过 QQ 邮箱发给跨境电商平台企业广州市 B 贸易有限公司，由其向海关推送订单信息。B 公司通过支付公司生成支付单，由逐笔支付到批量支付再到后期虚拟支付（无实际资金往来）完成网上支付，进而向海关推送三单信息。订单、支付单与快递公司的快递单号做“三单”比对后，向海关以跨境电商贸易方式申报进口并代缴税款（关税税率为 0%，进口环节增值税、消费税由于商品价格的低报，只缴纳了应缴税额的 70%）。“三单”比对、货物放行后，快递公司按订单上的地址派送至境内客户。

（二）证据体系构建

1. 关于走私主观故意的认定

A 供应链有限公司直接负责的主管人员和其他直接责任人员，以及跨境电商平台广州市 B 贸易有限公司的主要负责人均知晓海关总署公告 2016 年第 26 号的内容。但上述企业没有将奶粉放在跨境电商平台上销售，而是另行向批量购货的商户收集订单（身份信息由商户提供）、与商户结算货款。这些线上线下客户（非个人）的订货量较大，明显超出个人自用数量，并提供虚假的个人身份信息、手机号码及收货地址，可证实属于商户向该公司批量购买而非个人消费者直接购买。相关电子邮件和资金往来可以证明上述犯罪事实。

2. 通过虚假订单、支付单和快递送货认定犯罪事实

A 供应链有限公司通过线上平台和线下实体店收集订单，然后将这些订单信息整理好、调低价格，发送给跨境电商平台 B 企业。平台企业再将订单信息导入平台，并联系好支付公司进行资金批量支付或虚拟支付。有犯罪嫌疑人供述及证人证言为证。

因订单信息由购买人（商户）提供，为了避免被发现是批量购买，经常存在手机号为空、收货地址虚假等情况，快递公司首次派送时无法顺利送达。于是，快递公司通过联系广东 A 供应链有限公司，得到真实收货人的电话并按其指定地址派送。之后，快递公司员工就会按照与收货人的约定，将属于收货人的货直接派送。有犯罪嫌疑人供述和证人证言为证。

3. 通过资金往来认定犯罪事实

A 供应链有限公司通过广州市某支付公司付汇到其香港关联公司、再付货款向澳门某贸易有限公司购买港版奶粉，证实该公司的货主角色；通过其公司某员工个人银行账户收取境内销售回款，证实走私货物的数量和价值。有犯罪嫌疑人供述和银行账户记录为证。

（三）走私手法

本案呈现出重点类商品走私猖獗、走私手法隐蔽，以及“三单”造假电子化、网络化等基本特点。

1. 跨境电商走私商品主要涉及进口奶粉等母婴用品

涉及货物多为奶粉、纸尿片等母婴用品。2013 年 9 月施行的《质检总局关于加强进口婴幼儿配方乳粉管理的公告》第五条规定：自 2014 年 4 月 1 日起，进口婴幼儿配方乳粉的中文标签必须在入境前已直接印制在最小销售包装上，不得在境内加贴。产品包装上无中文标签或者中文标签不符合中国法律法规和食品安全国家标准的，一律按不合格产品做退货或销毁处理。因此，通过跨境电商贸易方式进口港版奶粉成为主流进口渠道。

2. 利用网上商城接收客户订单和提供的身份信息

本案走私奶粉的货主不同于以往通过地下市场等非法方式购买身份信息，而是在销售时要求客户自行提供身份信息、只在购买限额方面加以调控。根据订单、支付单和快递单“三单”信息，造假特征有：一是手机号码大量为空号，造假痕迹明显；二是多份订单的收货地址集中在某个小范围的区域内；三是出现多个购买人姓名对应一个手机号码，或者多个收货地址对应同一购买人的情况。

3. 利用互联网科技批量订购电商商品

一是制作刷单软件，在跨境电商网络平台实现批量导入购买人信息的功能，在最初由人工逐笔录入订单信息的基础上实现了升级。二是只有在特定的电脑或者授权才能够登录使用，跨境电商平台普通消费者无法正常登录、购买商品。

4.“空转”资金形成支付单

电商平台企业利用自有资金，在网络支付公司设立备用金账号，用于形成收支货款记录。后期发展成虚拟支付，即不需实际发生资金转移，仅在网络上形成资金来往记录。

5. 购买空白快递单号，违规批量运出保税区

走私团伙直接向快递公司购买快递单号，用于制作虚假快递物流信息，而快递公司并没有按照订单信息中购买人、收件地址进行货物的派送。货物都是由走私团伙指定运输车辆，将货物运至其指定仓库。

## 五、企业注意事项

跨境电商领域走私违规，本质上涉及海关监管、应纳税款、禁限类管理等，因其电子商务属性和“三单”比对的核心特征，产生了诸多新的方式和手法，而这些就是合规企业不可触及的底线。

（一）注意事项

根据海关总署公告 2018 年第 194 号规定，“海关对违反本公告，参与制造或传输虚假交易、支付、物流‘三单’信息、为二次销售提供便利、未尽责审核消费者（订购人）身份信息真实性等，导致出现个人身份信息或年度购买额度被盗用、进行二次销售及其他违反海关监管规定情况的企业依法进行处罚。对涉嫌

走私或违规的，由海关依法处理；构成犯罪的，依法追究刑事责任。对利用其他公民身份信息非法从事跨境电子商务零售进口业务的，海关按走私违规处理，并按违法利用公民信息的有关法律规定移交相关部门处理”。结合实践案例，以下行为即为跨境电商不可逾越的红线：

1. 编造虚假订单、支付单、物流单信息向海关推送，将本应按照一般贸易缴税进口的货物通过跨境电商零售进口。

2. 将通过其他平台或途径销售的商品订单信息导入跨境电商平台并作为订单信息向海关推送（邮政企业、快件运营人能够统一提供交易、支付、物流等电子信息，并承诺承担相应法律责任的除外）。

3. 将个人行邮商品在跨境电商平台生成虚假的个人消费者订单并伪报成跨境电商零售进口商品。

4. 跨境电商零售进口时，伪报商品的品名、税则号列、价格、原产地等申报要素。

5. 通过跨境电商零售进口“正面清单”以外商品。

6. 将通过跨境电商零售进口的商品再次在国内销售，或者将消费者退货电商商品存放在境内进行二次销售。

7. 通过非法途径收集消费者个人信息并利用其他公民身份信息非法从事跨境电商业务，或者将掌握的消费者个人信息泄露出售给他人用于从事非法活动。

8. 以虚构跨境电商进口订单和海关申报材料等欺骗手段办理支付外汇手续。

9. 通过对快递面单做特殊标记进行集中转运；接受委托，以境内集货为目的，利用海关备案车辆，将货物批量出仓并进行集中运输、存储，以及为上述目的以其名义为物流企业进出保税仓的车辆办理海关备案。

10. 以境内集货销售为目的，通过非法途径收集、利用或伪造公民身份信息并通过跨境电商零售进口方式批量购买商品。

具有上述行为，将依法承担相应行政责任；构成走私犯罪的，将依法被追究刑事责任。

（二）改错机会

特别需要说明的是，即使企业被追究行政、刑事责任，法律法规也提供了改错机会，具体如下：

1. 自查自纠

涉税违规行为发生之日起六个月内向海关主动披露的，不予行政处罚；其他主动供述海关尚未掌握违法行为的，从轻或者减轻行政处罚。

2. 认罪认罚

认罪认罚从宽制度，是指犯罪嫌疑人、被告人自愿如实供述自己的罪行，对指控的犯罪事实没有异议，同意人民检察院量刑建议并签署具结书的案件，程序上可以依法从简处理，实体上可以依法从宽处理的制度。

认罪认罚从宽制度存在于侦查、审查批捕、审查起诉至审判的整个诉讼过程，涉及侦查阶段的认罪认罚选择，审查起诉阶段的量刑协商，以及审判阶段的自愿、合法性审查和庭审简化。

修改后的《中华人民共和国刑事诉讼法》第一百二十条第二款规定，侦查人员在讯问犯罪嫌疑人的时候，应当告知犯罪嫌疑人有关认罪认罚的法律规定；第一百六十二条第二款规定，对侦查终结的案件，犯罪嫌疑人自愿认罪的，应当记录在案，随案移送，并在起诉意见书中写明有关情况。在认罪认罚从宽制度施行中，多地实行量刑激励幅度递减原则，即犯罪嫌疑人、被告人认罪认罚越晚，从宽的幅度越小。在侦查阶段自愿认罪，犯罪嫌疑人可期待的利益最大，对收集证据、查清犯罪事实也起到事半功倍的作用。修改后的《中华人民共和国刑事诉讼法》第一百七十四条规定，人民检察院审查案件，犯罪嫌疑人自愿认罪，同意量刑建议和程序适用的，应当在辩护人或者值班律师在场的情况下签署认罪认罚具结书；第二百零一条规定，对于认罪认罚案件，人民法院依法作出判决时，一般应当采纳人民检察院指控的罪名和量刑建议，即犯罪嫌疑人签署认罪认罚具结书是在检察机关审查起诉阶段，而法院一般应采纳检察机关的意见。这就保证了在不同的诉讼阶段认罪认罚从宽制度的延续性，给犯罪嫌疑人吃了定心丸，尽早认罪认罚。

# 第十二章

# 关务筹划与刷单、推单、代购

跨境电商源于海淘代购，其创新性的“三单”比对模式迥异于包括行邮渠道在内的传统监管。寄递渠道可以是跨境电商零售进口，也可以是邮件、快件，是否可以通过跨境电商进口、享受电商税的优惠，前提就是要符合“三单”比对的监管要求。从发展演变来看，跨境电商零售进口是在政策和法律层面对以前野蛮生长的海淘代购市场的重整和重生，如果说推单是海淘代购转型升级中的变通模式，需要引导规范的话，那么刷单则是海淘代购转型升级中的变异模式，需要重点监管和打击。

## 一、刷单

### （一）含义

刷单是一个电商衍生词。原意指店家付款请人假扮顾客，用以假乱真的购物方式提高网店的排名和销量，获取销量和好评来吸引顾客。在跨境电商零售进口领域，刷单是指将境外已批量交付的货物化整为零，编造虚假订单、支付单以及无实际投递的快递单信息（“三单造假”）分别向海关推送，将本应以一般贸易缴税进口的货物伪报成跨境电商零售进口商品进口。

### （二）手法

刷单手法，其突出表现为三单造假：当事人利用电商平台、支付平台和物流公司，以虚假网购个人信息为基础，构造虚假的购物信息流、资金流和货物流，制造虚假跨境电商贸易链，逃避海关监管，偷逃应缴税款。其运作模式主要有两种：一种是将尚未销售的商品通过“刷单”先行进口后集货销售，另一种是承揽他人需进口商品，通过“刷单”进口。

### （三）成因

自2016年4月8日起，国家对跨境电商零售进口税收和监管政策进行了调整。新政规定在限值以内通过网购保税进口的商品，不再按邮递物品征收行邮税（包括取消50元以下免征额），其关税税率为0，进口环节增值税和消费税按法定普通货物应纳税额的70%征收。海关总署公告2018年第194号明确规定，“消费者（订购人）对于已购买的跨境电子商务零售进口商品不得再次销售”，即跨境电商必须是B2C的模式，是商家直接面对消费者销售的行为，且消费者所购买的境外商品仅限于个人自用，不得再次销售。因此，一些商家为降低成本、扩大其利润空间，而将本应以一般贸易方式进口的商品伪报成跨境电商零售进口的方式进行申报，以此赚取进口商品税率的差额利润。

（四）剖析

1. 跨境电商本质

跨境电商零售进口是对一般贸易进口的重要补充，使消费者直接参与到国际贸易中，提高消费质量的同时使消费流程简单化、规范化，拉动消费回流，提升国内消费者福利。国家出台跨境电商零售进口相关政策的本意在于增加合理进口，对公民个人消费在税收政策方面给予适当优惠，属于普惠制的特定减免税。普惠，是指境内每一位公民均能享受跨境电商税收优惠。特定减免，一是指境内每一位公民需在单笔限值、年度限值的额度内才能享受税收优惠，二是指其购买商品需属于正面清单管理，三是“个人自用”“不得二次销售”。因此，普惠原则是跨境电商零售进口的出发点和目标。真实、自用是保障普惠原则真正落地的监管要求。跨境电商零售进口的目的是满足国内消费者对于境外日用品的需求，是惠民、便民于消费者，而不是商家利用税差进行非法牟利的渠道。

2. 网购保税进口模式

网购保税进口（简称 BBC 模式，又称保税电商），是指跨境电商企业利用海关特殊监管区域和保税仓储政策，将其要在跨境电商交易平台销售的商品提前运入特殊监管区域，一旦客户通过跨境电商交易平台生成订单，该商品能够迅速从特殊监管区域出区，由跨境电商企业或物流企业向海关保税区办理通关手续，由物流企业分装运送给消费者。商品拟出区向海关申报前，跨境电商企业、支付企业、物流企业分别通过跨境电商通关服务平台向海关传输订单、支付单和物流单信息，由海关实行“三单”比对无误后放行。

3. 刷单走私本质特征

（1）行为人利用跨境电商零售进口税收优惠政策，通过三单造假，将本应以一般贸易进口的相关货物化整为零伪报成跨境电商零售进口。故“刷单”行为的本质属于伪报贸易方式走私。

（2）相关商品本应以一般贸易方式作为普通货物申报进口，现实中具体表现为通过跨境电商零售商品贸易渠道申报进口的商品进境后又集中作为货物进行销售。

（五）定罪处罚

1. 定罪

（1）构成走私普通货物、物品罪

由于“刷单”行为仅是将本应以一般贸易方式进口的货物伪报成以跨境电商零售进口，即犯罪对象为涉税的一般货物，应以走私普通货物罪定罪处罚。

（2）犯罪构成

①本罪的客体是国家对普通货物、物品进出口监管、征收关税的制度；

②客观方面表现为违反海关法律、法规（指违反《海关法》《关税条例》等法律、行政法规），以“三单造假”的方式逃避海关监管，运输、邮寄普通货物、物品进出境，偷逃应缴关税税额较大或者一年内曾因走私被给予二次行政处罚后又走私普通货物、物品的行为。

③犯罪主体为一般主体，自然人和单位均可构成“以伪报贸易性质实施走私犯罪”的主体。一般为电子商务企业或电子商务平台，当然也有除此之外的第三方。但对于主体的认定，一般结合以下要素进行综合认定：A. 犯意的来源；B. 虚假信息的来源；C. 制作虚假订单行为的实施者；D. 非法利益的分配者等。

④主观方面由故意构成，过失不构成本罪。

2. 处罚

依据《海关行政处罚实施条例》第二条“依法不追究刑事责任的走私行为和违反海关监管规定的行为，以及法律、行政法规规定由海关实施行政处罚的行为的处理，适用本实施条例”的规定，海关将对不到量刑点的“刷单走私”行为人依法进行行政处罚。

### 案例 12

## A 科技公司“刷单”走私普通货物案

2015 年，A 科技公司向海关申请跨境电商资格并同步开发网站。该公司承揽国内货主进口业务，通过网络购买等方式获得大量个人身份资料，制作虚假订单信息；同时推送给 B 支付公司，利用其代客支付、余额支付的方式制作虚假个人支付信息推送给海关，将本应以一般贸易进口入境的货物化整为零，伪报为个人跨境电商方式走私入境。货物到达进口口岸后，由 C 国际货运代理有限公司负责办理报关手续。完成通关后，不按向海关推送的个人地址送货，而是由 D 物流公司直接将货物运送到指定的仓库或事先约定的地址，批量交给境内货主。

经查明，2015 年 3 月至 10 月，通过上述方式走私进口打印机、奶粉、饮料食品等大量货物入境，经海关关税部门核定，偷逃应缴税款共计人民币 7306727.01 元。

## 二、推单

（一）含义

业内又称“引流”“导流”，是指消费者在未与海关联网的电商平台上网购境外商品，其订单信息被引流导入与海关联网的跨境电商平台再次生成订单，同时匹配支付、物流，以实现通过跨境电商方式进口。

（二）分类

根据订单来源不同，推单可分为两类：一类是消费者先在境内网站或平台下单，相关订单引流至与海关联网跨境电商平台以实现最终下单和商品通关；另一类是消费者直接向境外电商下单，通过与海关联网的跨境电商平台合作，将相关订单信息向海关推送以通关。

根据与海关联网跨境电商平台的不同，推单还可以分为两类：一类是进出境快件运营人和邮政企业的代为推送，根据《关于完善跨境电子商务零售进口监管有关工作的通知》（商财发〔2018〕486号）的规定，在直购进口中“未通过与海关联网的电商平台交易，但进出境快件运营人、邮政企业能够接受相关电商企业、支付企业的委托，承诺承担相应法律责任，向海关传输交易、支付等电子信息”；另一类是非进出境快件运营人和邮政企业的引流推送。

（三）成因

境外订单适用于直邮进口这一跨境电商模式，并且还可以通过邮政、快件渠道申报进口，而境内订单从其实质而言属于以销定购，即国内电商收集境内客户订单需求并收取货款，然后通过与海关联网跨境电商平台再行下单订购商品，前者属于国内贸易，后者属于国际贸易，由于境内客户不可能在跨境电商平台二次支付货款，故支付单为虚假支付。因此，基于“三单”比对的电商监管要求，境内订单的推单就有了违规的原罪一说，究其成因存在以下几种情况：

一是基于营销成本。目前，除了少数头部跨境电商平台，其他的普遍受众少，无法吸引客源，如预进驻头部平台，需要缴纳不菲的保证金、年费、技术费，商品还需委托备货，中小商家难以承受高昂成本。因此，有的跨境电商商家会通过互联网平台或线下实体店进行“引流”，将相关订单信息推送到与海关联网的跨境电商平台，再行“三单”推送。

二是基于商业模式。即“以销定购”的模式，微商等国内电商拥有客户资源，境内客户向其下单、支付费用后，国内电商将订单信息告知货源方。货源方向海关申报，并将货物发给客户，国内电商与货源方再进行结算。

三是基于维护客源。有些国内电商有稳定客源，但没有技术或渠道对接海关，就与海关联网的跨境电商平台合作，为了避免客源流失，国内电商仍要求境内客户在自身网站下单，随后再将订单信息发送给跨境电商平台，再由平台向海关推送。

（四）剖析

1.“三单”比对是电商税收优惠的必要条件

正如“刷单”一节所述，跨境电商税是普惠制特定减免税，属于税收优惠范畴，因此，需要监管措施来保障税收政策。在跨境电商中，欲享受关税为零，增值税、消费税打七折的税收优惠，就必须接受包括“三单”比对在内的一系列监管措施，反之则不能享受跨境电商优惠税率。进出境快件运营人、邮政企业能够接受相关电商企业、支付企业的委托，承诺承担相应法律责任，向海关传输交易、支付等电子信息，进而实现三单数据向海关推送，即符合了“三单”比对的监管要求。

2. 直购进口为推单提供了合规路径

直购进口指境内消费者跨境网购后，电商企业或电商交易平台企业、支付企业、物流企业分别向海关传输交易、支付、物流等电子信息，进出境快件营运人、邮政企业在承诺对数据真实性承担法律责任的前提下，可以代传交易、支付等电子信息。跨境电商商品运抵监管场所后，电商企业或其代理人向海关提交清单，办理申报和纳税手续。

根据《关于完善跨境电子商务零售进口监管有关工作的通知》（商财发〔2018〕486号）的规定，直购进口应符合以下监管条件：①商品属于“正面清单”内列明商品，限于个人自用并满足跨境电商零售进口税收政策规定的条件；②通过与海关联网的电子商务交易平台交易，能够实现交易、支付、物流电子信息“三单”比对；③未通过与海关联网的电商平台交易，但进出境快件运营人、邮政企业能够接受相关电商企业、支付企业的委托，承诺承担相应法律责任，向海关传输交易、支付等电子信息。

3. 推单行为分析

推单行为的本身并不必然违法违规，但是不可否认，推单行为涉及的原始订单不是直接产生于跨境电商平台，导致海关无法对其进行监管，且款项业已支付不可能二次付款，故支付单必为形式支付（虚假支付）。加之，电商企业向跨境电商平台进行推单时，为减少进口税负，首先极有可能故意隐瞒真实成交价格，按照较低的海关备案价格进行申报，即价格申报不实；其次，为了逃证逃税将清单外商品报成清单内商品，即税号申报不实；还有就是将境内电商与境外卖家之间的（B2B）交易申报为境内消费者与境外卖家之间（B2C）交易，将本应当按照一般贸易进口方式进口的商品通过跨境电商方式进口，即贸易方式申报不实。特别需要指出的一种情况，就是境内消费者与境外卖家之间（B2C）交易的海淘商品，订单支付单没有通过邮政企业、快件运营人代为推送，而是经由其他跨境电商平台推送虚假订单支付单，将本应通过行邮渠道进口的商品跨境电商进口，也是属于贸易方式申报不实。

根据《海关法》第八十二条的规定，走私的核心要素是“逃避海关监管，偷逃应纳税款、逃避国家有关进出境的禁止性或限制性管理”，因此，走私普通货物、物品可以认为侵害了海关监管秩序和国家税收的双重法益。如一种“推单”行为既违反了“三单”比对、侵害了监管秩序，又存在税号、价格、贸易方式等申报不实造成税款损失的，则构成走私普通货物、物品罪，需进行刑事打击；如一种“推单”行为仅仅侵害了监管秩序但未造成税款损失，则可以按照申报不实进行行政处罚。

**案例 13**

**某快递转运公司低报价格“推单”走私普通货物案**

某快递转运公司大规模揽收个人消费者海外网购商品业务。在订单方面，将个人消费者原始订单信息进行修改，将改低价格的信息向海关推送；在支付单方面，与某互联网支付企业合作，通过虚拟支付等方式生产虚假支付单；物流单方面，则是推送真实派送的物流单。经查，该案涉及犯罪团伙 2 个、跨境电商平台 3 家，累计案值约 5.5 亿元，涉嫌偷逃税款约 7500 万元。

## 三、代购

（一）含义

“代购”并不是法律上的概念，而是随着社会经济发展，在跨境商品交易中发展形成的一个词语。对于“代购”这一概念的准确界定，有助于对其走私行为的界定。

代购，顾名思义，本意是指利用自身便利帮他人购买商品的行为。海外代购最早出现于留学生或在国外工作生活人员回国帮亲朋好友带一些国内难以买到或者价格高昂的物品，如手表、化妆品等。后来，由于套利空间，代购逐渐向商业化发展，直至目前的专业化、集团化。

综合考虑代购的实际情况，其概念可表述为：代购者按照境内消费者需求，向境外商品销售者购买相关商品，运至境内并销售给境内消费者（收件人），收取约定价款的行为，或者是代购者提前购买好相关商品，在与境内消费者（收件人）达成买卖意向后，直接将相关商品交付给境内消费者（收件人），收取约定价款的行为。

（二）类型

1. 刷单集货型

代购者通过购买等方式取得他人批量身份信息，以身份信息对应免税额度商品，制发订单发送给境外公司，收货地址为代购者设定的集中收货地点（通常是一个区域内不同的街道、店铺等），由境外公司客服收集订单信息后，安排境外仓库按照订单数据对代购商品装箱、打包、贴快递面单后交运抵到国内口岸，以跨境直邮[①]方式向海关进行申报，海关放行后，安排快递公司将代购商品发送到相应的收货地址。代购者安排人员在收货地点负责批量收货，收集货物后再进行国内销售。代购商品货款由代购人通过支付二维码或者银行转账等方式向境外公司支付，代购人在国内销售后通过网络支付、银行转账等方式向国内客户收取货款。

2. 集单直邮型

代购者通过线上网络、线下实体店等渠道收集国内客户订单，客户要求是境外直邮的，代购人就会要求对方提供相应数量的身份证件信息和收货地址，代购人根据客户订购情况制作订单，订单中全部制成免税额度以内的商品订单，再向境外公司进行推送，由境外公司客服将订单信息录入订单系统，安排境外仓库按照订单数据对应代购商品装箱、打包、贴快递面单后运抵国内口岸，以跨境直邮方式向海关进行申报，海关放行后，安排快递公司将代购商品送达境内消费者（收件人）。代购人通过网络支付、银行转账等方式向境内消费者（收件人）收取货

① 跨境直邮是跨境直接邮寄的简称，也称海外直邮，属于业内称谓，而非跨境电商零售进口的直邮进口，属于行邮渠道的快件范畴。其发生于跨国间，相关商品从境外卖家不经第三方停留直接送达消费者，适用行邮税。

款，而后再通过支付二维码或者银行转账等方式向境外公司支付货款。

3. 直订直邮型

境内消费者（收件人）通过代购者取得境外公司的联系方式，通过网络直接向境外公司下单，境外公司要求境内消费者（收件人）提供身份证件信息和收货地址，并向其推送，由境外公司客服将原始订单生成或拆分生成免税额度内订单，安排境外仓库按照整理后订单数据对代购商品装箱、打包、贴快递面单后运抵国内口岸，以跨境直邮方式向海关进行申报，海关放行后，安排快递公司将代购商品送达境内消费者（收件人）。境内消费者（收件人）通过支付二维码或者银行转账等方式向境外公司支付货款。在此类型中，代购者利润从境外公司处获取，两者归于境外销售主体。

（三）代购行为的界分

走私犯罪是故意性犯罪，分为直接故意和间接故意。明知的范畴是知晓海关对于进出口货物、物品的概念和性质，知晓海关对进出口货物、物品的相关监管规定，知晓进出口环节伪报货物、物品属性所造成的法律后果。

在代购行为中，为完成代购商品的进境，相关各环节当事人是否知晓实施的进口行为所涉及商品的属性和海关相关监管规定，在存在主观故意的情形下，应考量各当事人在犯意发起、具体实施、收益分配等方面的具体情形，以确定其所应承担的具体责任。

结合上述三种代购模式，以“商品性质”为标准，可以从“自用合理”“盈利性”的角度来判别货物和物品，据以明确二者税差；以“贸易性质”为标准，从内贸、外贸、通关等角度来还原贸易实际，据以明确当事人主观故意和客观地位。

1. 以商品性质为标准

（1）刷单集货型代购。从购买身份信息制作虚假订单来看，不属于收件人自用物品；从进口后国内集货销售来看，天然具有盈利性，属于货物范畴。

（2）集单直邮型代购。收件人在此模式下真实收到所订商品，如不再次销售，则属于自用范畴，但收件人自用不能否定代购人快件走私的客观存在［本节（四）中“海关业已正常放行快件缘何成为走私货物”有详细阐述］。代购者居中联络，收支货款，以此赚取差价，加以包税进口，更是赚取不法利润，具有盈利性，亦具有货物属性。

（3）直订直邮型代购。从订购、交付来看，收件人收件自用，不具有盈利性。

2. 以贸易性质为标准

（1）刷单集货型代购。整个流程依次存在外贸、进口、内贸三个环节，具有贸易性质。代购者通过购买等方式取得他人批量身份信息，以身份信息对应免税额度制作订单发送给境外公司，并支付货款，此环节构成国际贸易；接着再由代购者联系境内快件运营人（快件申报企业）通关后集货囤仓，此环节完成进口交付；最后联系境内买家进行销售，收取货款，此环节构成国内贸易。该类型中以虚假身份“刷单”、进口后集货销售，手段恶劣。

（2）集单直邮型代购。整个流程依次存在内贸、外贸、进口三个环节，具有贸易性质。代购者通过平台、微商汇总境内消费者（收件人）需求并收取货款，此环节构成国内贸易；进而联系境外卖家批量购买代购商品并支付货款，此环节构成批量商品国际贸易；接着再由代购者联系境内快件运营人（快件申报企业）通关后交付境内消费者（收件人），此环节完成进口交付。

（3）直订直邮型代购。整个流程依次存在外购、进口两个环节，基于收件人自用用途，有对外交易，但不具有批量商品贸易性质。

有鉴上述，界分如下：

刷单集货型代购，非自用且盈利，属货物、系贸易。在进口通关环节，将本应按照货物通关商品伪报成物品，构成逃避海关监管行为，且货物、物品在缴纳进口税上存在税差，构成偷逃税款，符合走私犯罪要件特征，由于其还存在虚假刷单、集货销售等情节，属于缉私部门重点打击对象。

集单直邮型代购，有盈利、属货物、系贸易。在进口通关环节，将本应按照货物通关商品伪报成物品，构成逃避海关监管行为，且货物、物品在缴纳进口税上存在税差，构成偷逃税款，符合走私犯罪要件特征。

直订直邮型代购，符合快件进口要求，但是商品以物品形式入境，并不是毫无限制的。进境物品有一定免税额度，在额度内进境物品无须缴纳进口税，超出该额度则要缴纳相应进口税，所以为减少代购商品所需总体费用，代购者往往将商品的价值低报至免税额度以下。因此，在此模式中，如代购者低报进境物品价格也是违反《海关法》和相关法规规定，属于逃避海关监管的行为。

（四）关于热点问题的几点思考

1. 伪报商品性质是否构成走私犯罪

如前文所述，商品性质是决定海关监管和税收征管的重要依据。货物与物品，由于商品性质的不同，在税收征管方面，其适用征税规则不同，同一商品存在税差，故存在偷逃税款可能；在海关监管方面，货物、物品适用不同通关程序、监管手段，存在逃避监管行为的可能。

构成走私犯罪的要件是逃避海关监管，伪报贸易性质是走私犯罪嫌疑人逃避海关监管的主要表现方式之一。关于逃避海关监管构成走私行为的表现方式，需要依据《海关法》以及相关的海关行政法规的规定予以认定。关于代购走私，2013 年上海法院就物品走私“伪报商品性质”已有判例。当前走私犯罪活动中，“伪报商品性质”与“伪报贸易性质”在快件渠道、跨境电商领域是较为惯用的走私手法，应当予以严厉打击。

2. 海关业已正常放行快件缘何成为走私货物

作为物品类通关的快件在海关监管体系中属于 B 类快件，根据海关总署公告 2016 年第 19 号，B 类快件为“境内收寄件人（自然人）收取或者交寄的个人自用物品（旅客分离运输行李物品除外）”，并且“B 类快件的限量、限值、税收征管等事项应当符合海关总署关于邮递进出境个人物品相关规定”。

从形式要件上看，代购者通过快件渠道进口代购商品，直接送达国内消费者手中，符合“个人自用”“行邮税”等快件渠道形式特征。

从实质要件上看，其贸易实际是代购者通过平台、微商汇总境内消费者（收件人）需求并收取货款，构成国内贸易；联系境外卖家批量购买代购商品并支付货款，构成批量商品国际贸易；接着再由代购者联系境内快件运营人（快件申报企业）通关后交付境内消费者（收件人），完成进口交付。单就进口环节而言，符合形式要件，但还原整个过程，其贸易实质是 B2B 之间的批量商品国际贸易，而非个人物品交付。

3. 代购者不是纳税义务人缘何成为走私主体

以盈利为目的的代购中，代购者购买商品，在海关通关环节应当以货物程序进行申报，遵守法律法规对货物通关的程序和缴纳货物应缴税款的规定。但是，代购商品入境时，不如实申报商品性质，本身就是伪报。

我国法律规定，通过快件寄递渠道进入国内的商品，其收件人是纳税义务人，所以在海外代购中，代购者不是纳税义务人，其快件寄递代购商品本身并没有偷逃税，但在海关通关环节快件申报信息都来自发件人（代购者），因此发件人（代购者）在发件时就伪报了相关信息，其行为直接影响了快件申报的真实准确、完整性，导致偷逃税款的发生。加之在代购人和收件人就代购商品达成代购意向过程中，包邮包税包通关往往作为合同列明必要条款存在，综上所述，代购者即实际申报人、税款缴纳者，在海关通关环节作为揽货者、包税人的角色凸显存在。

4. 收件人是否构成共犯

在代购走私犯罪中，也存在共同犯罪问题。一是收件人和代购者合谋，以代购之名行走私之实；二是准走私情况，即收件人与代购者没有共谋，但是收件人直接向代购者购买其走私的商品，数额较大时，仍然构成走私的共犯。第一种情况较简单，下面具体研究第二种情况。

准走私是指行为人违反海关法律法规，直接向走私者非法收购国家禁止进口的物品或者直接向走私者收购走私进口的物品，且数额较大的行为。原则上来说，收件人以自用为目的向代购者购买一定数量的商品并不构成违法或者犯罪，但直接向走私人购买走私物品，而且数额较大的，有可能被认定为走私共犯。此外，收件人购买代购商品的目的不是自用，而是为了再次贩卖该代购商品，并且偷逃税款达到 10 万元以上的，也可能构成走私犯罪。

## 四、合规建议

刷单、推单、代购，无论何种方式，其目的都是将订单商品通过跨境电商零售进口享受优惠的电商税。从侦办的案件来看，三者或多或少都会涉及贸易方式、价格、归类等方面的问题，其结果就是：将本应通过一般贸易或者行邮渠道进口的商品通过跨境电商零售进口，涉嫌伪报贸易方式；将商品价格从高价报成低价，涉嫌低报价格；将清单外商品瞒报成清单内商品，涉嫌伪报品名、伪报税号。为避免走私违规情事的发生，应从贸易方式适用、成交价格申报、清单商品与否等方面进行规范操作。

（一）还原贸易实际，准确适用贸易方式[①]

一般而言，涉税商品进口有一般贸易、行邮快件及跨境电商这三种方式，三者税率不一、高低各异，整体而言，跨境电商税收最为优惠。适用何种贸易方式需要根据贸易实际来判断。在境内下单付款的运营模式中，境内消费者向境内电商下单付款，二者达成交易、构成内贸（先付款后收货）；相关订单被引流至跨境电商平台以实现二次推单和进口交付，境内电商与境外卖家达成交易、构成外贸，综观全过程，境内消费者从未与境外卖家进行交易，对外贸易实际发生在境内电商与境外卖家之间，其适用的贸易方式应为一般贸易而非跨境电商。在境外下单付款的运营模式中，境内消费者向境外卖家下单付款，二者达成交易，如符合“三单比对”的监管要求，可以通过跨境电商零售进口；如属于自用、合理数量，则可以通过行邮快件渠道进口，反之则适用一般贸易。因此，还原交易实际就能准确适用贸易方式。

（二）如实申报成交价格，杜绝包税情事发生

跨境电商零售进口征税，其完税价格源于“货物价格+运费+保险费”的逻辑，更是根据“三单”比对来进行确定。基于真实“三单”比对所涉及的支付价格，是消费者购买订单商品实付应付的价格，即成交价格，在境内消费者电商网购中，成交价格也就是业内所称包邮含税价。需要指出的是，包邮含税不是“包税”[②]。“包税”进口所对应的包税价[③]包括通关费用（运输投递、进口税费）及利润，在运输投递费用额定情况下，为了谋取更大利润，揽货人往往采取低报价格、伪报贸易方式等方式走私进口。随着市场扩大，还呈现出分段揽货、层层包税的集团化趋势。例如，自2017年起，A公司以每千克28—45元人民币的包税价承揽美国的包裹清关业务，这些包裹均为境内消费者在境外头部电商网站或通过境外

---

① 贸易方式，即现行进出口货物报关单“监管方式”栏目，是以国际贸易中进出口货物的交易方式为基础，结合海关对进出口货物的征税、统计及监管条件综合设定的海关对进出口货物的管理方式。需要指出的是，行邮快件属于进口寄递渠道，而非贸易方式，但其所涉及的征税、监管与贸易方式大体相同、本质一样，故一并表述。根据广东省广州市中级人民法院判例，将行邮快件渠道进口方式的伪报表述为“伪报商品性质”。

② 在走私普通货物犯罪案件中，比较常见的走私模式是，国内货主为了降低税负或逃税，一口价委托揽货人代理进口，由揽货人进行具体报关和缴纳关税，货主支付一口价之后等待收货，此类情事通常被称为“包税”走私。

③ 揽货人从国内货主处承揽货物、承诺通关和交付所收取的费用。

代购者购买的个人物品。A 公司为了顺利通关，获取非法利益，对商品价格、品名、数量进行修改，改低货物价格，通过勾结数家国内跨境电商平台，伪造订单、支付单等信息向海关推送，将本应以个人行邮物品方式申报进境的物品通过低报价格、伪报贸易方式，通过跨境电商申报进口并交付到境内消费者手上。A 公司支付境内服务商报关公司人民币 7—12 元 / 件的清关费，支付跨境电商平台公司人民币 1—1.5 元 / 件的推送费及申报总价值 0.6% 的支付手续费。2017 年 9 月至 2019 年 5 月，A 公司以上述方式共走私进口包裹约 77 万件，案值 5 亿元，偷逃税款约 8900 万元。因此，杜绝包税进口，如实申报成交价格，方可在进出口经营中立于不败之地。

（三）准确开展归类，确保清单管理

开展跨境电商零售进口业务，要确保进口商品属于《跨境电子商务零售进口商品清单》的范畴。某类税则号列下商品是否属于清单管理享受电商税优惠，需要进行准确归类。正如本书第七章“关务筹划与税收征管”第三节“企业税收筹划注意事项”所述，应该做好以下工作：获取完整和准确的商品信息；充分利用商品预裁定规则；充分使用事先验货权，化验、申报和补充申报等。

# 参考文献

# REFERENCES

1. 吕滨．海关缉私业务．北京：中国海关出版社，2008.

2. 肖世练，梅丹．进出口企业关务管理实务．北京：中国海关出版社，2011.

3. 冯晓鹏．跨境电商通关运营与合规．北京：法律出版社，2019.

4. “海关眼”系列编委会．世界海关组织跨境电子商务标准框架及释义．北京：中国海关出版社，2019.

5. 海关总署文告第189期．